탄소
전쟁

탄소

The Beginning of Eco₂nomics

전쟁

기후변화는 어떻게
새로운 시장을 만드는가

박호정 지음

미지북스

차례

저탄소 경제를 위한 신선한 접근

이회성(IPCC 의장)

기후변화 문제는 다면적이고 복잡하다. 환경과 생태뿐만 아니라 정치, 경제, 심지어 개개인의 정서까지도 기후변화를 바라보는 시각을 좌우한다. 오랜 시간의 연구 활동과 더불어 국제기구, 정부 기관 등에서 일한 경험을 살려 고려대학교 그린스쿨에서 강의를 시작한 지도 몇 년이 지났다. 강의를 들은 학생들의 대부분은 기후변화 문제를 심각하게 받아들이며, 더 심각한 상황이 벌어지기 전에 행동을 취해야 한다고 생각한다. 하지만 이들 중 일부는 직장에 취직하고 사회에서 경제인으로 살아가면서 기후변화를 바라보는 관점을 180도 바꾸기도 한다. 기후변화라는 사실이 우리의 관점을 바꾸는 것이 아니라 경제, 정치, 그 외의 사회문화적 요인이 기후변화를 바라보는 시각을 새롭게 설정할 수 있다는 연구 결과도 속속 발표되고 있다.

이처럼 관점 간에 충돌이 발생하는 이유는 기후변화 문제를 경제와 상충한 것으로 여기기 때문이다. 기후변화가 진행되는 것을 막기 위해서, 온실가스 배출을 줄이기 위해서, 그리고 우리의 에너지 사용을 줄이기 위해서는 일정 부분 경제성장을 포기해야 한다는 인식이 대표적인 예다. 하지만 이 같은 이분법적 구분은 잘못된 인식에서 나온 것이다. 오늘날 기후변화와 연관된 국가 간, 기업 간의 첨예해진 경쟁은 기후변화가 더 이상 경제와 상충 관계가 아니라는 점을 증명해준다. 물론 온실가스 감축을 위해 경제가 단기간에 감내해야 하는 비용은 있다. 하지만 미리 준비했을 때의 이득은 그 비용을 상쇄하고도 남을 만큼 크다. 기후변화에 대응하는 관련 기술은 궁극적으로 에너지 고효율, 대체에너지 개발, 에너지 안보 강화 등 긍정적인 혁신의 연쇄 반응을 가져오기 때문이다.

에너지 경제와 배출권 거래제 전문가인 박호정 교수가 금번에 출간한 『탄소 전쟁』은 그동안 기후변화 경제학을 연구하면서 고민한 내용을 정리한 역작이다. 그는 우리가 더욱 적극적인 기술 개발에 나서야 할 지금 시점에 오히려 감축 비용을 우려해 소극적으로 대응한다면 결국 다가오는 저탄소 경쟁에서 승기를 놓칠 수밖에 없다는 점을 경고한다. 『탄소 전쟁』에서 소개하는 오존층 파괴 물질과 듀폰의 사례는 우리에게 서늘한 메시지를 전해준다.

책에서 다루는 내용은 광범위하다. 기후변화와 아울러 석유와 셰일가스를 둘러싼 에너지 경제학도 다루고 있는데, 에너지 문제를 빼고 향후 기후변화의 방향을 가늠하기 어렵다는 점에서 반드시 짚고 넘어가야 하는 대목이다. 또한 이 책에서는 기후변화와 관련한 국내 연구진의 숨어 있는 성과를 곳곳에서 소개하고 있다. 그동안 출간된 상당수 서적들이 해외 사례 중심이라는 점에서 신선한 접근이 아닐 수 없다.

기후변화는 지난 세기말부터 지금에 이르기까지 관심의 대상이었고 앞으로도 그럴 것이다. 또한 대체에너지와 에너지 효율 기술의 개발이 가속화됨에 따라 이미 막을 올린 저탄소 경쟁은 계속해서 새로운 시장을 창출하고 있고 앞으로도 그럴 것이다. 그런 점에서 『탄소 전쟁』은 기후변화에 선제적으로 대응하면서도 성공적으로 저탄소 경제에 안착하는 데 관심 있는 이들에게 분명 필독서가 될 것이다.

듀폰 데자뷰

자동차 에어컨이 영 시원치 않았다. 냉매제를 교체할 때가 되었는가 싶어 카센터에 차를 맡겼더니 교체 비용이 이전보다 세 배 넘게 나왔다. 가격이 왜 그리 올랐는지 궁금해서 정비 기술자에게 물어보니 에어컨 냉매제로 쓰이는 염화불화탄소^{CFC}를 시중에서 구하기가 힘들어서 가격이 올랐단다. 1990년대 중반의 일이다.

당시 나는 한국개발연구원^{KDI}에서 국제 환경 협약과 관련한 연구를 수행하고 있었다. 그 때문에 오존층 파괴 물질인 염화불화탄소의 생산과 국제무역을 규제하는 몬트리올의정서$^{Montreal\ Protocol}$의 발효 사실에 대해 익히 알고 있었다. 하지만 몬트리올의정서가 그렇듯 빠른 시일 내에 우리 일상에 영향을 미칠 줄은 미처 몰랐다.

오존층 파괴 물질인 염화불화탄소는 다국적 기업인 듀폰^{Dupont} 제품으로 프레온 가스로 불리기도 한다. 나일론과 더불어 프레온은 듀폰이 개발한 가장 성공적인 제품의 하나로 1920년대에 제너럴모터스의 실험실에서 처음 발견된 뒤 듀폰이 상업화하는 데 성공했다. 저렴한 생산비에 화학적으로도 비독성, 비폭발성인 데다 안정적이기까지 해서 냉매제나 에어로졸 스프레이에 적합하다고 여겨졌다. 개발 초기, 발명자 가운데 한 명은 염화불화탄소가 안전하다는 것을 보여주기 위해 직접 흡입한 후 생일 케이크의 촛불을 끄는 시연을 하기도 했다. 하지만 그동안 장점으로 여겨졌던 안정성은 결국 문제의 원인이 되었다. 방출된 프레온이 소멸되지 않고 대기 중에 계속 쌓이면서 오존층을 파괴했던 것이다.

미국 펜실베이니아 주의 퀘이커교도가 사는 동화 속 같은 조용하고 한적한 공동체 마을을 지나면 유럽에나 있을 법한 웅장한 성이 나온다. 롱우드 가든Longwood Gardens이라고 불리는 이 성은 한동안 듀폰 가문의 소유였는데, 생태학적 가치를 인정받는 다양하고 희귀한 식물 종을 세계 곳곳에서 수집해놓은 곳으로도 유명하다. 그 덕분인지 듀폰은 오늘날에도 친환경적 지속 가능한 경영의 모범적 사례로 인용되기도 한다. 그러나 사실 듀폰은 이보다는 다소 복잡한 회사다. 환경을 중시 여기기도 하지만 생태계에 부정적인 영향을 미칠 수 있는 다양한 화학물질을 생산하는 기업이기도 하다. 또 오존층 파괴 물질인 염화불화탄소를 개발했지만 그 대체 물질을 가장 먼저 개발한 회사이기도 하다. 물론 염화불화탄소가 오존층을 파괴한다는 사실을 듀폰이 공식적으로 인정하는 데는 상당한 세월이 필요했다.

아주 정확한 표현은 아니지만 오존은 우산에 비유되기도 한다. 비를 막기 위해 우산을 너무 낮게 들면 주위 사람들의 눈을 찌를 수도 있다. 옆의 행인에게 피해를 주지 않으면서도 비를 효과적으로 막으려면 우산을 높이 받쳐 들어야 한다. 그와 비슷하게 성층권 위에 있는 오존층은 자외선을 막아주지만 그 아래 대류권에 있는 오존은 농도가 짙어지면 사람의 호흡기나 눈에 위해 요인이 된다. 따라서 대류권의 오존 농도가 짙어지면 오존 경보를 발령하지만 성층권에서 이루어지는 오존층 파괴는 인류가 해결해야 할 과제인 것이다.

성층권 오존층 파괴에 대한 우려는 1970년대부터 점증했지만 처음의 논의는 염화불화탄소가 아닌 초음속 제트기 같은 수송 수단과 관련이 있었다. 1960년대 말, 초음속 제트기가 소음 공해뿐 아니라 대기를 오염시키고 오존층도 약화시킬 수 있다는 비판이 계속일자 NASA는 초음속 수송 수단이 대기 환경에 미치는 영향에 대한 대규모 연구 프로젝트를 진행했다. 그리고 1973년에는 우주왕복선에서 배출되는 클로린chlorine이 성층권의 오존을 파괴할 수 있다는 가능성까지 검토했다. 하지만 정작 오존층 파괴가 대중적으로 주목을 받게 된 계기는 제트기나 우주왕복선이 아닌 다른 연구에서의 발견 때문이었다. 1974년 마리오 몰리나와 셔우드 롤런드는 유명 과학 잡지인 『네이처』에 발표한 논문에서 염화불화탄소의 지속적인 방출이 오존층을 파괴할 수 있다고 발표했다. 성층권에서 염화불화탄소가 분해되면 클로린이 나오는데, 이는 오존을 산소로 변환시키기 때문에 결국 대기 중의 오존층을 얇게 만든다는 것이었다. 1995년 노벨 화학상 수상으로 연결된 이들의 발견은 지구 생태계에 위협적인 메시지를 담고 있었다. 듀폰이 상업적으로 개발한 이래 염화불화탄소는 스프레이캔, 에어컨, 냉장고 등 도처에서 활용되고 있었기 때문이다. 위협은 미래형이 아니라 이미 진행되고 있는 위험에 대한 경고였다.

몰리나와 롤런드의 획기적인 발견에도 불구하고 오존층의 두께를 측정하는 기술상의 어려움으로 오존층 파괴를 구체적으로 증명하기는 쉽지 않았다. 듀폰을 비롯한 산업계는 이 같은 약점을 집중적으로 이용했다. 그들은 오존층 파괴 물질의 위험이 과대 포장되었으며 염화불화탄소와 오존층 파괴의 상관관계에 대한 과학적 불확실성이 크다는 역공을 펼쳤다. 산업계의 주장은 상당 부분 수용되었다. 오존층 파괴 물질의 생산과 소비를 규제하는 당장의 국제적인 협력을 이끌어내지 못했으며 정치계 역시 보조를 맞추었다. 레이건 행정부의 각료인 도널드 호들은 염화불화탄소가 진짜 문제가 된다면 사람들은 선글라스와 모자를 쓰고 외출하거나 외출을 삼가면 된다고 너스레를 떨기도 했다.[1]

이때 반전이 생겼다. 1985년 5월 영국 남극조사국British Antarctic Survey의 발표가 세상을 놀라게 하면서 방향이 급선회한 것이다. 이들의 연구를 통해 남극 상공 오존층에 구멍이 뚫린 것이 확인되었다. 이어 8월에는 NASA에서도 인공위성 데이터를 이용해 동일한 사실을 확인해주었다(그 전에 이에 대해 제대로 인식하지 못했던 이유 중의 하나는 인공위성에서 데이터를 전송할 때 컴퓨터 용량을 감안해 아웃라이어 데이터를 자동으로 삭제했기 때문이다. 그런데 아웃라이어 데이터를 포함해 분석해보니 남극 상공에서 오존층이 감소하는 것을 뚜렷하게 확인할 수 있었다).

지구 남반구에 큰 구멍이 뚫린 사진 하나만으로도 충분히 자극적이었다. 대개 사람들은 숫자보다는 시각적 이미지에 더욱 큰 반응을 보이며 그 효과도 장기간 지속된다. 게다가 그 메시지가 묵시록적인 예언을 담고 있다면 더더욱 반향이 클 수밖에 없다. 언론계가 먼저 들썩거렸다. 암 발생률이 증가할 것이고, 자외선 노출로 지구 생태계가 위협받을 것이며, 이는 지옥으로 향하는 구멍이라는 위기감으로까지 확산되었다.

그 후 모든 일이 일사천리로 진행되었다. 남극 상공에 구멍이 뚫린 사진이 발표된 지 채 2년도 걸리지 않아 몬트리올의정서가 채택되었고(1987년), 1989년 국제적으로 발효되었다. 온실가스를 줄이기 위한 기후변화협약이 1991년 채택되었지만 그 후 20년이 넘도록 교토의정서를 포함한 국제적인 환경 협력이 제대로 작동하지 않는 것과는 매우 대조되는 사실이다.

그런데 여기서 주목해야 하는 사실이 또 하나 있다. 처음에는 오존층 파괴를 부인했던 듀폰이 이후 누구보다도 몬트리올의정서를 적극 지지하는 쪽으로 입장을 선회했다는 점이다. 듀폰은 2000년까지 염화불화탄소의 소비를 절반까지 줄이는 것을 의무화해야 한다는 강력한 입장을 발표했다. 그리고 오존층 파괴에 대한 정부위원회의 권고를 받은 지 일주일도 되지 않아 염화불화탄소의 생산을 전면 금지하겠다는 결정을 내렸다.

하버드 경영대학원의 사례 연구에서는 듀폰의 이 같은 결정을 기업 경영자가 주목해야 하는 '매우 예리한' 전환점이 되는 현명한 조치였다고 평가한다. 물론 듀폰의 결정은 환영받을 만한 조치였다. 하지만 이즈음 듀폰이 대체 물질의 개발을 목전에 두고 있었다는 사실을 잊지 말아야 한다.[2] 오존층 파괴 물질의 이용을 제한하자는 듀폰의 주장은 정교하게 계산된 경제적인 셈법에 따라 나온 결정이었다. 그들은 이기기 위한 게임을 하는 것이 아니라 이미 이기는 게임을 하고 있었던 것이다.

다행히 듀폰이 누린 승자로서의 독점적인 지위는 그리 오래가지 못했다. 염화불화탄소의 대체 물질 개발은 비교적 단기간에 달성할 수 있는 과제였고, 많은 후발 주자들이 대체 물질 개발에 성공했다. 우리나라도 한국과학기술연구원KIST 연구진의 노력으로 HFC32를 자체 개발하는 데 성공함으로써 나도 차량 에어컨 냉매제로 더 이상 고가의 비용을 지불하지 않아도 되었다(하지만 HFC는 지구온난화를 유발하는 여섯 종류의 온실가스에 포함되어 있으며 CO_2보다 지구온난화에 미치는 잠재력이 훨씬 더 크다. 현재 HFC의 사용을 금지하고 대체 물질인 HFO 사용을 의무화하자는 방안이 미국 주도로 제기되고 있는데, 이미 짐작했겠지만 HFC의 대체 물질인 HFO 개발의 선두 주자는 미국계 기업인 듀폰이다).

그럼 이제 우리의 관심을 오존층 파괴에서 기후변화로 돌려보자. 듀폰 사례가 기후변화와 관련해서 우리에게 던지는 메시지는 단순하고 강력하다. 환경적인 요구와 경제적인 동기가 맞아떨어질 때 온실가스 감축을 요구하는 구속력 있는 국제 규범이 들어설 것이라는 점이다. 그것도 빠른 속도로.

기후변화는 1990년대 이후 언제나 매스미디어의 단골 주제였으며 앞으로도 그럴 것이다. 비단 이상기후, 질병, 재해와 같은 극단적인 현상이 발생할 때뿐이 아니라 일상사에서도 기후변화는 무시할 수 없는 주제가 된 지 오래다. IPCC^{Intergovernmental Panel on Climate Change}는 금세기 말 무렵이 되면 지구 온도가 산업화 이전 시대보다 1.5~4.5℃ 상승한 수치가 될 것으로 보고 있다. 2℃만 상승해도 지구 생태계에 미치는 영향이 '재앙'으로 분류되는데 4.5℃ 상승할 경우 NASA 출신의 과학자 제임스 핸슨이 '지금과는 완전히 다른 행성'이 될 것이라고 했던 말 외에는 딱히 묘사할 만한 다른 표현이 없다.

그럼에도 인류에 이처럼 위협적인 기후변화에 대처하기 위한 방안을 마련하는 데는 여러 이유로 소극적이다. 자주 듣게 되는 '기후변화와 지구온난화에 대한 과학적 근거가 없다'는 과학계의 논쟁, '수십 년 후의 일은 모른다'는 불확실성과 미래 가치의 할인 논쟁 등이 대표적인 이유라고 할 수 있다. 또한 기후변화를 인정한다 하더라도 '세계 최대 온실가스 배출국인 미국과 중국이 감축하지 않는 마당에 굳이 우리가 먼저 나설 필요는 없다'는 식의 의견도 국내에서 자주 힘을 얻는다.

그 외에도 기후변화에 소극적인 이유로 수십 가지가 더 있겠지만 대부분의 이유는 결국 경제적인 문제로 귀결된다. 온실가스 배출을 줄이려면 비용이 들기 때문이다. 현재의 기술로는 이산화탄소 1톤을 줄이는 데 수십 달러의 비용이 들기 때문에 비용 효과적인 기술이 나오기 전까지는 온실가스 감축을 기다려보자는 의견도 동일한 이유에 근거를 두고 있다.

그럼 다시 반문해보자. 위의 주장처럼 비용 면에서 좀 더 효율적인 저탄소 기술이 가용 가능할 때부터 온실가스를 줄이기 시작하면 충분히 기후변화 문제를 피할 수 있을까? 대답은 '그렇지 않다'이다. 기후변화 문제는 비가역성irreversibility의 영역에 있다. 온실가스는 대기 중에 장기간 머물기 때문에 2, 30년 후 우리가 맞서야 하는 온실가스에는 지금 그리고 더 과거에 배출된 온실가스도 포함된다. 나중에 감축한다 해도 기후변화라는 피해의 늪에서 탈출하기에는 이미 늦어버리게 되는 것이다.

위의 변명에 대한 또 다른 질문이 있다. 장차 미래에 사용하겠다는 저탄소 기술은 어떻게 개발될 수 있을까? 이들 기술이 개발되기 위해서는 온실가스 배출에 대해서는 비용을 부과하고, 줄이는 행위에 대해서는 보상이 주어져야 한다. 탄소 배출에 적절한 비용이 부과되지 않으면 저탄소 기술을 개발하려는 인센티브를 기대하기 힘들다. 결국 미래에 이용하겠다는 저탄소 기술도 지금부터 개발 노력이 이루어질 때 비로소 사용할 수 있는 것이다.[3]

우리가 이런저런 이유로 저탄소 경제로의 이행을 미룬다면 저탄소 기술을 둘러싸고 갈수록 치열해지는 국제 경쟁 환경에서 앞선 지위를 기대할 수 없을 것이다. 또한 그동안 지지부진했던 기후변화 협상도 에너지 효율, 대체에너지 기술 등 저탄소 경쟁에서 먼저 앞서 나간 쪽에 의해 부지불식간에 강력하고 구속력 있는 규범으로 변모해 우리에게 다가올 것이다. '듀폰 데자뷰'다.

미래의 저탄소 경쟁에서 이기기 위해서는 지금부터 차근차근 잘 준비해야 한다. 온실가스 배출을 줄이는 것은 염화불화탄소의 대체 물질을 만드는 과제에 비해 훨씬 더 어려운 일이며 단시일 내에 달성하기 힘든 과제이기 때문이다. 저탄소 경쟁에서 비교 우위를 갖추고 잘 준비하고 있지 않을 경우 우리 경제는 그 충격을 고스란히 받게 될 것이다. 우리에게는 이미 작은 에피소드가 있다. 2005년 초, 기아자동차와 쌍용자동차는 한국자동차공업협회로부터 뜬금없는 공문을 하나 받았다. 유럽 수출을 자제해달라는 것이었다. 그해 2월 발효된 교토의정서에 따라 EU 지역에서 강화된 온실가스 규제 정책의 결과였다. 기아자동차와 쌍용자동차의 대당 평균 CO_2 배출량이 EU 집행위가 권고하는 수준보다 높았기 때문에 수출 자제를 요청받았던 것이다. 설마 하던 중에 온실가스 규제가 당장의 현실로 성큼 다가온 사례였다.

이 일이 있기 1년 전인 2004년만 하더라도 교토의정서가 발효될지에 대해 의구심을 갖는 이들이 많았다. 의정서가 발효되기 위해서는 비준 국가의 CO_2 배출량이 전 세계 배출량의 절반 이상이 되어야 한다. 하지만 세계 최대 온실가스 배출국인 미국이 교토의정서에서 탈퇴함에 따라 의정서 발효가 교착 상태에 빠져 있었던 것이다. 그런데 2004년 11월, 러시아의 교토의정서 참여로 상황이 급변했다. 사실 러시아 입장에서 지구온난화는 야누스 같은 측면이 있다는 사실을 부정하기 힘들다. 기온의 상승은 러시아 같은 북반구 국가에게 뜻밖의 기회가 될 수도 있기 때문이다. 시베리아 툰드라 지역에서의 기온 상승은 마치 성장호르몬을 주사하는 것과 같아서 감자 수확량이 약 30퍼센트 이상 상승할 것이라고 전망하기도 한다. 이뿐만이 아니다. 얼음이 얇아져서 석유 자원의 채굴 비용도 감소할 것이기 때문에 시베리아 동토 아래 잠자고 있던 석유도 생산할 수 있는 상황이 된다. 이렇듯 이런저런 이유로 러시아는 온실가스 감축에 적극적인 자세를 보일 이유가 없었다. 하지만 EU가 러시아의 온실가스 기준 배출량을 과거 소비에트연방 수준으로 높게 인정해주기로 하자 러시아의 입장도 바뀌었다. 예상보다 많은 배출권을 할당받게 된 러시아로서도 교토의정서 가입은 더 이상 손해 보는 일이 아니었다. 환경적인 요구와 경제적인 동기가 박자를 맞춘 또 다른 사례다.

자동차 수출을 자제해달라는 공문을 받은 일은 앞으로 우리가 경험하게 될 일들에 비하면 작은 사례에 불과할 수 있다. 지금까지의 교토의정서 역시 앞으로 일어날 저탄소 경쟁의 작은 서막에 불과하다. 2005년 교토의정서가 발효되었을 때 우리나라는 개발도상국(이하 개도국) 지위를 인정받아 얼마간의 시간을 벌 수 있었다. 하지만 지금은 사정이 다르다. 우리나라는 더 이상 개도국의 지위를 인정받기가 힘들다. 온실가스 배출량의 규모나 배출 증가율, 1인당 배출량 등 어느 기준으로 보더라도 우리나라는 국제적으로 상위 배출 그룹 국가에 포함되어 있다. 게다가 지금 진행 중인 신기후체제의 협상 방향은 선진국, 개도국 할 것 없이 모두 강제적인 형태의 온실가스 감축 노력에 맞춰져 있다.

이러한 분위기에서 저탄소 경쟁의 승부수를 먼저 던지는 쪽이 미국이나 중국 같은 세계 최대 온실가스 배출국이라면 이야기는 더욱 달라진다. 그리고 이미 그러한 조짐이 보이고 있다. 미국은 그동안 기후변화에 미온적이었던 자세에서 탈피해 적극적으로 온실가스 감축 의사를 보이는 방향으로 전환하고 있다. 2013년 중반 인하대학교 박희천 교수로부터 흥미로운 이메일을 받았다. 미국 에너지부의 통계에 의하면 2012년 1/4분기 온실가스 배출량이 지난 20년 이래로 가장 낮게 집계되었다는 것이다. 미국에서는 보통 난방용 연료 소비가 많은 1~3월 온실가스 배출이 집중되기 때문에 이는 주목할 만한 변화였다. 박희천 교수는 미국의 급격한 온실가스 배출량 감소의 원인을 셰일가스 혁명에서 찾을 수 있으며, 이제 미국은 여유가 생겼기에 향후 온실가스 감축에 적극적으로 동참할지도 모르겠다는 의견을 조심스럽게 피력했다. 그리고 그의 전망은 점차 현실로 나타나고 있다. 2014년 말, 미국과 중국의 정상이 나란히 서서 온실가스 배출을 줄이기로 합의한 것이다.

물론 최근의 저유가 상황이 새로운 변수로 등장하긴 했지만 이것이 온실가스 배출을 줄이는 행보를 늦추는 변명이 될 수는 없다. 석유 시장의 패권을 둘러싼 사우디아라비아와 미국의 치킨 게임으로 국제 유가가 7~8년 이내 최저 수준으로 떨어지면서 셰일가스 혁명은 잠시 주춤한 것이 사실이다. 그러나 실제 셰일가스 생산은 생각한 만큼 줄지 않았으며 떨어졌던 국제 유가는 결국 다시 상승할 것이다. 이를 염두에 두고 석유 재벌인 존 호프마이스터는 "즐길 수 있을 때 즐겨라"라고 말한다. 석유 업계 나름대로 산업계를 재편하고 저유가 위기를 극복하기 위해 셰일가스 비용을 낮추는 기술 투자도 꾸준히 이루어지고 있다. 셰일가스가 온실가스 배출을 줄이는 바람직하고도 궁극적인 해결책은 결코 아니지만 온실가스 감축 협상의 촉매 역할을 하는 점은 분명하다. 그리고 그 이유가 어찌 되었든 셰일가스는 계속 개발될 것이며, 이와 더불어 신재생에너지를 포함한 대체에너지원도 다양화되면서 온실가스 배출을 줄이자는 요구를 자연스럽게 수용할 것이다.

　환경적 요구와 경제적 동기의 두 조건이 함께 맞장구를 칠 때를 대비해야 한다. 증대하는 기후변화 문제와 함께 저탄소 경쟁이 치열해지면서 조만간 지금보다 훨씬 강력한 형태로 온실가스를 직간접적으로 규제하는 시대에 진입하게 될 것이다. 우리 경제가 탄소 충격을 받지 않고 오히려 저탄소 경제에서 주도적인 역할을 담당하기 위해서는 지금부터 준비해야 한다.

　이 책은 기후변화와 저탄소 경제에 대한 내용을 다루고 있다. 그리고 기후변화에 늦지 않게 대처하기 위해서는 저탄소 경제의 첫걸음으로 '탄소 가격'을 실현시켜야 한다는 주장을 담고 있다. 탄소 가격의 실현이란 온실가스 배출이 유발하는 환경 비용이 제품의 생산과 소비에 반영되는 것을 의미한다. 환경 편익을 얻기 위한 대가인 셈이다. 그리고 이와 같은 가격 수단이 온실가스를 줄이고 저탄소 기술의 개발을 유도하는 데 기여하기 위해서는 시장의 법칙에 맡겨야 한다는 점에 대해서도 살펴볼 것이다.

　탄소 가격의 실현은 환경적 요구에 부응하면서도 경제적인 동기가 함께 톱니바퀴처럼 잘 맞아돌아갈 수 있도록 윤활유 역할을 하는데, 바로 그 중심에 배출권 거래제가 있다. 배출권 거래제 자체가 기후변화에 대한 만병통치약이 될 수는 없지만 합리적으로 설계된 배출권 거래제는 온실가스 감축의 유인과 이에 대한 보상을 동시에 제공할 수 있다. 배출권 거래제는 이미 2005년부터 EU에서 시행해오고 있으며, 그보다 훨씬 이전인 1995년부터 미국에서는 아황산가스SO_2 배출권 거래가 시행되고 있다. 우리나라에서는 그동안 도입 여부와 방식을 둘러싸고 험난한 여정을 거쳐 2015년 초부터 한국형 배출권 거래제가 시행되기에 이르렀다. 하지만 시행되자마자 다시금 논란에 휩싸였다. '거래 실적이 부진하다', '기업들에게 버거운 벌과금이다', '경제에 부담을 준다' 등의 비난이 쏟아졌다. 책에서 살펴보겠지만 이들 중 일부 비난은 정당한 것이다. 하지만 일부는 오해에서 비롯되었다. 아직 걸음마 단계에 있는 우리나라의 배출권 거래제 성과를 근거로 미국과 중국이 시행하지 않고 있는 마당에 우리가 굳이 먼저 시행해야 하는가라는 비판이 왜 정당하지 않은지 이 책을 통해 하나씩 짚어볼 것이다.

배출권 거래제 같은 자본주의 시스템 방식의 제도적인 실패나 미숙한 운영 결과를 두고 미국의 저명한 환경 운동가인 나오미 클라인은 기후변화 문제는 시장^{market}이 해결할 수 없다고 역설한다. 그녀는 기후변화 문제를 해결하는 방법을 먼 곳에서 찾지 말고 가까운 우리 일상에서부터 찾을 것을 주장한다. 대량생산과 국제무역이라는 글로벌 자본주의 시스템에 의존하는 대신 로컬 푸드를 먹고, 로컬 재화를 이용하자는 그녀의 제안은 높은 도덕성을 요구한다. 사실 기후변화를 이런 방식으로 해결할 수 있다면 지구의 다른 많은 문제도 오래전에 해결되었을 것이다. 그러나 그러지 못했다. 아쉽게도 우리는 경제적 동기에 반응한다는 한계를 갖고 있기 때문이다.

반면 기후변화 경제학을 오랫동안 연구해온 하버드대학교 마틴 바이츠만 교수는 나오미 클라인과는 반대편 입장에 서 있다. 그는 자본주의 시스템이야말로 기후변화를 막을 수 있는 기술혁신을 기대할 수 있는 제도이며, 그 핵심에는 '탄소 가격'의 공정한 실현이 있다고 주장한다.

이 책의 내용 역시 바이츠만과 같은 저탄소 경제학의 주장의 연장선상에 있다. 탄소 가격을 반영하는 '잘 설계된' 시장 메커니즘이 기후변화 문제의 해결을 위한 중요한 첫걸음이라는 것이다. 우리는 자녀들에게 어려서부터 경제 교육을 시키는 것을 중시한다. 한편으로는 이들 자녀 세대가 사회적으로 활동하는 시대의 기후변화 문제를 우려한다. 그러나 온실가스 배출에는 대가가 따르며 감축에는 보상이 따른다는 식의 저탄소 경제 교육에 대해서는 소홀한 경우가 많다. 탄소 가격의 실현은 이를 시정할 수 있는 기초적인 수단이다.

그렇다고 지금의 배출권 거래제가 온전한 것은 아니다. 앞에서 나는 '잘 설계된' 배출권 거래제를 강조했다. 우리나라의 경우 에너지 부문의 특성상 시장의 원칙이 잘 지켜지지 않는 경우가 허다하다. 제도의 철학적 근간은 시장 중심이지만 제도의 운용 방식이 시장 비친화적일 때는 배출권 거래제보다 차라리 탄소세^{carbon tax}가 나을 수 있다. 하지만 시장의 원칙을 따르겠다는 의지가 있으면 배출권 거래제를 통해 얻을 수 있는 것이 많다. 저탄소 기술과 같은 기술혁신뿐만 아니라 금융 부문의 선진화라는 부가적인, 그러나 우리나라 입장에서 매우 중요한 성과를 달성할 수 있다. 어찌 보면 사회주의국가인 중국보다도 상품 선물 시장의 발달이 열악한 우리나라의 금융 부문을 선진적으로 업그레이드할 수 있는 계기를 배출권 거래제가 제공하기 때문이다.

우리가 배출권 거래제를 두고 갑론을박하는 사이 세계 최대 온실가스 배출국인 미국은 온실가스를 실질적으로 줄였으며, 기술로는 전방위적으로 신재생에너지에 투자하고 있고, 제도로는 이미 수십여 종류의 배출권 거래제를 시행한 경험을 갖고 있다. 중국 역시 마찬가지로 최근 빠른 속도로 변모하고 있다. 풍력 등 신재생에너지 부문에서 글로벌 최강자로 등극하였고, 세계 최대의 CDM(청정개발체제) 배출권 시장을 갖추었으며, 경제 규모가 큰 성省에서는 배출권 거래제를 시행하기에 이르렀다.

기후변화 현상만 보아도 탄소 가격을 실현시키는 전략에서 우리가 후퇴할 때가 아님을 알 수 있다. 대기 중의 이산화탄소 농도는 400ppm 이상까지 급상승했고, 기후변화에 대응할 수 있는 시간적 여유도 점차 짧아지고 있다. 기후변화와 더불어 우리가 저탄소 경제에 경쟁력을 갖출 수 있는 여유도 얼마 남지 않았다. 이 책을 통해 이들 이슈를 하나씩 점검하고, 우리가 무엇을 어떻게 준비해야 할지 살펴볼 것이다.

1장

기후변화의 충격

IPCC 보고서는 과학적 분석을 통해 2050년까지의
온실가스 배출량이 기후변화에 미치는 영향을 밝혀주고 있다.
_이회성, IPCC 의장

2,500명 이상의 전문가 인터뷰, 800여 명의 기고 집필자, 450명의
공동 저자, 130여 국가가 참여한 6년간의 작업을 거쳐 나온 결과.
2007년 발표된, 기후변화의 심각성을 경고한 IPCC 제4차 보고서
를 말하는 것이다. 이어 2014년에는 1,700여 명의 전문가가 참여한
IPCC 제5차 보고서가 공식 발표되었으며, 2011년과 2014년 초에는
400여 명의 집필진에 의해 작성된 특별 보고서가 발표되었다.[1]

IPCC 보고서는 이제 더 이상 기후변화는 먼 미래가 아닌 바로
목전의 위협이라는 엄중한 메시지를 보내고 있다.

뜨거워지는 지구

그동안 IPCC 보고서는 기후변화에 대해 성급한 결론을 내리기보다

는 추가적인 과학적 발견의 진전에 보조를 맞추어가면서 상당히 신중한 어조로 기후변화 문제에 접근했다. 2001년 발표된 IPCC 제3차 보고서는 지구온난화가 진행되고 있다는 것은 인정했지만 우리 인류가 소비하는 화석연료가 그 주범인지는 단정적으로 말하지 않았다. 이어 2007년 발표된 제4차 보고서는 지난 150년간 지구의 평균온도가 0.6~0.9℃ 상승했으며, 인류의 경제활동이 계속해서 화석연료에 크게 의존할 경우 1990년에서 2100년 사이 대기 온도가 평균 2℃ 더 상승하고, 이로 말미암아 해수면은 평균 50센티미터 상승할 것이라고 경고했다.[2] 제4차 보고서에서 주목할 만한 것은 지구온난화의 주범으로 화석연료의 소비를 지적하고 있다는 사실인데, 이는 그동안의 연구에서 밝혀진 결과가 뒷받침해주었기 때문에 가능했다.

최근 발표된 제5차 보고서는 이로부터 더 나아가 기후변화가 더 이상 먼 미래의 위험이 아니라 바로 우리 목전에 있다는 메시지를 던지고 있다. 아울러 그동안 계속 누적되어온 배출량을 감안할 때 당장 더욱 과감한 온실가스 감축 노력이 요구된다는 점도 강조하고 있다.

우리가 동의하든 동의하지 않든 지구의 기후가 바뀌고 있는 것은 사실이다. 이미 많은 연구 결과가 기후변화의 심각성을 경고하고 있다. 심지어 몇 년 전까지만 하더라도 지구온난화를 부정하던 이들도 지금은 지구 온도가 상승하고 있다는 것만큼은 인정한다(다만 그들은 온난화의 주범이 화석연료의 연소에서 발생하는 이산화탄소 때문이라는 점은 인정하기를 꺼린다). 발표하는 기관이나 연구자마다 약간씩의 차이는 있지만 지난 100년 동안 지구의 온도는 평균적으로 0.6°C 증가했고, 해수면은 대략 10~20센티미터 상승한 것으로 보고 있다.

온도 상승과 더불어 대기 중 온실가스의 배출도 증가했다. 농도 기준으로 살펴보면 지난 반세기 동안 온실가스는 300ppm에서 380ppm으로 증가했고, 최근에는 400ppm을 상회했다는 수치가 보고되고 있다.[3] 만일 이 추세가 지속된다면 금세기 말 무렵에는 650ppm 이상까지 증가할 것으로 예상된다.

과거 수백 년 동안 대체적으로 15°C를 유지한 지구 온도는 약 4퍼센트 상승했다. 이 4퍼센트가 뭐 그리 대수냐고 반문할 수도 있을 것이다. 하지만 체온이 36.5°C에서 39°C로 6퍼센트 이상 상승하면 당장 응급실에 달려가야 하는 심각한 상태인 것처럼 지구 온도 4퍼센트 상승은 앞으로 다가오는 더한 열병의 예후인 것이다. IPCC 보고서는 추가적인 온실가스 감축 노력이 없다면 2100년까지 3~5°C 상승할 것으로 보고 있다. 이를 방치하면 지구는 돌이키기 힘든 중병을 앓는 단계로 들어가게 되는 것이다.

지구 생태계는 온도 변화에 민감하다. 예를 들어 역사적인 평균온도에서 2~3°C 오르면 우리는 지구온난화를 이야기하고 그만큼 하락하면 빙하기로의 진입을 우려한다. 문제는 지금의 온도 상승 추세가 두 번 생각할 겨를이 없을 만큼 가파르다는 데 있다. 스탠퍼드대학교의 과학자들은 온실가스 지속 배출량이 최대 예측치에 이를 경우 북미와 유럽, 동아시아의 연간 평균기온은 굳이 2100년까지 갈 것도 없이 2046~2065년에 2~4°C 상승할 것이라고 『사이언스』에 발표했다.

한반도 역시 지구온난화의 직격탄을 피할 수 없다. 아니 오히려 더 민감하게 반응하고 있다. 기상청은 1910년대부터 기상관측을 시작한 이래 한반도의 기온이 연평균 1.5℃ 상승한 것으로 보고 있다. 겨울은 한 달가량 짧아지고 여름은 길어졌다. 매년 기록도 갱신되고 있다. 여름에 집중호우가 발생하는 날은 50년 전의 연평균 23.5일에서 36.7일로 길어졌다. 2013년 여름, 오랜 가뭄으로 한라산의 백록담 바닥이 훤히 드러났다. 관측 이래 처음 생긴 일이라고 한다. 2040년대에 이르면 서울은 그간의 기후와는 확연히 다른 기후대로 접어들 것으로 보는 연구도 발표되고 있다. 예측대로 간다면 현세대의 상당수가 기후변화의 충격파를 경험하게 될 것이다.

지구온난화의 충격

1990년대 이후 글로벌화의 물결은 경제 영역에만 국한되지 않았다. 과거의 환경 정책은 대부분 국내 문제에 머물렀거나 규모가 크다 하더라도 국경을 접하는 몇몇 국가에 한정되었다. 산성비, 폐수 배출, 폐기물 배출 등이 대표적인 환경 정책의 대상이었다. 그러나 1990년대부터 환경 이슈도 오존층 파괴, 지구온난화처럼 글로벌화되는 경향을 보이기 시작했다. 기후변화는 수권, 생물권, 해양 등 생태계에도 변화를 일으킨다. 돌발성 폭우로 인한 갑작스런 홍수의 빈도가 높아지고 온도 상승으로 식물군과 동물군에도 변화가 생긴다. 플랑크톤, 유해 해조류의 급증 등 해양 생태계가 영향을 받으며, 온도의 상승과 불규칙한 기상 변화로 인한 외래 생물 종의 유입 문제가 대두된다. 투발루 같은 지대가 낮은 섬나라의 재해 위기가 고조되며, 열대우림의 감소와 토양 사막화가 가속화된다. 일례로 NASA는 킬리만자로의 인공위성 사진을 분석한 결과 지구온난화 현상이 지속되면 2020년이 되기도 전에 산 정상의 눈과 빙하가 완전히 녹을 것이라고 전망했다. 더 이상 산꼭대기 높이 올라가 얼어 죽는 눈 덮인 킬리만자로의 표범을 상상하는 것은 불가능해지는 상황이 되는 것이다.

온도 상승과 관련해 신문이나 여타 매체에서 쏟아져나오는 뉴스들은 하루에도 너무 많아 이 책에서 일일이 다 소개할 수 없을 정도다. 지금 이 글을 쓰고 있는 순간에도 기사를 검색하면 '지구온난화로 범죄와 전쟁 가능성 급증 전망' '지구온난화로 곰팡이, 바이러스 독해진다' '북극 얼음 지구온난화로 33년 만에 절반 이상 녹아' '지구온난화로 한반도 낙뢰 증가' '온난화로 풍토병 유입 급증' '지구온난화로 인한 기온 상승 시나리오' '외래 동식물과 기후변화로 자연 생태계도 급속히 훼손' '한 달 넘는 장마' '온도 상승으로 전력 예비율 비상' 등 무수한 기사거리가 나온다.

온난화로 인한 자연재해의 규모도 갈수록 커지고 있다. 허리케인 이반이 덮친 2004년 미국에서는 44조 원의 피해가 발생했는데, 미국을 덮친 허리케인 중 그처럼 대규모 살상력을 가진 것은 없었다고 한다. 하지만 그 기록은 쉽게 깨어졌다. 2005년 뉴올리언스를 강타한 카트리나는 무려 100조 원이 넘는 경제적 손실을 끼쳤다. 한편 2012년 10월 미국을 덮친 허리케인 샌디는 뉴욕 역사상 최대의 침수 피해를 입힌 것으로 기록되었으며, 2013년 여름 중부 유럽에서 발생한 집중호우로 독일에서만 약 80억 달러의 보험금이 지급된 것으로 알려져 있다. 벨기에 가톨릭대학교의 연구에 의하면, 1960년부터 지금까지 홍수로 인한 사망자 수는 17만 명, 가뭄으로 인한 사망자 수는 240만 명이며 수십 억에 이르는 인구가 극단적인 이상기후로 피해를 입었다.[4]

기후변화 때문에 잦아진 태풍이나 홍수, 해일 등의 자연재해는 인간의 건강에 직접적인 위협을 미친다. 하버드대학교 의과대학 부속 연구소인 글로벌환경보건연구소Center for Health and the Global Environment 의 엡스타인 박사 팀은 기후변화와 질병의 관계를 연구하고 있다. 이들에 따르면 기후변화로 인해 홍수가 빈번히 발생하는 모잠비크 지역에서는 말라리아의 발병률이 증가했다. 이보다 더 흥미로운 점은 온실가스와 천식과의 관계다. 미국 대도시 지역에서는 천식이 증가하고 있는데, 연구 팀에 의하면 이는 이산화탄소의 농도 증가

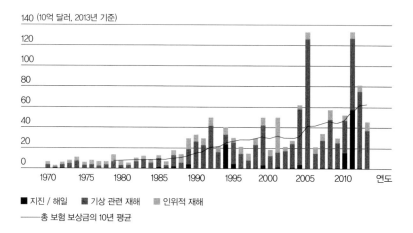

재해로 인한 보험 보상금 규모의 변화(1970–2013). Swiss Re 자료.

가 알레르기를 유발하는 꽃씨나 균류를 확산시키기 때문이다.

우리나라 식품의약품안전청은 한반도의 온난화 현상이 지속됨에 따라 노로바이러스에 의한 식중독 발생 비중도 계속 증가할 것으로 보고 있다. 이 같은 바이러스는 빠른 확산 속도로 지구촌의 질병 지도도 바꾼다. 2006년 겨울 한국에서 발견된 노로바이러스의 경우, 유전자의 99퍼센트가 카트리나 태풍 이후 뉴올리언스에서 발견된 바이러스의 유전자와 일치하는 것으로 나타났다. 정확한 이동 경로는 밝혀지지 않았지만 미국에서 확산된 바이러스가 한반도로 상륙했다는 견해가 지배적이다. 글로벌한 복잡계 시스템을 통해 질병이나 바이러스의 이동 역시 신속해져 기후변화가 유발하는 질병도 글로벌화되고 있는 것이다.

동물들도 지구온난화의 피해자다. 애니메이션《부그와 엘리엇》에서 주인공 부그 역으로 나오는 북미 대륙의 회색곰은 1970년대 멸종 위기에 처했다. 먹을 것을 찾아 민가에 출몰하는 곰들을 사살하면서 멸종 위기를 맞았던 것이다. 다행히 멸종위기동식물보호법 Endangered Species Act에 등록되면서 특별 보호 대상이 되었고, 각고의 노력 끝에 1980년대에는 본래의 규모를 회복할 수 있었다. 하지만 최근에 다시 회색곰은 생존의 위협을 받고 있다. 지구온난화로 인해 개체 수가 급증한 소나무딱정벌레가 회색곰이 가장 즐겨먹는 소나무를 훼손하고 있기 때문이다.

자연에서 가장 강력한 생존 동물 가운데 하나인 북극곰 역시 지구온난화의 영향을 피해갈 수 없다. 북극곰은 녹고 있는 북극 빙하를 배경으로 지구온난화를 고발하는 사진에 가장 자주 등장하는 단골 모델이기도 하다. 2006년 초에 발간된 미국 광물 관리 보고서는 북극곰의 서식지가 녹아 없어지고 있어 북극곰의 수가 현저히 줄어들고 있다고 발표했다. 2008년 미국은 북극곰을 멸종위기동식물보호법에 등록해 석유나 가스 개발업자들로 하여금 해양 포유류 보호 기준을 준수하도록 요구하고 있다. 아울러 캐나다로부터 사냥한 북극곰의 반입을 금지하고 있다. 한편 남극에 살고 있는 현재 약 60만에 이르는 펭귄의 수도 금세기 말에는 19~33퍼센트 줄 것으로 예상되고 있으며, 이로 인해 관광 수입, 어업 등도 타격을 입을 것으로 전망되고 있다.[5]

기후변화는 지구촌 사회의 갈등도 야기할 수 있다. 프린스턴 대학교 솔로몬 시앙 박사 연구 팀에 의하면 온도가 상승하고 극단치의 강우량을 기록하는 횟수가 잦을수록 모든 종류의 폭력과 갈등 횟수 역시 증가하는 것으로 나타났다. '평화의 왕자'라는 뜻을 가진 엘리뇨의 증가가 그 이름과 달리 지역과 국가 간의 갈등을 증폭시킬 수 있다는 점에서 기후변화 시대의 아이러니를 느끼게 해준다.[6] 지난 60년 동안의 연도별 갈등 위험을 전 세계 국가별로 구분해 분석한 결과 엘니뇨가 발생한 연도에는 93개의 열대 국가에서 갈등이 발생할 확률이 6퍼센트 높았다.

해양생태계도 바뀌고 있다. 해수 온도가 세계 평균보다 훨씬 높게 상승한 우리나라 동해에서는 명태의 개체 수가 현저히 줄어들어 거의 전멸 상태다. 한때 전국 명태 생산량의 70퍼센트를 출하하던 강원도 고성 거진항의 경우 과거에는 발길에 차이는 게 명태였지만 지금은 많은 어민들이 정든 어촌을 떠나야 할 만큼 명태 수확량이 급격히 줄었다. 명태의 개체 수를 감소시킨 주범은 저인망 잡이 같은 무분별한 어획이다. 생물학에 앨리효과Allee effect라는 말이 있다. 생물의 개체 수가 번식 확대를 위한 최소 임계 수준 미만으로 떨어지면 해당 생물 종이 멸종되는 효과를 설명하는 용어다. 앨리효과에서 말하는 최소 임계치 미만으로 명태 수가 감소한 것은 과도한 어획이라는 불에 수온 상승이라는 기름이 더해진 결과다.

　지구촌 곳곳에서 일어나고 있는 이상기후와 자연재해 모두를 기후변화 탓으로 돌릴 수는 없다. 그리고 그런 단순화의 오류를 범하지도 말아야 한다. 하지만 점증하는 신호를 무시한 채 질주하는 행위의 끝은 막다른 길일 수도 있다.

기후변화와 식량 위기

기후변화로 인한 가장 큰 타격은 식량 생산 부문이 받을 수 있다. 김용 세계은행 총재는 영국 일간지와의 인터뷰에서 10년 내에 기후변화로 인해 식량과 물의 전쟁이 올 것이라고 강도 높게 경고한 바 있다.

　식량과 물은 에너지 위기보다 더욱 심각한 문제다. 우리는 지난 2000년대 중반 이미 국제 유가의 급등을 경험한 바 있다. 짧은 기간 사이에 세 배 이상 가파르게 상승한 말 그대로 폭등이었다. 이처럼 석유 가격이 오르는 것은 분명 심각한 문제이다. 하지만 물이나 식량이 부족한 문제에 비해서는 우리가 대응할 수 있는 여력이 어느 정도 있다. 에너지 가격이 오르면 소비를 줄이고 자가용보다는 대중교통 수단으로 출퇴근하면 된다. 이보다 더 오르면 대체에너지가 개발되기 시작한다. 반면 생존에 절대적 영향을 미치는 식량과 물은 부족하다고, 그리고 가격이 오른다고 해서 소비를 줄일 수 없다.

우리나라 식량 안보를 오랫동안 연구해온 고려대학교 양승룡 교수 연구 팀은 식량 안보 지수를 개발해 운용하고 있다. 쌀을 제외한 대부분의 곡물을 해외로부터 수입해야 하는 우리나라의 경우 국제시장에서 밀이나 옥수수 등의 거래 가격이 지나치게 오르면 식량 안보가 위협을 받을 수 있기 때문에 사전에 식량 수급 상황을 모니터링하고 종합적인 대응 방안을 마련해야 한다. KUFSI라고 명명한 식량 안보 지수는 이를 위한 바로미터로 기능할 수 있을 것으로 기대되는데, 곡물의 자급률, 경제적 구매력, 소득 불평등성, 국가 신용도 및 경제적 안정성, 국제 재고 상황을 종합적으로 반영한 지표다. 위기 상황별 조기 경보의 단계는 안보 수준의 심각성 정도에 따라 그린, 옐로, 레드로 구분된다. 쌀 소비가 지속적으로 하락해 1인당 연간 소비량이 60킬로그램 정도에 머물 것으로 가정한 BAU^{Business As Usual} 시나리오 기준에 따르면 우리나라는 대략 2080년대부터 식량 안보 수준이 레드 단계에 접어들 것으로 보인다.

우리나라의 도별 기상 자료와 쌀 단수 데이터를 이용해 쌀 단수(단위 면적당 쌀 생산량) 전망을 나의 대학원 팀에서 시도한 적이 있다. 도시에서 발생하는 열섬효과가 온난화 정도를 과대 평가할 수 있기 때문에 GIS(지리 정보 시스템)를 이용해 농경지에서의 온도와 강수량 데이터만을 추출했다. 미래의 기온 전망 데이터는 IPCC가 2099년까지 전망한 탄소 농도 시나리오를 적용한 값을 사용했다. 이들 데이터를 이용해 분석한 결과 온도가 상승하면 처음에는 쌀의 단수가 비록 작은 규모라도 증가하지만 온도가 지나치게 상승하면 쌀의 단수가 감소하는 것으로 나타났다(등숙기 기준 약 23℃). 기후변화에 내성을 가진 품종 개발 없이는 우리나라의 쌀농사 역시 타격을 입을 수 있다는 메시지다.[7]

지구온난화로 인한 농업 생산의 피해를 가장 심하게 겪을 국가는 적도 근방 국가들일 것이다. 국제도시로 변모한 부산의 센텀시티에 가면 지구 모양을 한 둥그런 건축 구조물을 가운데 끼고 있는 4층 건물이 보인다. 지구 기상에 대해 연구하는 APEC기후센터로, 2005년 APEC 부산 정상회의를 계기로 설립된 국제기구이다. 이곳에서 평균 연령 30대 중반의, 연구 의욕에 불타는 젊은 국내외 과학자들은 태평양 지역의 이상기후 감시 및 예측을 위해 복잡한 기상 시스템에서 매일같이 쏟아져나오는 빅데이터를 분석하고 있다.

어느 날 그곳에서 받은 당혹스러운 데이터 수치를 보고 APEC기후센터 전종안 박사에게 문의를 했다. 온도 상승으로 인해 캄보디아의 쌀 생산이 단수 기준으로 12퍼센트 이상 감소하는 것으로 나타난 데 대한 것이었다. 캄보디아의 쌀 생산량은 2010년 기준으로 헥타르당 약 2.8톤이었다. 하지만 데이터는 온도 상승으로 인해 2021년부터 단수가 상당히 감소할 것이라고 예측했다.[8]

APEC기후센터 전종안 박사 연구 팀의 대기 모형 역시 IPCC 제5차 보고서와 마찬가지로 우리의 예상보다 훨씬 빨리 온난화 충격이 다가오고 있음을 보여주고 있었다. GDP의 약 30퍼센트가 농업에서 창출되는 캄보디아에서 12퍼센트 이상의 쌀 단수 감소는 경제에 상당한 충격을 미치는 것을 의미한다.

전종안 박사 연구 팀은 연구를 위해 캄보디아 농촌진흥청의 협력을 받아 캄보디아 농경지에 계측기를 설치하고 시간 단위로 온도, 습도, 강수량, 풍속 등의 정보를 수집했다. 그리고 캄보디아 외에 인근 국가인 베트남, 라오스의 쌀 단수도 함께 수집했다. 이들 데이터를 분석한 결과 기후에 취약한 동남아 지역은 이미 기후변화 영향권 내에 들어간 것으로 나타났다. 라오스는 약 4퍼센트, 베트남은 약 9퍼센트 정도 쌀 단수가 감소하며, 특히 캄보디아는 앞서 밝힌 대로 12퍼센트 이상 감소할 것으로 전망되었다.

농업 의존도가 유달리 높은 캄보디아가 기후변화로 인해 받는 부정적인 타격은 심대할 수 있다. 프놈펜 시내를 보면 외국에서 수입한 중고차, 오토바이를 개조해 만든 뚝뚝이 택시 그리고 셀 수 없이 많은 자전거로 북적대지만 바로 그 번잡함 속에서 성장을 향해 요동치는 경제의 힘도 느낄 수 있다. 역사적으로 많은 국가의 경험에서 보듯이 성공적인 산업화와 도시화는 농업 생산성의 성공적인 증대에 달려 있다. 농업에서 노동생산성이 증가하면 농촌의 여유 인력이 산업 부문으로 흡수되어 산업화 인력으로 거듭나고, 아울러 잉여 농산물의 공급을 통해 도시화가 진행될 수 있기 때문이다. 농업 의존도가 높은 개도국에서 농업 생산성을 향상시키거나 유지하는 것은 지속적인 경제성장을 이루고, 국민에게 필요한 영양을 공급하는 측면에서 두말할 필요 없이 매우 중요한 과제일 것이다.

연구 중간에 전 박사의 팀과 합류한 나의 역할은 쌀 단수 감소가 캄보디아 경제에 미치는 영향을 연구하고 관련된 적응 대책을 제시하는 것이었다. 다행히 모형에 의하면 CO_2의 시비 효과를 고려하거나 쌀 모종의 이식 기간을 약 20일 정도 앞당기면 단수의 감소폭이 4~6퍼센트인 것으로 나타났다. 이식 기간을 조정하는 비교적 단순한 방법만으로도 기후변화의 부정적 효과를 어느 정도 해소할 수 있으며, 관개수까지 잘 활용하면 상당 부분 극복할 수 있었다. 이는 그나마 긍정적인 메시지다. 적절한 시기에 적응 정책이 잘 이행된다면 기후변화의 충격을 어느 정도 완화할 수 있기 때문이다.

외로운 선지자

지금은 기후변화를 상식적으로 이야기하고 있지만 1980년대만 해도 지구온난화나 기후변화 주장은 소수 의견에 불과했다. 어느 시대나 선지자적인 주장은 외롭기 마련이다.

우리나라에서도 어느 정도 알려진 미국 시트콤 드라마《사인펠트Seinfeld》의 팬이라면 앵앵거리는 목소리의 제리와 어수선한 일당이 법석대는 파란색 간판의 식당을 기억할 것이다. 뉴욕 브로드웨이와 112번가의 경계에 위치해 콜럼비아대학교 학생들도 들락날락하는 꽤 평범하게 생긴 이 식당은《사인펠트》로 유명해지기도 했지만 기후학자들 사이에서는 제임스 핸슨이 이끄는 NASA의 고다드연구소가 이 식당 건물 위층에 있어 더욱 유명하다.

수십 년 동안 고다드연구소를 운영해온 핸슨 박사는 이제 일선에서 물러났지만 NASA 소속이었을 때부터 기후변화에 대한 미국 행정부의 잦은 입장 변경과는 상관없이 한결같이 자신의 입장을 견지해왔다. 그는 수십 년 전부터 지구온난화의 위험을 경고한 대표적인 기후학자다.

핸슨은 1970년대 중반부터 기후 모델을 연구해왔다. 그의 박사 학위 논문은 금성의 기후에 관한 것이었는데, 464°C의 지표 온도를 가진 금성의 대기가 희뿌연 스모그로 둘러싸여 있다고 추정했다. 이후 실제 탐사선이 금성에 가서 확인해본 결과 금성 대기의 96퍼센트가 이산화탄소로 가득 차 있다는 것이 밝혀졌다.

이산화탄소로 가득 찬 금성에서 미래의 지구 운명을 본 것일까? 지구의 온실가스 데이터가 차츰 확보되자 핸슨은 온실가스가 지구의 기후에 미치는 영향에 대해 분석하기 시작했다. 이 임무에 핸슨과 여러 명의 NASA 과학자가 달려들었다. 그들은 위성 데이터를 활용한 기상 예측 프로그램을 개선하는 동시에 장기적으로 누적되는 온실가스가 기후를 어떻게 바꿀지에 대한 장기 예측 컴퓨터 모형을 개발하고자 하였다. 어느 정도 완성되기까지 거의 7년에 가까운 세월이 소요되었다. 1980년대 초는 지구가 점차 뜨거워지고 있다는 어떤 증거도 확인하기 어려웠던 시절이다. 하지만 핸슨과 그의 연구 팀은 온난화에 대한 확신을 갖고 있었으며 "2000년 무렵에는 이산화탄소로 인한 지구온난화가 자연적인 기후변화의 범위를 넘어서서 나타날 것"으로 보고 연구를 지속했다.

1988년 여름의 워싱턴은 유난히도 더웠던 것으로 기록된다. 제임스 핸슨이 출석한 상원 청문회는 안 그래도 무더운 날씨에 더욱 뜨거운 열기를 더하는 논쟁을 촉발했다. 그는 1950년에서 1980년 사이 지구 온도가 0.4°C 증가했으며, 이는 인간이 자초하고 있는 기후변화의 숨길 수 없는 결정적인 증거라고 주장했다. 요즘 기준으로 보면 비교적 단순한 모형을 이용해 1980년에 이미 지구온난화를 예측했던 핸슨은 보다 큰 규모의 대기 순환 모형을 이용한 결과를 1988년에 발표했는데, 같은 해 상원 청문회에 증인으로 출석한 것이다. 그는 현재 배출되는 온실가스뿐 아니라 그동안 오랜 세월에 걸쳐 누적된 온실가스의 총 배출량도 기후변화에 영향을 미친다고 발표했다. 이후 1990년 IPCC는 수천 쪽에 달하는 제1차 보고서를 발표했고, 1992년 리우회의에서는 기후변화협약이 채택되었다. 이 과정에서 핸슨의 역할이 컸다는 것은 두말할 필요가 없을 것이다.

과학자들은 애매모호하게 말하는 경향이 있다. 과학적 진실을 규명하는 것이 힘들기 때문에 그러기도 하지만 때로는 애매모호한 견해가 그들에게 보험이 될 수도 있기 때문이다. 『코스모스』의 저자 칼 세이건은 유명 베스트셀러 저자로 일약 스타덤에 오른 후 국립과학학술회National Academy of Science에서 표결에 의해 퇴출된 적이 있다. 이유는 과학계의 품위 손상이었다. 우리가 『코스모스』를 읽으면서 가질 수 있는 상상들, 우주과학과 이집트 문명에 관한 상상의 연결 고리 등이 보수적인 과학자들에게는 품위를 해치는 일로 보였나보다. 우리에게 너무도 잘 알려진 『총, 균, 쇠』, 『문명의 붕괴』의 저자 제레드 다이아몬드는 과학계의 이런 풍토에 대해 다음과 같이 꼬집는다. "대중과 잘 커뮤니케이션하는 과학자들은 그들의 동료 과학자로부터 때로 놀림을 받으며 과학자로서의 경력에 타격을 입기까지 한다."[9]

반드시 이런 풍토 때문에 그런 것은 아니겠지만 과학자들이 자신이 아는 것에 대해 조심스럽게 말하는 경향이 있는 것은 사실이다. 하지만 핸슨은 대중과의 소통에도 소홀히 하지 않았다. 오히려 그는 NASA에서 중책을 맡고 있는 가운데서도 많은 시민 단체의 강연장에서 단골 연사로 활동했으며, 환경 단체의 시위에도 수차례 가담해 백악관 앞 시위에서는 결국 체포되기까지 했다. 그는 온실가스를 제한하는 정치적인 활동과 시민과의 연대에 더 많은 힘을 쏟기 위해 2013년 NASA에서 은퇴한 뒤 강의와 교육에 열정을 쏟고 있다. 핸슨은 특히 석탄 같은 화석연료 사용에 매우 비판적이다. 그는 최근의 논문에서 기후변화로 인한 온도 상승은 3°C±1°C 정도이며, 화석연료를 모두 태우면 지구는 더 이상 우리가 살 수 없는 곳이 된다고 경고했다. 또한 배출권 거래제에 대해서도 반대한다. 대신 석유나 가스, 석탄에 부과하는 탄소세를 옹호하는데, 화석연료 이용에 탄소세를 부과하고 조세 수입을 100퍼센트 시민들에게 돌려주자고 주장한다. 이는 환경 단체인 시민기후로비Citizens Climate Lobby의 제안과 대체적으로 동일하다.

한편 1978년 이후 고다드연구소에서 핸슨과 함께 연구를 해왔던 데이비드 린드 박사는 수천 개의 방정식이 들어가는 복잡한 기후 모형 개발 과정에서 일종의 문제 해결사 역할을 맡아왔다. 그의 모형은 여러 과학 단체에서 발표한 다양한 수치를 넣어보아도 일관되게 유사한 충격이 발생하는 것을 보여준다. 그는 최근 한 언론과의 인터뷰에서 다음과 같이 경고했다. "기술의 발전으로 우리에게 가능해진 일이 많아졌지만 더욱 파괴적으로 된 것도 사실이다."

이스터 섬의 교훈

남태평양 한가운데 고립되어 있는 자그마한 이스터 섬이 18세기 초에 발견되었을 때 탐험가들은 해안 주변에 보이는 4미터에서 때로 10미터가 넘는 수백 개의 거대한 석상에 압도되었다. '모아이^{Moai}'라고 불리는 이 석상의 생김새는 마치 우리나라 제주도의 돌하르방과 비슷하지만 크기는 10배가 넘는 것도 있다. 네덜란드의 탐험가 야코프 로헤베인이 섬을 발견한 날이 기독교력으로 부활절^{Easter}이어서 이스터 섬으로 불리게 되었지만 아이러니하게도 발견 당시 섬의 전경은 부활과는 거리가 먼 황량함 그 자체였다. 제대로 성장한 나무가 거의 없고 풀과 잡초만이 있는 삭막하고 버려진 땅이었다. 발견 당시 인구도 2,000명 정도밖에 안 되었다.

그렇다면 인구도 얼마 되지 않은 이 황량한 섬의 거대한 석상은 도대체 누가 어떻게 그리고 무슨 이유로 만들었을까? 미스터리의 모아이 석상은 이내 세계 7대 불가사의 중 하나에 포함되었고 호사가들은 석상을 외계인들의 작품이라고 주장하기도 했다. 하지만 최근 일련의 지질학적 발견이 이루어지면서 한때 섬에는 2만 명이 넘는 인구가 거주했으며 삼림 자원도 풍부했던 것으로 밝혀졌다. 또 섬의 내륙에서는 채석장이 발견되었고, 이 채석장에서부터 해안가에 이르는 고대의 길에서 수많은 석상들이 발견되었다. 탄소 연대 측정에 의하면 석상의 크기는 처음에는 작았지만 차츰 커져갔다. 모아이 석상은 폴리네시아인이 섬기던 신을 상징한다는 가설이 있는가 하면 죽은 조상을 기념하기 위해 만들었다는 가설도 있다. 하지만 그 이유가 어찌 되었든 경쟁적으로 크게 만들었던 것으로 보인다.

채석장에서 조각한 거대한 석상을 해안가로 운반하기 위해서는 나무를 베어 수레를 만들고 길을 내어야 했다. 석상의 크기에 비례해 벌채 규모는 커질 수밖에 없었고, 그에 따라 삼림은 황폐해졌으며 홍수가 빈번해졌다. 빈번한 홍수로 농작물 산출량이 감소하고 질병이 만연해지면서 원주민들의 삶은 더욱 피폐해지고 인구 감소로 연결되었다.

대륙의 문명으로부터 떨어진 이스터 섬은 고립된 폐쇄 시스템에 비교될 수 있다. 우주적으로 보면 지구도 이스터 섬과 마찬가지로 폐쇄된 시스템이다.[10] 이를 두고 우리가 살고 있는 지구를 '우주선 지구spaceship earth'로 비유하기도 한다.[11] 우주선에서는 사용할 식량과 물이 한정되어 있는 것처럼 지구의 자원 역시 무한정한 것은 아니기 때문에 현명하게 관리되어야 한다는 것이다.

이제 이스터 섬을 떠나서 또 다른 세계 7대 불가사의 중 하나인 바빌론 문명의 발원지로 가보자. 약 4,300년 전의 티그리스 유프라테스 지역을 통치한 아카드Akkad 제국은 사르곤 대왕의 강력한 통치하에 있었다. 제각기 독립적인 도시국가였던 바빌로니아 도시들을 정복한 사르곤은 '세계의 왕'이라는 칭호에 걸맞게 50년 넘는 세월 동안 중앙집권적인 지배 구조를 확립하면서 무게와 길이 단위의 표준화 등 혁신적인 정책도 시행했다. 그의 제국은 두 아들에게 물려져 24년 동안 통치되었고, 이어 스스로를 신이라 부른 나람신의 지배하에 들어갔다. 이후 아카드 제국은 갑작스런 멸망을 맞이하며 역사에서 사라졌다.

그동안 성경 속의 전설 같은 이야기로만 여겨지던 바빌론 문명이 19세기와 20세기 초에 걸쳐 발굴되면서 역사적 사실로 드러났듯이 아카드 제국의 유적 역시 1970년대 말 예일대학교 고고학 팀의 발견에 의해 전설에서 역사로 귀환했다. 특이한 점은 곡물 저장고의 유물을 연대기적으로 분류해보니 한때 대규모로 관리되던 밀이나 보리가 어느 순간 한 톨도 보이지 않고 사라졌다는 것이다. 아카드 제국도 그 시기에 사라진 것으로 추정된다.

아카드 제국의 갑작스런 멸망 원인이 밝혀지는 계기는 이후 극적으로 마련되었다. 콜롬비아대학교 고대 기후학자가 우연히『내셔널지오그래픽』의 아카드 문명 관련 기사를 읽다가 예일대학교 고고학 팀에 연락하면서 시작되었는데, 이후 이들은 공동으로 연구에 착수했고, 결국 아키드 제국이 5, 6년간 극심한 가뭄을 겪었다는 사실을 밝혀냈다. 아카드의 비극적인 운명은 이집트 왕조 시대에 '아카드의 저주'라는 애가哀歌로 전해지는데, 땅은 사막이 되고, 마을은 황폐해지고, 여인네는 몸종처럼 굶주리는 장면이 나온다.[12]

여기서 아카드 문명의 몰락이 기후변화와 관련이 있다는 주장을 하려는 것은 아니다. 아카드의 비극은 손쓸 재간이 없을 정도로 강력하게 덮친 가뭄 때문에 일어났다. 하지만 기후변화로 인한 메가 가뭄이 발생하면 우리 역시 취할 수 있는 선택이 거의 없다는 점에서 아카드의 교훈은 지금도 여전히 유효하다. 더욱이 오랜 가뭄으로 인해 물과 식량 문제가 절박해지면 특히 취약 계층의 생존이 위협을 받는 점은 사태를 더욱 어렵게 만든다.

제레드 다이아몬드는 이스터 섬의 비극을 두고 다음과 같은 질문을 던진다. "섬의 주민들은 나무를 벌채하면서도 자신이 무엇을 하고 있는지 알고 있었을까? 그리고 너무 늦지 않게 이 모든 것을 멈추려고 했을까?"[13] 이 질문에 대한 정확한 답은 모른다. 모아이 석상 말고는 역사적 사료가 딱히 없는 상황에서 이스터 섬을 지배했던 과거 주인들의 생각을 제대로 읽어낼 수 없기 때문이다. 그럼에도 한 가지 분명한 사실은 그들이 자신들의 파괴적 행위를 깨달았다 할지라도 그때는 이미 돌이키기 힘든 임계점을 지났다는 것이다.[14]

다행히 현세대의 인류에게는 지난 역사의 경험을 통해 오류를 줄일 수 있는 기회가 있다. 그러나 기후변화를 우려하는 목소리가 커지는 동안 기후변화에 대한 부정론 내지 회의론 역시 만만치 않게 증가하면서 우리가 적절히 대응할 수 있는 시간은 더욱 짧아지고 있다.

2장

기후변화 회의론의 반격과 피로 현상

> 과학에는 의견 일치라는 것이 없다.
> 의견의 일치가 있다면 그것은 과학이 아니다.
> 과학이라면 다른 의견이 있을 수 있다.
> _마이클 크라이튼

기후변화를 우려하는 시각 이상으로 그에 대해 부정적으로 바라보는 관점이 존재한다. 지구 온도가 과연 상승하고 있는가라는 의문에서부터 과학적인 불확실성과 미래 가치에 대한 할인효과 역시 빠질 수 없는 주제다. 논쟁은 과학이 발전하는 과정에서 중요한 윤활유 역할을 한다. 그러나 기후변화론자와 기후변화 부정론자 간의 지나친 논쟁과 기후변화를 정치적으로 포장하려는 시도는 일반인에게 기후변화피로증후군을 제공하는 단초가 되었다. 이에 대한 책임은 우리 모두에게 있으며 그 피해는 미래 세대가 안을 것이다.

대반격의 시작

지구온난화의 징후가 곳곳에 발견되고 있음에도 온난화 주장만큼이나 이에 대한 반격의 열기도 만만치 않게 달아올랐다. 그중에는 음모론도 있는데, 이는 IPCC 보고서에 대한 불신으로까지 이어지기도 했다. 그러나 연구의 독립성과 자존심을 중시하는 과학자 그룹에서, 그것도 대규모 연구진이 참여한 작업 환경에서 이른바 음모론이 주장하는 데이터의 조작과 왜곡은 당초 가능하지 않다.

그 외에도 다양한 반론이 있다. 지구 온도가 상승하고 있지만 이는 1,500년 주기에 따르는 현상일 뿐이라는 의견도 있고, 기후변화론자가 근거로 삼는 온도 데이터를 신뢰하지 못한다는 지적도 있다. 화석연료를 통한 인위적인 온실가스 배출 증가가 지구온난화의 주범이라는 점에 대해서도 반대 의견이 있다. 이들 주장의 공통점은 지구온난화 주장에 과학적 불확실성이 상당한 정도로 존재한다는 것이다.

앞서 본 것처럼 기후변화는 미래형이 아닌 현재 진행형이다. 하지만 이를 가정법으로 만들려는 움직임이 줄곧 있어왔다. 그중에서 아마 가장 대규모이면서도 오랜 시간 끈질기게 이어진 공격의 하나는 저명한 대기물리학자로 한때 미국 환경보호청[EPA]에서도 근무했던 프레드 싱어를 중심으로 한 그룹에 의해 이루어졌다. 오스트리아에서 태어나 미국으로 건너간 프레드 싱어는 버지니아대학교와 메릴랜드대학교, 미 해군, 환경보호청 등에서 요직을 역임한 매우 영향력 있는 과학자 중의 한 명이다.

프레드 싱어는 환경 이슈에서 늘 논란의 중심에 서 있었다. 그는 간접흡연이 건강에 미치는 위협은 없으며 이와 관련된 미국 환경보호청의 데이터는 조작되었다고 비난했다. 또한 지금은 당연시하는 자외선과 피부암의 상관관계에 대해서도 부정했으며, 한 발

더 나아가 염화불화탄소와 오존층 파괴에 대해서도 부정했다. 그는 기름으로 더럽혀진 과학자라는 오명을 갖기에 이른다. 이후 염화불화탄소가 오존층을 파괴하는 주범으로 인정받고 몬트리올의정서에 의해 생산과 무역이 금지되자 프레드 싱어의 목표물은 교토의정서로 바뀐다. 기후변화론자에 대한 프레드 싱어의 공격은 과학적인 내용의 수위를 넘어서기 시작했다. 그는 기온 상승을 입증하는 데 사용되는 데이터가 급진적 성향의 환경 단체에 의해 정교하게 가공된 정치적 음모라고 주장했다.[1]

정치가들은 과학자들보다 더욱 자극적인 용어를 사용하는 데 주저하지 않는다. 미국 오클라호마 주 공화당 상원의원이자 국회 환경공공사업위원회 의장을 역임한 제임스 인호프 역시 이와 같은 음모론을 내세웠다. 보수계 인사 가운데 대표적인 기후변화 부정론자인 그는 "기후변화는 인류 역사상 가장 큰 규모의 날조극"이라고 주장했다.

프레드 싱어나 제임스 인호프처럼 선동적이지는 않지만 조용하면서도 더욱 설득력 있게 영향을 끼치는 반격도 있다. 이들은 기후변화를 부정하지도 긍정하지도 않는다. 예를 들면 정책의 우선순위를 매기는 식의 방법을 이용한다.

2006년 어느 주말 미국 UN대사 존 볼턴은 UN 외교관들을 초대해 회동을 가졌다. 이 모임에 참석한 주요 인사들은 전 지구 단위에서 해결해야 할 40가지의 시급한 사안의 목록을 만들었는데, 여기에는 기후변화, 전염병, 전쟁, 교육문제, 금융시장의 불안정, 영양 결핍, 인구 이동, 수자원, 무역 장벽 등 다양한 이슈가 망라되었다. 볼턴은 모인 사람들에게 한 가지 방안을 제안했다. 더 좋은 지구를 만들어야 하는 것은 분명하지만 이를 위해서는 어떤 문제부터 해결해야 하는지 우선순위를 매겨달라고 했던 것이다. 물론 모든 일에는 돈이 따라야 하기 때문에 볼턴은 500억 달러의 제한된 기금이 있다고 가정하자고 했다. 외교관들은 각 문제에 대한 전문가들의 견해를 들은 후 정책의 우선순위를 정했다. 최우선적으로 선정된 네 가지 과제의 순서를 보면 기초 의료 지원, 상하수의 개선, 교육 기회의 확대와 아동 영양 문제였는데, 놀랍게도 가장 마지막 이슈가 기후변화였다.

기후변화 이슈가 과대 포장되었다고 주장하는 이들에게 이만큼 구미가 당기는 소재도 흔치 않을 것이다. 고급 정보를 항상 접하는 정상급 지도층 인사들이 기후변화에 대해 어떻게 인식하는지 보여주는 단적인 예를 제공하기 때문이다(하지만 그날 자리에는 당시 기후변화에 소극적이었던 미국, 중국, 인도를 포함한 7개국의 대사들만 모였고 EU 회원국은 한 명도 없었다는 점은 그리 알려진 내용이 아니다. 어찌 보면 그리 놀랄 만한 결과도 아니었다).

볼턴의 실험은 사실 『회의적 환경주의자』로 유명한 덴마크의 비외른 롬보르가 앞서 한 실험의 재탕이다. 해결해야 하는 수많은 환경 현안들이 있지만 재원이 한정되어 있다면 어떤 문제부터 풀어야 할까? 롬보르는 노벨상 수상자까지 포함한 몇 명의 유명 인사들을 대상으로 설문조사를 벌였다. 응답을 받아본 결과 영양실조와 질병과의 싸움이 21세기에 가장 시급하게 해결해야 할 과제였으며, 기후변화는 천문학적인 비용이 소요되는 것에 비해 그 보상은 불확실한, 가장 덜 매력적인 과제인 것으로 나타났다. 롬보르는 교토의 정서의 추진 비용이 그 혜택보다 작아지려면 2100년 정도는 되어야 가능하다고 보았다.[2]

이러한 우선순위 게임은 사실 예산 제약이 존재할 때 사회후생 함수를 극대화하는 전형적인 경제학 문제이며 하나의 답이 존재하지 않는 어려운 주제다. 사회후생함수를 설정할 때 경제와 환경 가운데 어디에 가중치를 둘지, 미래 세대의 후생을 어떻게 평가할지 등의 다양한 논쟁거리가 존재하기 때문이다. 우선순위 게임에서는 기후변화를 완전히 부정하는 것은 아니지만 현재 시급하게 다루어야 할 주제는 아니라는 점을 부각할 뿐이다. 그러나 기후변화에 대한 대응은 더 이상 책상 위에서 잠자고 있어도 될 만큼 여유 있는 주제가 아니다. 이 점에 대해선 다음 장에서 상세하게 짚어볼 것이다.

기후변화에 대한 또 다른 회의론적인 반격은, 기온 상승과 자연재해의 여러 단편적인 정황을 모아 지구온난화를 주장하는 것은 이른바 구성의 오류라는 비판에서 찾을 수 있다. 이 반격에 의하면 지구 온도는 오르기도 하고 내리기도 하면서 계속 변하는 동적인 현상이며, 지금의 온도 상승도 그 국면의 일부이기 때문에 성급하게 우려할 필요가 없다는 것이다. 1940년대에서 1970년대까지를 돌이켜보면 빙하기를 우려할 정도로 추웠던 시기였지만 이제는 빙하기가 아닌 온난화를 우려한다는 것이다.

다음의 그림을 보면 뉴욕이 빙하의 습격을 받는 장면이 나온다. 가장 오른쪽 그림은 우리에게도 익숙한 영화 《투모로우The Day after Tomorrow》(2004년)의 포스터로 지구온난화를 다룬 할리우드 작품

| 1950년대 | 1970년대 | 2000년대 |

이다. 뉴욕에 자유의 여신상과 엠파이어스테이트 빌딩 높이의 해일이 덮치고, 이어 살아 있는 모든 것을 얼려버리는 빙하기가 찾아오는 모습을 담고 있다.

가장 왼쪽의 그림은 1950년대에 뉴요커들이 즐겨 읽던 잡지의 표지 이미지다. 엠파이어스테이트 빌딩이 거대한 빙하의 습격을 받는 장면은 2000년대의 《투모로우》와 비슷하지만 그 배경은 완전히 상반된다. 1950년대는 빙하기를 우려하던 때였다. 당시 우리나라도 겨울마다 무시무시한 동장군이 찾아왔다. 과거보다 전반적으로 온도가 현저히 낮았던 시기였으며, 이 때문에 당시에는 많은 기상학자들이 오히려 빙하기를 걱정했다. 요즘도 상당수 학자들은 이때의 데이터를 제시하면서 지구온난화는 하나의 우화라고 주장한다.

빙하기에 대한 우려는 1970년대까지도 지속되었다. 대중적인 『뉴욕타임스』에서부터 과학 학술지인 『사이언스』에 이르기까지 기후변화가 인류의 생활양식을 바꾸고 국가 간 기후 갈등을 야기할 것이라고 우려했다. 미국 해양기상청NOAA은 1964년부터 1972년 사이, 미국 지표면에 도달하는 태양광이 1.3퍼센트 감소했다고 발표했다. 이러한 변화는 대단한 게 아니라고 여길 수도 있겠지만 지구의 평균온도가 가장 따뜻한 시기에 비해 약 7℃ 하락하면 대빙하기로 접어든다는 점을 고려할 때, 이미 빙하기의 전 단계라는 의견이 1970년대에는 자주 제기되었다.

지구 온도가 지속적인 변화 사이클을 갖는다는 점은 기후변화를 주장하는 대부분의 과학자들 역시 인정하는 사실이다. 지구온난화는 장기적인 관찰이 필요한 현상이며, 지구 온도는 단기적으로 어느 해에는 오를 수도 있고 어느 해에는 내려갈 수도 있다. 그러나 지금의 온도 상승은 사이클로는 설명할 수 없는 매우 가파른 추세에 있다는 점이 문제다. 지난 1세기 동안 0.6℃의 온도 상승을 경험했는데, 빙하기 이후 같은 폭의 온도만큼 오르는 데 5,000년이 걸렸다는 점을 고려할 때 최근의 온도 상승은 무서운 속도라고 할 수 있다. 그런 점에서 어떤 이들은 IPCC 보고서가 온난화의 영향을 오히려 과소평가하고 있다고 지적한다.

영화 《투모로우》는 지구온난화로 인해 오히려 북반구는 급속히 냉각된다는 가설을 시나리오로 설정하고 있는데, 이른바 '급작스런 기후변화abrupt climate change' 개념에 기초하고 있다. 비슷한 위도에 위치한 시카고와 런던의 기후를 비교해보면, 런던이 평균적으로 더 따뜻한데 이는 멕시코만의 난류가 북대서양까지 올라오기 때문이다. 그러나 기후변화가 지속되면 따뜻한 멕시코만의 난류가 제대로 북상하지 못해 북반구의 기후가 급변할 수 있다. 영화는 이러한 급작스런 기후변화를 압축해 묘사하고 있다. 최근 들어 겨울마다 체감온도 영하 30도로 북미 지역을 강타하는 살인 한파 북극 소용돌이_{polar vortex} 역시 기후변화와 관련 있다는 점에서 주목할 필요가 있다.

기후변화를 부정하는 쪽에서 나오는 또 다른 공격은 IPCC 보고서를 신뢰하기 어렵다는 것이다. 그동안 발표되어온 IPCC 보고서의 수치가 일관되지 않아 전문성이 없어 보인다는 것이다. 2100년 지구의 평균온도가 얼마일까라는 질문에 2007년 제4차 보고서에서는 1.1~6.4℃로 보는 데 비해 2001년 제3차 보고서에서는 1.4~5.8℃로 전망했다. 그리고 1995년 제2차 보고서에서는 0.8~3.5℃로 발표했다. 사실 수치가 이렇게 현란하게 왔다갔다하면 전문 연구자들조차 발표되는 데이터를 어떻게 해석해야 할지 난감할 때가 많다는 점은 인정해야 할 것이다. 그러나 '악마는 디테일에 있다'는 말처럼 세부적인 것에 집착하면 정작 중요한 것을 놓칠 수 있다.

'사실_{truth}'과 '정확성_{precision}'에 관한 재미있는 이야기가 있다.[3] 한 자연사박물관에 나이가 지긋한 가이드가 있었다. 그는 우람한 골격을 자랑하는 티라노사우루스 렉스를 보여주는 것으로 박물관 관람의 대미를 장식했는데, 어느 날 한 관람객이 그에게 티라노사우루스의 나이를 물었다. 그는 "6,500만 38살이에요"라고 대답했다. "어떻게 그렇게 정확하게 아세요?" 관람객이 다시 묻자 가이드는 이렇게 대답했다. "간단해요. 내가 처음 박물관 근무를 시작했을 때 나도 똑같은 질문을 전임자에게 했거든요. 그때 그가 들려주기를, 이 공룡의 나이는 6,500만 년이나 된다는 거예죠. 바로 38년 전 이야기죠"

2100년에 이르면 지구의 평균온도가 얼마일지 소수점 한 자리까지 지금 정확히 알 수는 없다. 데이터가 쌓이고 모형도 개선되면서 예측치도 수정된다. 하지만 중요한 것은 온도가 100년 전보다 상당히 올랐으며, 그 추세는 더욱 빨라질 것이고, 적게는 1°C, 높게는 6°C 이상 오를 수 있다는 사실이다. 이는 지구 생태계에 막대한 영향을 끼칠 수 있는 수치다. 아래 또 다른 티라노사우루스 이야기가 나온다.

쥐라기 공원과 지구온난화

나는 그가 새로운 소설을 발표한다는 소식을 들을 때마다 항상 큰 기대를 갖고 기다렸다가 사는 열성팬 중의 한 명이었다. 2미터가 넘는 훤칠한 키에 부드러운 미소, 시대를 자극하는 지적인 아이디어를 갖춘 마이클 크라이튼의 소설은 과학적 상상력과 스릴 그리고 적당한 액션과 주인공들의 로맨스를 양념으로 섞어놓아 언제 읽어도 영화보다 재미있었다. 그의 작품 중 『쥐라기 공원』은 세계적인 베스트셀러로 영화화까지 되어 전 세계 수억 인구가 관람하기도 했다.

『쥐라기 공원』 정도의 인기는 아니었지만 마이클 크라이튼은 그 나름대로 공인으로서 사회에 봉사를 하고자 한 소설을 발표했다. 2004년 출간된 『공포의 상태State of Fear』이다. 2008년 암으로 사망한 후에도 『마이크로』라는 작품이 나오긴 했지만 이는 다른 작가가 마무리했다는 점에서 마이클 크라이튼만의 작품이라고 하기는 힘들다. 따라서 『공포의 상태』는 바이오테크노 스릴러인 『넥스트』와 함께 그의 말기 작품에 해당하는 것으로, 그의 다른 소설 못지않게 한번 잡으면 손을 떼지 못하고 밤새 읽어나가야 할 정도로 흡입력이 강했다. 하지만 마지막 쪽을 덮을 즈음 이 책은 할리우드에서 영화로 만들기에는 쉽지 않겠다는 느낌을 받았다. 그런 이유에서인지 이 책은 국내에도 번역 소개되지 않았다. 『쥐라기 공원』, 『타임라인』, 『ER』, 『트위스터』 등 그의 수많은 작품이 영화로 만들어지거나 드라마로 재탄생했다. 하지만 『공포의 상태』는 진보적인 할리우드가 좋아하기에는 힘든 메시지를 담고 있었다. 반면 이 소설은 미국 보수 정치인들에게는 대환영을 받았다.

무슨 내용이었기에 이렇듯 반응이 냉탕과 온탕으로 극명하게 갈라졌을까? 『공포의 상태』는 지구온난화의 위기를 조장하려는 에코 테러리스트를 소재로 삼고 있다(스포일이라고 생각하면 이 부분은 읽지 말고 넘어가길 권한다. 하지만 이미 10년 전의 소설이라 여러분이 지금 와서 읽어볼 필요는 없지 않을까도 싶다).

여러 민간 회사와 시민들의 기부금으로 이루어진 환경 자원기금을 운영하는 니컬러스 드레이크 총재는 첨단 과학 장치를 이용해 남태평양에서 몰래 인공 쓰나미를 일으킬 음모를 꾸미고 있다. 그는 쓰나미가 발생하는 시기에 맞추어 환경 자원기금이 지원하는 기후변화 회의를 전 세계가 지켜보는 가운데 대규모로 개최할 계획이다. 수많은 군중과 각국의 정치 지도자, 언론인들이 모인 가운데 쓰나미를 긴급 뉴스로 전하고, 이를 초래한 지구온난화의 폐해를 경고하는 가운데 기금을 더 모을 생각이다. 소설은 환경 사건을 전담

『쥐라기 공원』과 『공포의 상태』의 저자 마이클 크라이튼. 지구온난화 부정론자 가운데 가장 유명 인사로 꼽힌다.

하는 변호사 피터 에반스가 니컬러스 드레이크의 음모를 하나씩 밝혀나가면서 에코 테러를 막는 과정을 긴박하게 그리고 있다.

　『공포의 상태』는 막 60세를 넘긴 연륜의 작가가 갖고 있는 과학과 철학에 대한 생각이 담긴 소설이기도 하지만(그는 하버드대학교 의과대학을 졸업한 의사 자격증을 가진 의학 박사이기도 하다) 무엇보다 전 세계 대다수 사람들의 견해에 과감히 도전했다는 점에서 마이클 크라이튼의 다른 작품들과는 달랐다. 그는 "잘 모르는 것만큼 완고하게 믿는 것은 없다"는 몽테뉴의 말을 인용하면서 과학적 근거가 희박한 지구온난화를 맹목적으로 받아들여서는 안 된다고 주장한다. 과거 우생학이 과학의 껍질을 쓴 채 히틀러 같은 나치 정권에 의해 정치적으로 이용되었듯이 지구온난화와 이를 방지하기 위한 교토의정서는 과학적인 발견에 기반을 두기보다는 정치적인 목적이 더 강하다는 것이 그의 주장이었다.

　에코 테러라는 자극적인 소재를 제외하고 소설에서 나오는 과학적인 주장들로 그의 소설을 재구성해보면, 마이클 크라이튼이 가장 주목하는 부분은 1940~1970년 기상 데이터다. 이 시기의 온도를 관찰해보면 지구는 뜨거워지고 있는 것이 아니라 오히려 차가워지고 있음을 알 수 있다. 따라서 마이클 크라이튼은 우리가 관찰하는 지구 온도 상승이라는 것의 상당 부분은 열섬현상에 기인한 것이며 지구온난화의 이름으로 과장되었거나 수만 년 동안의 지구 온도 사이클의 일부분으로 간빙기에 나타나는 현상일 수 있다고 주장한다. 마이클 크라이튼은 1970년대에 빙하기의 도래를 우려하면서 광분하던 과학자들이 지금은 지구온난화에 대해 열변을 토하고 있다면서 지구온난화는 한마디로 난센스라고 주장한다. 우리에게 널리 알려진 베스트셀러 『메가트렌드』와 『마인드 세트』로 유명한 미래학자 존 나이스비트도 마이클 크라이튼과 같은 대열에 합류한다. 그는 환경주의자나 미디어는 문제를 과장하는 버릇이 있으며 나쁜 뉴스는 스스로 생명력을 갖는다고 지적한다.

우리나라에서도 그렇지만 유명 베스트셀러 작가의 입담은 종종 정치적 파워를 갖는다. 하지만 마이클 크라이튼의 영향력은 어지간한 슈퍼 지식인 이상으로 세간에 미치는 영향이 크다는 점에서 차원이 다르다. 1990년대에 《쥐라기 공원》이 상영된 후 우리나라에서는 이 영화 한 편으로 벌어들인 매출액이 당시 현대자동차 수출 실적보다 두 배 이상 높다는 내용의 보고서가 대통령에게 전달돼 화제가 된 적이 있다. 그 후 우리나라의 문화 콘텐츠 사업이 크게 확대된 것은 잘 알려진 사실이다.

『공포의 상태』가 출간되자마자 그를 가장 환영한 곳은 미국의 보수 정치계였다. 당시는 조지 부시 행정부가 교토의정서에서 탈퇴한 후 정책적인 논리가 더해져야 한다는 요구가 높아질 때였다. 이 요구에 잘 들어맞는 것이 그의 소설이었다. 소설 출간 후 마이클 크라이튼은 미국의 여러 보수 단체의 초대를 받았다.

하이라이트는 국회 청문회 증인 출석이었다. 마이클 크라이튼은 지구온난화를 주장하는 그룹에 반격을 가하면서 화석연료 소비로 온도가 상승한다는 것은 일종의 우화라고 비난했다. 당시 민주당 상원의원이었던 힐러리 클린턴은 크라이튼의 청문회 발언에 대해 과학적인 논문에 근거하지 않은 허구의 소설이며, 아마추어 과학자의 근거 없는 발언이라고 강력하게 반박했다. 그러나 보수 정치계는 크라이튼을 대환영했다. 당시 공화당의 거물 상원의원이었던 제임스 인호프는 지구온난화는 가장 위대한 사기극이기 때문에 미국 국민이 반드시 읽어야 하는 책으로 주저 없이 『공포의 상태』를 꼽기도 했다.

"우리는 모두 매일 우리가 정의한 가상의 환경에서 산다"고 말한 바 있는 크라이튼은 그동안 뜨거웠던 지구온난화 논쟁의 장에 빙하기 같은 냉각된 기운을 가져다주었다. 유전자 조작 기술을 이용해 고생대의 공룡을 부활시켰던 크라이튼이 그 공룡을 멸종시킨 빙하기가 아닌 지구온난화는 인류의 고민거리가 될 수 없다고 주장한 것은 우연의 일치일까?

미래 할인과 카르페 디엠

기후변화 부정론자(또는 기후변화 회의론자)들은 핸슨과 같은 과학계의 의견을 과민 반응으로 해석하면서 인간이 그동안 보여준 놀라운 진화의 능력을 예로 들며 기후변화에 대해 너무 염려할 필요가 없다는 입장을 갖고 있다. 인류의 역사에서 위기는 끊임없이 찾아왔으며 그때마다 인류는 지혜와 단결로 놀랍게 위기를 극복해왔다는 것이다. 하지만 기후변화 문제를 그렇게 희망적으로 보지 않는 이들이 많다. 제임스 핸슨과 비슷한 견해를 가지고 기후변화 문제에 동참하는 이들이 점차 증가하고 있다. 『암흑기의 이유Reason in a Dark Time』, 『변화가 필요하다This Changes Everything』, 『탄소 충격Carbon Shock』 등은 아마존닷컴에서 베스트셀러로 소개되고 있는 최근 출간된 책들의 목록이다. 책의 저자들은 문명사적으로 가장 발달한 상태에 도달한 현 인류가 어떻게 기후변화라는 거대 메시지를 지속적으로 무시할 수 있는가라는 주제를 공통되게 다루고 있다.

기후변화의 심각성이 증가하고 있음에도 이를 바라보는 인지 능력은 오히려 무뎌지고 있다. 최근 『타임』은 지구온난화에 관한 시민 의식을 조사했는데, 미국 시민의 39퍼센트만이 강하게 지구가 점차 더워진다고 믿고 있었다. 동일한 질문에 응답한 세계 평균 수준인 57퍼센트에 미치지 못하는 수준이며, 선진국보다 환경문제를 덜 심각하게 생각하는 인도의 71퍼센트에 훨씬 못 미치는 수준이었다. 분명 지구는 더워지고 있는데 말이다.

많은 이들이 오늘날 우리가 기후변화에 대해 아는 것이 별로 없으며, 설사 기후변화가 사실이라고 하더라도 우리가 달리 막을 방도가 없다는 이유로 카르페 디엠(지금 살고 있는 현재 이 순간에 충실하라는 뜻의 라틴어)을 주장한다. 핸슨의 동료인 데이비드 린드의 회고에 의하면, 캘리포니아 정부 관리들에게 기후변화로 인해 앞으로 물 부족 문제가 더욱 심각해질 것이라고 경고했을 때, 대부분의 반응은 어차피 할 수 있는 것이 아무것도 없으니 그냥 무시하자는 것이었다고 한다(결국 캘리포니아는 수년간 사상 최악의 가뭄에 직면하고 말았다). 우리도 비슷한 질문을 한다. '먼 미래의 일, 게다가 일어날 수도 일어나지 않을 수도 있는 일에 우리가 왜 신경 써야 하는가?' 같은 기후변화에 대한 회의적인 반문들이 그것이다.

이를 요즘 유행하는 뇌 과학으로 설명해보자. 조지 마셜은 우리 인간의 두뇌는 '합리적인 뇌'와 '감정적인 뇌'로 구분되는데, 경제적인 셈법은 합리적인 뇌, 리스크에 대한 인지는 주로 감정적 뇌에 의해 지배된다고 보았다.[4] 주로 감정적 뇌의 작용 산물인 기후변화피로증후군에 관해서는 다음 절에서 살펴보기로 하고, 우선 합리적인 뇌가 기후변화와 무슨 상관이 있는지를 살펴보자.

합리적인 뇌는 비용과 편익의 셈법을 추구한다. 이때 중요한 역할을 담당하는 것이 미래의 비용과 편익을 계산하는 데 사용되는 할인율이다. 기후변화로 인해 지금으로부터 100년 후에 1,000억 원의 환경 피해가 발생할 수 있다고 가정해보자. 1,000억 원은 쉽게 상상하기 힘든 규모의 금액이다. 하지만 이 1,000억 원은 현재의 가치가 아닌 100년 후에 발생하게 되는 금액이다. 이를 현재의 가치로 환산하면 얼마일까? 놀랍게도 그 금액은 약 8억 원 정도의 미미한(?) 금액에 그친다.[5]

보다 자세히 이해하려면 '할인율'이라는 개념을 알아야 한다. 만일 누군가가 다음과 같은 제안을 한다고 해보자. "지금 당장 100

만 원을 받거나 1년 후에 110만 원을 받는 것 가운데 하나를 고르시오." 시장 이자율을 5퍼센트라고 볼 때 1년 후 110만 원은 분명 기다릴 만한 가치가 있다. 그러나 나는 당장이라도 돈이 필요한 상황이고, 그래서 지금 100만 원을 받는 것을 선택한다고 하자.

이때 제안자가 '1년 후 130만 원'을 다시 제안한다. 주머니 사정으로 볼 때 지금 당장 들어올 돈도 중요하겠지만 1년 후에 받게 되는 130만 원은 현재 시장 이자율을 생각할 때 거부하기에 너무도 매력적이다. 그래서 후자의 방법을 택하기로 한다.

제안자가 이제는 금액을 120만 원으로 낮췄다고 하자. 그럼 나는 몇 분간 고민한 후 지금 당장 100만 원을 받거나 1년 후에 120만 원을 받는 것은 무차별하다고 대답한다. 바로 이 무차별의 수준에서 나의 심리적 할인율이 정해진다. 위의 예에서는 100만 원을 1년 후에 120만 원으로 만들어주는 20퍼센트의 이자율이 나의 할인율이 되는 것이다. 이를 다른 말로 표현하면, 1년 후에 내가 받게 되는 120만 원은 지금의 100만 원과 같다는 것이다. 이처럼 미래의 가치를 할인해서 현재 가치로 바꿔주는 역할을 할인율이 한다.

기후변화의 심각성을 우리가 쉽게 무시하는 배경에는 이 같은 할인효과가 분명 도사리고 있다. 기후변화의 피해가 수조 원에 달한다 할지라도 그것이 수십 년 후에 발생할 일이라면 할인해서 생각하는 것이다. 현재 가치로 환산한 피해 규모가 상당히 줄어들기 때문에 기후변화의 심각성도 그만큼 준 것처럼 느껴진다.

현재 가치화를 통한 기후변화 인지의 할인효과를 더욱 증폭시키는 것은 미래 피해의 불확실성이다. 극단적인 예를 들자면 100년 후에 1,000억 원의 피해가 발생할 확률이 50퍼센트, 0원의 피해가 발생할 확률이 50퍼센트라면 피해 규모의 기댓값은 500억 원이고, 이 500억 원을 다시 현재 가치로 환산하면 약 4억 원으로 줄어든다. 장차 발생할지, 발생하지 않을지 잘 모르는 피해를 막기 위해, 그것도 1,000억 원이 아니라 현재 가치로 약 4억 원 정도인 피해를 막기 위해 지금 무언가 비용을 부담해야 하는 것에 사람들은 거부 반응을 느끼기 쉽다.

대니얼 카너먼 교수는 노벨 경제학상 수상자로 행동경제학의 선구자이다. 그는 한 인터뷰에서 사람들이 기후변화를 위기로 인식하지 못하는 이유를 다음과 같이 설명한다.[6] 우선 기후변화는 그 위기를 강조할 수 있는 핵심적인 논점이 부족하다. 당신이 소유한 차가 고장 나면 당장 고쳐야 한다고 느낀다. 기후변화는 그렇지 않다. 둘째, 사람들은 기후변화를 막기 위해 당장 필요한 비용을 부담스럽게 생각한다. 셋째, 기후변화의 진실을 둘러싼 공방으로 혼란스러워한다. 카너먼은 이러한 이유로 기후변화를 해결하기 위한 우리의 노력이 당분간 제 속도를 내기가 힘들 것이라고 침울하게 전망했다.

또 다른 대니얼인 하버드대학교의 대니얼 길버트 교수도 유사한 주장을 한다. 그는 다년간 인간의 인지 능력에 대해 연구하면서 TED 강연이나 세계적인 베스트셀러의 저술을 통해 일반인에게도 널리 알려진 심리학자다. 그는 인지 오차 때문에 인간은 미래를 적절하게 바라보지 못하는 경우가 허다하다고 지적한다. 또한 미래를 제대로 평가하기 위해서는 사람들에게 PAIN이 있어야 한다고 한다. 그가 말하는 PAIN은 'P: personal, A: abrupt, I: immoral, N: now'의 네 가지 조건을 말한다. 미래의 사건이 개인적으로 다가와야 하며, 비약적인 위기이며, 옳지 않은 일이며, 가시성이 있어야 한다는 것이다. 그러나 기후변화는 PAIN의 어떤 것에도 해당되지 않기 때문에 제대로 인식하는 데 번번이 실패할 가능성이 크다고 우려한다.

기후변화의 '고통', 즉 PAIN을 느끼기에는 거리감이 너무 멀다. 우리 인류가 문명 파괴적인 인식의 오류에서 벗어나지 못하는 이유 중의 하나다. 100년 후에 있을 기후변화의 심각성은 사람들이 이해하기에는 너무 먼 이야기인 것이다. '심리적 거리감'이다. 우리는 북극 빙하가 녹는 장면을 숱하게 본다. 하지만 지금 우리가 사는 장소와는 멀리 떨어진 곳이다. 멀어도 한참 멀다. 상승하는 해수면 때문에 곧 바다에 잠기게 될 투발루의 슬픈 운명을 담은 사진과 신문 기사도 자주 접한다. 그러나 이 역시 우리에게는 머나먼 곳이다. '공간적 거리감'이다.

설령 기후변화를 적극적으로 막아야 한다는 긍정적인 답변을 했다 하더라도 그것이 반드시 즉각적인 행동을 의미하지는 않는다. 기후변화를 바라보는 우리의 이 같은 이율배반적인 자세를 온정효과warm glow effect로 설명하기도 하는데, 이 온정효과는 할인효과와 쉽게 타협하는 경향이 있다.

온정효과는 환경 보존에 대해 선심성의 태도를 가질 때 발생한다. 깨끗한 대기나 물의 중요성은 인정하지만 이를 얻기 위해 실제적으로 지불해야 하는 비용에 대해서는 인색한 경우를 두고 하는 말이다. 일반인을 대상으로 설문조사를 실시한다고 하자. '깨끗한 상수도를 공급하기 위해 정부 재정이 더 필요한데, 여러분은 이를 위해 매년 소득세를 얼마나 더 지불할 의사가 있습니까?' 같은 질문을 던진다. 대부분의 시민은 1년에 몇천 원에서 몇만 원 정도는 지불할 의사가 있다고 응답을 한다. 하지만 실제 돈을 내야 하는 상황이 되면 태도가 바뀐다.

노르웨이의 한 연구에서 흥미로운 실험을 했다. 환경 자원을 보호하기 위해 노르웨이 환경 기구에 200노르웨이크로네를 기부할 용의가 있는지 물어본 것이다. 63퍼센트의 응답자가 '예'라고 대답했다. 그래서 이들을 대상으로 실제 기부를 요구하는 청구서를 발송해보니 수표를 보낸 사람은 10퍼센트도 안 되었다.

온정효과가 발생하는 이유는 사람들이 환경보호라는 대의명분이 있는 일에 긍정적으로 답함으로써 도덕적인 만족감을 얻으려는 경향이 있기 때문이다. 기후변화를 우려하면서도 정작 기후변화를 막기 위한 진지한 행동에 나서지 않는 이유도 온정효과로 어느 정도 설명할 수 있다.

미래를 제대로 알 수 없다는 이유로 현재를 즐기자는 카르페 디엠이 과연 해결책이 될 수 있을까? 20세기가 낳은 위대한 경제학자 존 메이너드 케인스는 "결국 우리 모두 장기적으로는 다 죽는다"는 유명한 말을 남겼다. 그의 말은 약간 오해의 소지가 있지만 결코 우리 모두 다 죽을 테니 현재를 즐기라는 권고는 아니다. 오히려 그 반대 메시지다. 지금의 우리가 다 죽고 없을 미래에 어떤 문제가 해결되기를 마냥 기다릴 수는 없기 때문에 문제 해결을 위한 보다 적극적인 개입, 예를 들면 정부 정책이 필요하다는 말이었다. 케인스가 환생한다면 뭐라고 말할까? 기후변화에 대해서도 시장의 실패^market failure를 거론하며 적극적인 정책 도입을 지지할 것은 분명하다.

기후변화피로증후군

이제 조지 마셜이 말한 감정적인 뇌를 살펴보자. 앞서 설명한 온정효과로는 최근의 기후변화를 바라보는 우리의 거부 반응을 다 설명하기 어렵다. 온정효과는 표면적으로는 기후변화를 우려하지만 실제 돈을 지불해야 하는 상황에서는 기후변화를 인정하지 않으려는 소극적인 부정의 사례에 해당된다. 적극적으로 기후변화를 부정하거나 냉담하게 반응하는 경우에 대한 설명은 아니다.

　　감정적인 뇌 이론에 따르면 우리가 기후변화 리스크를 공개적으로 제대로 평가하지 않는 이유에는 감정이나 정서의 개입이 있다. 기후변화에 관한 체계적이거나 비체계적으로 발생하는 감정적 반응의 상당 부분은 '기후변화피로증후군'과 연관된다. 민간 연구기관인 PeW 조사에 의하면 약 3분의 2의 응답자가 기후변화를 인정하지만 여론이 이를 과장한다고 여기고 있으며 상당 수준의 피로 현상을 보였다.[7] 영국의 저명한 사회학자 앤서니 기든스는 비교적 최근 저서인 『기후변화의 정치학』에서 이를 '관심 피로^attention fatigue' 현상으로 해석한다. 기후변화가 상당 부분 사실이고 그 위험을 받아들인다 할지라도 기후변화 이야기를 듣는 것에 이제는 물렸다는 의미다.[8]

피로 유발 요인은 다양하다. 우선 지나친 정치적 구호가 피로감을 유발할 수 있다. 기후변화에 동조적인 이들조차도 이를 정치적으로 이슈화하는 움직임에는 거부감을 가질 수 있다. 좋은 말도 여러 번 들으면 마음을 불편하게 할 수 있지 않은가. 최근 우리의 경험도 그렇다. 녹색성장이 대표적인 예다. 좋은 취지의 정책이지만 지나치게 정치 구호가 되면서 많은 이들이 녹색성장 정책에 피로감을 느끼게 되었다. 기후변화를 정치적으로 이용하려는 성급한 행동이 기후변화의 부정적인 이미지를 형성한다는 것은 이미 여러 연구에서 밝혀지고 있다.

사람들은 정치를 비판적인 견지에서 해석하는 경향이 있다. 기후변화를 정치적으로 쟁점화하고자 할 때의 어려운 점이 바로 그것이다. 정치가들이 구호로 내세우는 기후변화라는 어젠다가 감정적으로 수용의 대상이 되기 힘들기 때문이다. 정치적인 지원 없이는 오늘날의 기후변화 문제를 극복하기가 힘들다. 기후변화를 억제하는 정책의 도입이 필요하기 때문이다. 하지만 이를 정치적인 이슈로 거론하기 시작하면 기후변화에 대한 피로 현상이 증가할 수 있다는 딜레마에 빠진다.

기후변화를 슬로건화하는 과정에서 현기증이 날 정도로 인용되는 통계 역시 우리를 당혹스럽게 한다. 2009년 코펜하겐 기후변화회의에서 EU의 호세 마누엘 바로소 집행위원장은 기후변화 정책을 적극 옹호하면서 마법의 숫자들을 쏟아냈다. 2020년까지 온실가스를 1990년 수준 대비 20퍼센트 삭감하기 위해서는 신재생에너지를 20퍼센트까지 확대해야 하며, 이를 위해서는 2020년까지 1,300

억 원의 투자가 필요하지만 70만 명의 신규 고용을 창출할 수 있고, 700억 달러만큼의 석유와 가스 수입을 줄일 수 있다는 것이다. 하지만 그의 말을 사실로 받아들인다 할지라도 의문이 생긴다. 그의 통계에서는 정부가 신재생에너지 확대를 위해 얼마나 많은 보조금을 투입해야 하는지에 대한 내용이 빠져 있기 때문이다.

기후변화피로증후군을 유발하는 또 다른 이유로 지나친 단순화의 오류를 들 수 있다. 기후변화에 과도하게 집착하면 우리가 직면한 문제를 오도된 방향으로 해석하는 오류를 범할 수 있다. 복잡하지 않은 문제를 지나치게 어렵게 만드는 것도 바람직하지 않겠지만 문제를 지나치게 단순화하면 그러한 주장을 듣는 우리의 이성이 저항하게 된다. 인간은 논리의 연결 고리를 따라 사고하기 때문이다. 여섯 살배기 어린아이들도 자신이 받아들이기 힘든 막무가내식의 어른들 논리에는 반문하기 마련이다.

어느 출장지에서였다. 호텔 방에 손님용으로 비치되어 있는 『타임』을 펼쳐드니 북극곰 한 마리의 비참한 모습이 눈에 들어왔다. 2013년 9월에 찍혔다는 사진에는 에스키모 이누이트 족이 쏜 총에 맞은 북극곰이 몸을 가누지 못하고 주저앉은 채로 공포에 질려 있는 모습이 담겨 있었다. 이누이트 족의 총부리는 계속해서 북극곰을 겨누고 있었다. 그다음 장면의 사진은 더 이상 보기가 힘들었다. 사냥감으로 잡힌 북극곰은 어느새 이누이트 족의 한 가정으로 옮겨져 살과 가죽이 완전 해체되었기 때문이다.[9]

북극곰은 멸종 위기에 처한 생물 종이고 더군다나 지구온난화로 인한 희생양의 상징이 아닌가. 이 처량한 운명의 북극곰을 보존하는 것도 모자라 먹잇감으로 사냥하고 있었던 것이다. 분명히 뭔가 잘못되어도 크게 잘못되어가고 있었다. 그러나 이 사진을 찍은 사진작가 에드 오우의 동기는 그보다 더 깊은 데 있었다. 그는 캐나다 영토이지만 캐나다인조차 외계의 영역으로 여기는 동토에서 생존하는 이누이트 족의 비참한 일상을 렌즈에 담으려고 했던 것이다. 그들에게 있어서도 기후변화는 반갑지 않은 손님이지만 극한의 가난은 더욱 뿌리치고 싶은 절박한 문제다. 북극곰은 이들에게 남은 거의 유일한 생존 수단이다. 북극곰 한 마리에서 얻을 수 있는 양식은 한 가족의 한 달치 식량에 해당되었고, 가죽을 팔면 수백 달러를 벌 수 있었다.

소수의 이누이트 족이라고 하지만 북극곰을 먹잇감으로 쓰기 위해 사냥하는 것은 옳지 않을 수 있다. 하지만 기후변화와 지구온난화를 막아야 한다고 외치면서 이들의 빈곤 문제를 도외시하거나 우선순위에서 밀어내는 것은 더더욱 옳지 않다. 지구온난화로 녹는 빙하 때문에 위기에 처한 북극곰의 생존은 우려하면서도 이누이트 족의 생존을 무시하는 우리의 모순은 무엇인가?

기후론자와 기후변화 부정론자, 환경론자와 산업론자, 이렇게 이분법적으로 나뉜 가운데 기후변화를 둘러싼 논쟁이 끝없이 이루어졌다. 이로 인해 생긴 기후변화피로증후군의 결과는 우리 모두의 손실로 남게 된다. 제임스 핸슨은 온실가스 배출이 지금과 같은 추세라면 우리는 머지않아 '완전히 다른 행성'에서 살게 될 것이라고 말한다. 지구의 온도계 자체가 바뀐 상태를 말하는 것이다. 온실가스를 감축하느냐 마느냐에 관해 선택을 할 수 있는 시간은 갈수록 짧아지고 있다. 다음 장에서는 기후변화 문제를 해결해야 하는 시기는 먼 미래가 아닌, 바로 지금이라는 점을 살펴볼 것이다. 무엇보다도 기후변화의 비가역성 때문이다.

3장

기후변화의 경제학

우리는 기후라는 주사위를 던지고 있다. 그 결과는 심각할 것이며
피해의 일부는 아주 위험할 것이다.
다행히 우리는 기후 카지노Climate Casino에 방금 입장했다.
아직은 돌아서서 빠져나갈 시간이 있다.
_윌리엄 노드하우스, 예일대학교 경제학과 교수[1]

IPCC 보고서가 발표되던 2007년, 또 한 편의 보고서가 학계를 흔들
었다. 영국의 저명한 경제학자 니컬러스 스턴 경의 『기후변화의 경
제학Economics of Climate Change』이 그 주인공이었다. 이른바 스턴 보고서
라고 불리는 이 책에서 그는 지구온난화의 피해를 막기 위해서는
온실가스를 향후 30~70퍼센트 감축해야 하며, 이 목적을 달성하기
위해 이산화탄소 1톤당 약 300달러의 탄소 비용을 부과해야 한다는
강력한 메시지를 전달했다. 이를 둘러싼 논쟁은 2007년부터 본격적
으로 시작되어 지금까지 '기후변화의 경제학'이라는 이름으로 진행
되고 있다.

　기후변화의 경제학에서 공통적으로 인정하는 바는 비가역성
의 피해irreversible damage다. 일단 기후변화의 충격이 발생하면 생태계

를 과거의 상태로 쉽게 되돌릴 수 없으며 그 영향은 전 지구적이라는 것이다. 이 장에서는 기후변화의 이 같은 리스크를 경제학의 관점에서 짚어보면서 우리가 추구해야 할 방향을 모색할 것이다.

온실가스 101

기후변화의 경제학으로 들어가기에 앞서 온실가스와 기후변화의 특성을 이해해두는 것이 필요하다. 비록 기초적인 수준의 지식이라도 온실가스에 대한 이해는 기후변화 현상을 이해하고 온실가스 관련 정책을 설계하는 데 절대적으로 도움이 된다. 사실 전문가들도 온실가스에 대한 그릇된 이해에서 발생하는 실수를 흔치 않게 저지른다.

하나의 예로부터 시작해보자. 오래전 한 학술 논문을 심사한 적이 있다. 논문의 주제는 우리나라에서 이루어진 해외의 직접 투자, 즉 FDI가 우리나라의 온실가스 농도에 어떠한 영향을 미쳤는지 살펴보는 것이었다. 해외 직접 투자의 영향을 살펴보기 위해 논문에서 사용한 온실가스 데이터는 한반도 상공에서 측정한 대기 중 이산화탄소 농도를 ppm 단위로 기록한 것이었다. 논문은 연구 동기도 분명했고, 실증 관계를 추정하기 위한 계량 분석 모형에도 문제가 없었다. 하지만 논문에 사용된 데이터에 심각한 문제가 있었던 탓에 게재 불가 의견을 내릴 수밖에 없었다.

이 연구 결과가 신뢰성을 갖기 위해서는 대기 중 농도가 아닌 배출량 데이터를 사용했어야 했다. 우리나라 상공에서 측정한 이산화탄소의 대기 중 농도는 비단 우리나라에서 배출된 이산화탄소뿐만 아니라 남아프리카공화국이나 우리나라의 대척점에 위치한 브라질에서 배출된 이산화탄소도 포함하고 있으며, 심지어 수십 년 동안 전 세계 곳곳에서 배출한 이산화탄소까지 포함하기 때문이다. 따라서 해외 직접 투자가 온실가스라는 환경 요인에 미치는 영향을 살펴보기 위해서는 대기 중 '농도'가 아니라 국내의 산업, 상업, 수송, 가정 부문에서 배출한 이산화탄소의 '배출량'을 가지고 추정했어야 한다.

이처럼 기후변화 정책을 이해하기 위해서는 온실가스 101, 즉 개론 수준의 기초적인 지식이 필요하다. 우선 온실효과가 무엇인지 살펴보자. 우주에 있는 모든 물체는 복사에너지를 방출하며 그건 태양과 지구도 마찬가지다. 복사에너지의 파장은 이를 방출하는 물체의 온도와 역의 관계에 있는데, 태양의 복사에너지는 0.2~4.0의 단파이며 지구의 복사에너지는 4~100의 장파이다.

이산화탄소, 수소불화탄소, 메탄, 아산화질소 등의 온실가스와 구름, 수증기 등은 상대적으로 단파 에너지는 잘 투과시키지만 장파 에너지에 대해서는 그렇지 못하다. 그런 이유로 온실가스는 태양의 복사에너지는 지구 내부로 잘 흡수시키지만 지구의 복사에너지는 원만히 투과시키지 못하고 지구 안에 가두게 된다. 이와 같이 복사에너지를 가둠으로써 복사열에 의해 기온이 상승하는 효과를 '온실효과'라고 부른다.

만일 온실효과가 없다면 이론상으로 지구 지표면의 평균온도는 +15°C가 아닌 -18°C가 된다. 온실효과는 자연적인 현상으로도 발생하는데, 1800년대 중반 존 틴들의 실험에 의해 밝혀졌다는 과학 역사는 이미 널리 알려진 바다. 그러나 요즘 문제가 되는 온실효과는 자연현상의 범위를 뛰어넘었으며 지구온난화 추세가 뚜렷하게 이어지고 있다. 산업혁명 이후 급증한 화석연료 소비 탓에 산업화 이전에 비해 25퍼센트 이상 증가했으며, 최근에는 더욱 가파르게 증가하고 있는 대기 중 이산화탄소의 농도가 그 주요인으로 지목받고 있다.

온실가스의 대표격인 이산화탄소는 석탄, 석유, 가스 등의 화석연료를 연소하거나 열대림을 벌채하는 과정에서 배출된다. 이들 물질은 기본적으로 유기물로서 탄소를 함유하고 있는데, 연소 과정에서 탄소가 배출된다. 고등학교 시절 화학 시간에 유기물과 무기물은 탄소의 유무로 구분하는 것을 배웠다. 유기물의 정의 자체가 탄소 화합물인 반면 무기물은 탄소를 포함하고 있지 않다. 탄소를 포함하고 있는 유기물은 불을 지피면 타게 되고, 그 과정에서 빠져나온 탄소(C)는 산소(O)와 결합해 이산화탄소, 즉 CO_2를 방출한다. 이처럼 모든 유기물은 그것이 생명체든 비생명체든 탄소를 포함하고 있는 이상 연소 과정에 의해 이산화탄소를 방출한다. 화석연료 가운데 이산화탄소를 가장 많이 배출하는 것은 석탄이며 그 뒤를 석유와 가스가 잇는다.

그 외의 온실가스를 보면, 아산화질소는 주로 질소 비료를 사용하는 과정에서 발생하며, 메탄은 쌀농사나 가축의 분비물 등에서 발생한다. 수소불화탄소는 자동차, 에어컨, 냉장고 등에 사용되는 냉매제를 사용하는 과정에서 발생하는데 오존층 파괴 물질이기도 하다(염화불화탄소의 대체 물질을 개발한 듀폰은 수소불화탄소의 대체 물질을 개발하고 있다. 당연한 말이겠지만 개발이 완료될 즈음 수소불화탄소의 글로벌 규제를 주장할 것이다).

온실가스의 가장 두드러진 특징은 대기 중에 체류하는 시간이 상당히 길다는 것이다. 이러한 이유에서 온실가스는 스톡stock 물질로, 아황산가스나 이산화질소 같은 대기 오염 물질은 플로우flow 물질로 구분하기도 한다.[2] 스톡은 말 그대로 재고처럼 쌓인다는 뜻으로, 이산화탄소의 경우 한 번 방출되면 약 100년 정도 대기 중에 체류한다. 제임스 핸슨이 누적 배출량 기준으로 볼 때 영국이 최대 배출국 가운데 하나라고 말한 이유도 산업혁명 이후로 누적되어온 온실가스 배출량을 기준으로 했기 때문이다. 다양한 기상 조건에 의해 온실가스의 대기 중 체류 기간은 약간씩 변하기 마련이지만 한 번 방출되면 그 효과가 오랜 기간에 걸쳐 발생한다는 점에서 플로우 오염 물질과는 분명히 구분해서 접근할 필요가 있다.

플로우 오염 물질은 대기 중에 머무는 시간이 비교적 짧다. 대표적인 플로우 오염 물질인 아황산가스는 이산화탄소와 마찬가지로 화석연료의 연소 과정에서 대기 중으로 배출되지만 체류 기간은 3~5일 정도밖에 되지 않는다. 서울의 하늘이 대기오염 물질로 스모그 현상을 보이다가도 한 차례 소나기 후에 청명한 하늘을 볼 수 있는 이유도 아황산가스나 미세 먼지 같은 플로우 오염 물질은 바람이나 비에 의해 쉽게 사라지기 때문이다. 물론 대기 중의 아황산가스는 산성비가 되어 토양을 산성화시키기 때문에 하늘이 깨끗해졌다고 해서 아황산가스 문제가 해결되는 것은 아니기에 배출 자체를 줄이는 것이 최선의 방법이다.

$$\frac{dS(t)}{dt} = E(t) - \delta S(t)$$

시간이 흐름에 따라 스톡 오염 물질의 양이 어떻게 바뀌는가를 나타내는 식. S(t)는 스톡 오염 물질의 양, E(t)는 배출량, δ는 누적 배출량인 S(t)의 소멸 계수를 나타낸다. 이 식은 경제성장론에서 자본 스톡과 투자의 관계를 분석할 때도 쓰이는데, 기후변화의 경제학에서도 온실가스를 설명할 때 유사하게 적용하고 있다.

온실가스나 대기오염 물질을 스톡과 플로우로 구분하는 것이 중요한 이유는 규제 수단을 모색할 때 그 접근 방법이 달라질 수 있기 때문이다. 보통 플로우 오염 물질은 지구를 순환하면서 쌓이지 않고 배출된 지역 근처에만 머물기 때문에 해당 국가의 일이거나 국경이 인접한 국가끼리 공동으로 해결하는 방식을 취한다. 산성비를 억제하기 위해 미국이 독자적으로 시행하고 있는 산성비 프로그램U.S. Acid Rain Program 제도가 그 대표적인 예로 아황산가스 배출을 줄이는 것을 목적으로 하고 있다.

플로우 물질인 아황산가스를 다루다보니 산성비 프로그램은 온실가스 배출권 거래제와는 다른 독특한 방식을 취하기도 한다. 예를 들어 배출권 거래제의 운영 방식도 약간 다르다. 배출권 거래제에 대한 상세한 내용은 6장 이후부터 살펴보기로 하고 간단히 그 기본 개념만 이야기하면, 배출권은 어떤 오염 물질을 배출할 수 있는 권리를 말한다. 따라서 아황산가스 배출권 한 단위는 아황산가스 1톤을 배출할 수 있는 권리를 의미한다.

글로벌 오염 물질인 온실가스와 달리 아황산가스는 지역 오염 물질이다. 그러다보니 미국 연방 정부가 아황산가스 배출권 거래제를 도입했을 때도 주 단위에서 지역 여건에 맞게 약간씩 변화를 갖는 것을 허용했다. 예를 들어 뉴욕 주에서는 서부에 위치한 화력발전 회사는 동부의 화력발전 회사로 배출권 이전을 할 수 있지만 동부의 발전 회사는 서부의 발전 회사에 배출권을 판매할 수 없도록 규정하고 있다. 만일 이러한 제한 없이 동부의 발전 회사로부터 배출권을 구매한 서부의 화력발전 회사가 이전보다 아황산가스 배출을 더 많이 하게 되면 편서풍을 타고 날아온 대기오염 물질로 인해 결국 뉴욕 시의 대기 환경은 더욱 악화될 것이다.

이러한 정책은 플로우 오염 물질에 대한 세심한 이해를 바탕으로 하고 있다. 아황산가스나 미세 먼지는 공기 중에서 잘 씻겨나간다 할지라도 특정 시기 특정 지역에 배출이 몰리면 대기오염이 심각해지고 호흡기 질환도 유발할 수 있다.

반면 스톡 물질인 온실가스는 배출된 후 전 지구를 오랜 시간에 걸쳐 돌아다니기 때문에 배출을 줄이는 곳이 어느 지역이든 그 효과는 전 지구적으로 나타난다. 그래서 온실가스 배출권은 아황산가스 배출권과는 달리 동부나 서부 지역 등으로 구분해 지역 간 배출권 이전을 막을 이유가 굳이 없다. 온실가스의 배출을 줄이는 곳이 베트남이든 이집트든, 미국이든 중국이든 우선 줄이는 것이 중요하며, 이러한 점에서 이후 살펴볼 청정개발체제, 즉 CDM^Clean Development Mechanism 사업이 가능하다.

스톡 오염 물질의 또 다른 중요한 특징은 무임승차 문제가 플로우에 비해 더욱 심각해질 수 있다는 것이다. 온실가스는 어느 국가가 배출량을 줄이든 간에 그 효과는 글로벌하고 동일하게 나타나기 때문에 서로 감축을 미루려고 할 수 있다. 그동안 온실가스 감축을 위한 글로벌 차원에서의 구속력 있는 합의를 이루지 못한 가장 주요한 원인도 바로 이 무임승차 효과 때문이다.

기후변화의 티핑 포인트

온실가스의 또 다른 특징으로 기후변화의 피해가 어느 순간 폭발적으로 증가할 수 있는 파괴적 영향을 들 수 있다. 온실가스 농도가 임계치를 넘어서면 지구 기후가 급격하게 바뀌는 티핑 포인트가 발생하는 것이다. 이 단계에 이르면 '급작스런 기후변화'를 경험하게 되며 과거와는 확연히 다른 기후대의 영역으로 들어간다. 《투모로우》에는 지구온난화로 북반구가 수개월 만에 갑자기 얼어붙는 장면이 나오는데, 비록 영화의 허구적인 장치를 통하긴 했지만 급작스런 기후변화를 잘 묘사하고 있다.

과학자들은 티핑 포인트를 우려한다. 기후변화의 영향은 우리가 금방 눈치를 챌 수 있을 만큼의 큰 규모로 가시화되지 않고 서서히 진행되는 경향이 있다. 하지만 임계치를 넘는 순간 기후변화의 피해는 전 지구적으로 나타날 수 있다. 그리고 그 경계를 넘어선 순간부터는 인간이 해볼 수 있는 것이 그리 많지 않다. 개구리를 물에 넣고 서서히 끓이면 처음에는 거의 자각을 못하다가 어느 순간 뜨거움을 느끼고 탈출하려고 발버둥을 친다. 그러나 우리에게는 탈출할 만한 다른 행성도 없다.

과학자들은 온실가스 농도가 450ppm 이상 증가하면 산호의 색상이 탈색되고 남극 서부 지역의 빙하가 녹는 것 같은 대규모 기후 충격이 발생할 것으로 보고 있다. 그러나 IPCC 보고서는 티핑

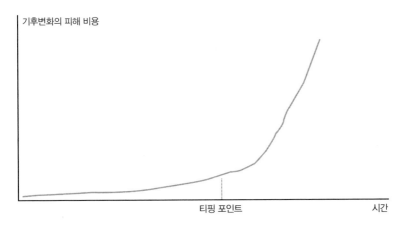

기후변화의 피해 비용

티핑 포인트   시간

급작스런 기후변화로 인한 피해 비용 역시 티핑 포인트를 지나면 기하급수적으로 증가하는 경향을 보인다.

포인트를 촉발하는 온실가스 농도의 임계치에 대해 다양한 불확실성이 존재함을 인정한다. 기후변화 속에서 생태계가 갖는 적응 한계에 대한 불확실성뿐 아니라 우리가 갖고 있는 정보와 인식의 한계도 불확실성의 원인이 될 수 있다.

　기후변화로 인한 온도 상승과 생태계의 변화가 선형적이지 않고 급작스럽게 변화하는 비선형성을 갖는 이유 중에는 되물림, 즉 피드백 작용도 있다. 피드백 작용이란 어떤 사건이나 현상에 대한 반응이 그것을 다시 발생시킬 수 있는 기회에 영향을 주는 것을 말한다. 기후변화의 티핑 포인트 시기도 피드백에 의해 앞당겨질 수 있다.[3] 지구온난화로 빙하가 녹고, 녹은 빙하는 바다 수온의 상승과 해류의 흐름을 방해하고, 이는 다시 기후변화를 가속화하는 역할을 한다. 그리고 이처럼 피드백 작용이 존재하는 경우 어떤 특정 조건을 만족하면 복잡성이 발생한다.

복잡성이 말하는 바는 초기의 무시할 만한 작은 차이도 나중에는 궁극의 차이를 초래할 수 있다는 것이다. 지금의 온도 상승을 미미한 정도라고 무시할 경우 수십 년 후 맞이할 기후변화에서 우리는 아무런 대응도 못 할 수 있다. 영국의 통계학자 데이비드 핸드는 최근 『희소 원리The Improbability Principle』에서 왜 우리에게 있을 법하지 않은 일들이 실제 발생하고, 그것도 자주 발생하는지에 관해 의문을 던지고 나름의 답을 모색한다. 로또에 한 번 당첨되는 것도 어려운데 어떤 이들은 어떻게 여러 번 당첨되는가? 번개에 맞는 것도 쉽지 않지만 맞은 사람은 어떻게 살아남았을까? 또 이론적으로는 수천 년에 한 번 발생할까 말까 한 금융 대폭락이 실제로는 몇십 년 사이에 발생하는 것은 어떻게 설명할 수 있을까? 그는 있을 법하지 않는 일들이 발생하는 원리를 설명하면서 '확률 지렛대의 법칙'을 중요한 원인으로 거론한다.

작은 변화도 어떤 상황에서는 확률에 상당한 충격을 가할 수 있다는 것을 의미하는 확률 지렛대의 법칙은 초기 조건의 대격변 이론catastrophe theory과도 연관성을 갖는다. 예를 들어 솥에 물을 데우고 있다고 하자. 100℃가 이르기 전에는 상당히 차분하던 물이 100℃를 지나자마자 요란하게 소리를 내면서 끓는다. 100℃를 기준으로 시스템의 안정성이 바뀐 것이다. 지속적으로 상승하는 지구 온도가 급작스럽게 지구 기후를 바꾸는 확률 지렛대가 되지 않아야 할 것이다.

복잡성은 한마디로 정의하기 힘들지만 대부분의 경우에는 시스템 간 상호 피드백 과정에서 발생하는 현상을 의미하며, 시스템

복잡계 이론

복잡계 이론complexity theory에 의하면 어떤 시스템의 초기 값 측정에서 발생하는 약간의 오류도 시간이 지나면 큰 규모의 불확정성으로 번져나갈 수 있다. 수리기상학자 에드워드 로렌츠가 기상 예측 모형을 연구하다 발견한 나비효과가 대표적인 경우에 해당한다. 그는 컴퓨터 시뮬레이션 모형을 돌릴 때 변수의 값에 미미한 차이만 허용해도 상당히 다른 기상 패턴이 발생하는 것을 발견했다. 그래서 아마존 정글에서 나비가 날갯짓을 한 번 해도 그 효과는 증폭되어 지구 다른 곳에서 허리케인을 일으킬 수 있다는 유명한 비유가 나왔다. 이와 같은 복잡계의 가능성은 사실 19세기의 위대한 물리학자 제임스 클러크 맥스웰도 언급한 바 있다. "데이터상의 작은 오차가 결과에서도 작은 오차만 허용하는 종류의 현상이 있다. (…) 이 경우의 일련의 사건들은 안정적이다. 불안정성이 발생하는 보다 복잡한 유형의 현상도 있는데, 변수가 많아지면서 불안정한 경우의 수가 극단적으로 빠르게 증가한다." 에드워드 로렌츠, 브누아 망델브로 등의 과학자 집단에 의해, 그리고 빠르게 진화하는 컴퓨터의 성능에 힘입어(무어의 법칙이 말하는 바와 같이) 이후 복잡계 이론은 기상뿐만 아니라 생태학, 신경과학, 경제학 등의 여러 분야에 활발히 적용되기 시작했다. 기후변화 역시 초기 조건에서 출발해 되물림 현상으로 심화될 수 있다는 점에서 복잡계 이론의 연구 주제다.

에 대한 나름의 정보가 있다 할지라도 발생할 수 있다. 우리가 가진 정보의 불확실성 때문에 복잡성이 발생한다기보다는 시스템 내부에서 여러 인자의 피드백 작용이 초래하는 현상인 것이다.

카오스적인 요소 때문에 단기간의 기온 예측도 어려운 것이 사실이다. 내일 서울의 실제 온도가 28℃임에도 29℃로 전망한 모형으로 한 달 후를 예측하면 상당한 오차가 발생할 수 있다. 그래서 중장기 기상 전망은 어려운 임무다. 이와 관련해 마크 트웨인은 일반인의 시각에서 기후와 날씨에 대해 재치 있게 표현한 바 있다. "기후는 우리가 기대하는 것이고 날씨는 우리가 실제로 얻는 것이다." 기후는 전망의 대상이고, 매일매일의 날씨는 당장의 경험 대상이다. 기대한다고 다 얻는 것이 아니기 때문에 이런 비유를 했는지 모르겠다. 그러나 제임스 핸슨은 내일의 날씨를 예측하는 것과 50년 후의 기후를 예측하는 것은 본질적으로 다르며, 전자는 확률적인 불확실성이 크지만 후자는 어느 정도 확정적이라고 본다.

날씨는 대기와 해양의 연속적인 흐름에 영향을 받으며, 대기와 해양은 태양으로부터의 에너지, 지구의 자전, 그 외의 여러 요소들에 영향을 받는다. 반면 에너지 밸런스의 큰 변화를 경험할 때 보이는 지구의 반응은 장기적으로 관찰될 수 있는, 어느 정도 결정론적이며 예측 가능한 현상이다. 날씨와 기후는 시간을 두고 구분할 수도 있다. 즉 날씨는 특정 시점에 실재적인 대기의 상태를 지칭하며, 기후는 이보다 훨씬 더 긴 시간에 걸쳐 발생하는 기상의 흐름을 의미한다. 요약하자면 날씨는 단기간의 복잡한 현상이며 기후는 상대적으로 장기간의 현상이다(그렇다고 핸슨의 말이 결코 기후 예측이 날씨 예측보다 쉽다는 의미는 아니다. 그 역시 지구의 대기 순환을 연구하기 위해 팀과 함께 상당히 복잡한 기후 모형을 개발하는 데 오래 세월을 바쳤다. 그는 지구 온도 상승의 원인 분석과 같은 기후 전망은 날씨 예측과는 다른 메커니즘을 가지고 있다는 점을 강조한 것이다).

물론 우리는 지구 기후변화의 티핑 포인트가 구체적으로 언제일지 정확하게 가늠할 수 없다. 하지만 이를 모른다고 우리의 행동을 늦춘다는 군색한 변명을 하기에는 전 지구적 생태계에 대한 급작스런 기후변화의 영향이 너무 크다. 공황의 가능성을 예측한 존 메이너드 케인스가 말했듯이 "정확하게 틀리기보다 애매모호하게라도 맞기를 바란다"는 자세가 맞을 것이다.[4]

ECO₂NOMICS, 기후변화의 경제학

경제학이 기후에 관심을 가진 것은 비단 20세기 후반만의 일은 아니다. 19세기 말 근대 경제학을 확립한 앨프리드 마셜은 기후를 인간의 수명과 식량 생산을 결정하는 가장 중요한 요소 가운데 하나로 보았다.[5] 당시는 지구온난화까지 내다볼 수 없었지만 최소한 기후는 국가나 지역의 경제적 상태를 결정짓는 중요한 요소였다. 마셜은 무더운 날씨가 계속되면 조혼과 출산율, 사망률이 높아지기 때문에 이들 지역은 오랫동안 빈곤에 머물게 된다고 보았다.

20세기 통계학의 기초를 확립해 통계학과 경제학에 지대한 영향을 미친 어빙 피셔 역시 기상과 경제활동의 관계에 대해 관심을 가졌다. 그는 기상 조건과 농작물 생산성의 관계를 최초로 연구한 과학자 가운데 한 명이었다. 그는 수년에 걸쳐 확보한 밀 수확량과 강수량 데이터를 이용해 일련의 논문을 썼고, 이 과정에서 우도함수의 추정이나 자유도 등 근대 통계학의 토대가 구축되었다.

지구온난화 문제가 불거지기 전에도 기후가 경제학계의 관심을 받았던 이유는 기후가 우리의 경제활동이나 경제성장과 관계가 있을 것이라고 보았기 때문이다. 노벨 경제학상을 수상한 군나르 뮈르달은 "저개발 문제를 진지하게 연구하려면 경제개발에서 기후가 토양이나 농축산, 인간과 물리적 자산에 미치는 영향을 제대로 고려해야 한다"고 보았다.[6] 보다 최근에는 제프리 삭스가 "근대 경제성장 시대의 출발 시기를 보면 온대 지역의 기술이 열대 지역의 기술보다 더욱 생산적"이며, 말라리아 같은 전염성 질병이 열대 지역 경제성장의 발목을 잡기 때문에 기후를 빼고 경제개발을 말하기는 힘들다고 강조한 바 있다.[7]

기후적인 요인이 경제개발의 성패를 좌우하는 핵심 요소라는 인식은 MIT 경제학자인 대런 애스모글루 교수 같은 이들로부터 비판을 받기도 한다. 애스모글루는 사실상 동일한 기후대에 있는 미국 애리조나 주 노갈레스Nogales 시와, 국경선으로 구분되었을 뿐 바로 접해 있는 멕시코 노갈레스 시를 예로 들었다. 수세기 동안 동일한 역사적 배경과 기후대에서 살았던 양 지역이지만 멕시코 노갈레스 주민의 소득은 미국 노갈레스 주민 소득의 3분의 1밖에 되지 않는다. 애스모글루는 이러한 차이가 미국과 멕시코의 제도의 차이에서 발생한다고 본다. 포용의 제도(미국)와 착취적 제도(멕시코)의 차이. 한편 애스모글루는 정치적으로는 착취적 제도, 경제적으로는 포용의 제도를 갖춘 하이브리드 체제로 성공한 대표적인 사례로 한

국을 들기도 했다.[8]

기후와 경제성장에 대한 애스모글루의 반론이 있긴 하지만 지속적인 경제성장을 누리기 위해서는 우리 인간에게 친화적인 기후가 필요하다는 것은 두말할 나위 없이 중요한 사실이다. 애스모글루의 사례를 봐도 그렇다. 애리조나 주 노갈레스 시의 1인당 소득은 미국 평균의 절반 수준에도 미치지 못한다. 같은 포용의 제도를 갖춘 미국 내에서도 매우 습하고 더운 지역이나 혹한 지역의 소득은 온화한 지역보다 상대적으로 낮다. 지역 간 소득 격차의 발생 원인으로 기후가 절대적인 요소는 아닐지라도 나름 중요한 요소로 작용하고 있다는 점은 부인하기 힘들 것이다.

지구온난화로 인한 기후변화는 그동안 익숙해져 있던 것과의 결별을 요구한다. 극단적으로는 일부 섬나라에서 기후 난민이 발생할 것이다. 우리나라도 그 정도는 아니더라도 기후 풍토가 바뀌면서 아열대로 변할 것이다. 말라리아의 발병률이 증가하고 해수면 상승으로 해안선의 생태계도 바뀔 것이다. 그리고 기후변화가 초래하는 이와 같은 피해 비용은 천문학적인 규모가 될 것이다.

기후변화를 막기 위한 행동에도 비용이 발생한다. 온실가스 감축을 요구하는 목소리가 커지면서 저탄소 또는 탄소 중립적인 기술을 채택하는 속도가 빨라질 것이다. 에너지 효율을 개선시키기 위한 투자도 증가할 것이고, 화석연료보다는 온실가스를 적게 배출하는 저탄소 에너지로의 전환이 빨라질 것이다. 기존 화석연료에는 탄소 배출을 줄이는 기술의 채택이 요구될 것이다. 그리고 그 목적을 달성하기 위해 에너지 이용에 탄소 비용이 부과될 것이다.

기후변화의 피해 비용과 그것을 막기 위한 비용. 이 두 비용을 비교해 우리가 어떤 행동을 취할 것인가 살펴보는 것이 바로 기후변화 경제학의 비용 편익 분석이다. 기후변화의 피해가 이를 막기 위한 비용보다 크면 기후변화를 막는 것이 최선일 것이다. 하지만 그 반대라면 적어도 당분간은 기후변화를 막기 위한 행동에 적극적으로 나서지 않아도 된다는 식의 권고를 할 수 있을 것이다. 대부분의 기후변화 경제학은 이러한 관점에서 온실가스 감축 정책을 다룬다. 문제는 비용이 과연 얼마인지 우리가 알 수 있는 것이 그리 많지 않다는 점이다. 그리고 장차 미래에 발생하게 될 비용을 지금의 가치로 어떻게 환산할 것인가 하는 점도 논란의 소지가 있다. 이 같은 논란의 기폭제가 된 것이 스턴 보고서였다.

스턴 보고서 이전에도 경제학자의 시각으로 기후변화를 다룬 연구는 많았다. 1992년 출간된 미국의 대표적인 중도보수 싱크탱크 경제 연구소인 피터슨국제경제연구소의 경제학자 윌리엄 클라인의 『지구온난화의 경제학The Economics of Global Warming』이 아마 이 분야 최초의 독립적인 경제학 입문서일 것이다. 일명 '클라인 보고서'라고 불리는 이 책은 때마침 브라질 리우데자네이루에서 체결된 기후변화협약(1992년) 덕분에 일약 글로벌 베스트셀러가 되었다. 당시로는 매우 획기적이며 경제학과 지구과학을 종합적으로 들여다보았다는 점에서 그 공로가 인정되는 역작이다.

윌리엄 클라인은 간단한 수준의 비용 편익 분석을 시도했다. 온난화로 인한 비용과 이를 막기 위해 온실가스 배출을 줄이는 비용을 비교하는 방식이었다. 그는 온도가 2.5℃ 상승하면 매년 최소

GDP의 1퍼센트 또는 600억 달러의 손실이 발생하는데, 여기에 생태계 파괴나 건강 피해 비용까지 포함하면 그 규모가 더욱 증가할 것으로 보았다. 그는 비관적인 전망을 채택할 경우 전 세계 GDP의 약 20퍼센트에 해당하는 막대한 손실이 발생할 수도 있다는 경고를 덧붙였다. 그는 연간 탄소 배출 수준을 4기가 톤 수준까지 줄인 후 지속적으로 이 수준을 유지하는 데 따르는 비용도 추산했는데, 2040년까지 전 세계 GDP의 3.5퍼센트, 그 이후에는 2.5퍼센트 정도 소요될 것으로 보았다.

클라인의 비용 편익 분석을 따른다면 온실가스 감축을 위한 비용이 편익보다 작으므로 당장 온실가스를 줄이는 행동에 나서는 것이 합리적이다.

클라인 보고서 이후 경제학계는 기후변화를 주제로 다양한 논쟁을 벌였다. 기성 스타급 경제학자나 젊은 경제학자들도 대거 이 주제에 달려들었다. 이들의 논문은 대부분 학술적으로 가치가 높은 편이었다. 하지만 불행히도 대중적으로는 그리 주목을 받지 못했다. 스턴 보고서는 이러한 분위기에 일대 변화를 몰고 왔다. 기후변화의 경제학을 일반인의 관심 분야로 확장시키는 기폭제 역할을 한 것이다.

영국의 니컬러스 스턴 경이 주도해 작성한 이 보고서는 지구온난화에 대한 그동안의 과학적 성과를 바탕으로 이를 경제학적으로 해석해 종합 분석한, 700쪽이 넘는 방대한 분량의 내용을 담고 있다. 클라인 보고서 이후 14년 만에 나온 스턴 보고서는 기후변화 경제학의 역작이라는 평가와 함께 많은 논란거리도 제공했다.

스턴 보고서는 좋은 소식과 나쁜 소식을 함께 전하고 있다. 우선 나쁜 소식은 지구온난화 위기가 금세기 내로 임박했다는 것이다. 현재 기온보다 1℃ 상승하면 매년 30만 명이 기후와 관련해 추가 사망하게 되며 생물의 10퍼센트가 멸종 위기에 이른다. 최악의 경우 5℃ 상승하면 도서 지역은 물론이고 뉴욕, 도쿄 등 해안가 도시도 침수되며 해양 생태계 역시 돌이킬 수 없는 변화를 겪게 된다. 스턴 보고서는 지구온난화로 인한 피해 규모가 1930년대의 세계 대공황보다 크다고 강조한다. 인체나 생태계에 미치는 영향을 돈으로 환산하는 것은 쉽지 않고 또 제한적인 해석이 필요하지만 스턴 보고서는 지구온난화의 피해가 전 세계 GDP의 20퍼센트에 달할 것이라고 경고한다.

한편으로 스턴 보고서는 심대한 기후변화 피해에도 희망은 있다는 메시지를 담고 있다. 보고서는 온난화 피해가 전 세계 GDP의 20퍼센트에 이르겠지만 이를 방지하기 위해 소요되는 예방 비용은 1퍼센트라고 말한다. 1달러의 돈을 투자해서 그것의 20배가 되는 피해를 막을 수 있다니 수익률로 따지면 지구온난화를 방지하기 위한 투자는 대박인 셈이다. 최근 발표된 IPCC 실무 그룹 보고서에서도 비슷한 결론을 내리고 있다. 대기 중 CO_2를 더 이상 증대시키지 않고 550ppm 수준에서 안정화시키려고 한다면 전 세계적으로 GDP 대비 0.6~1.3퍼센트의 비용이 소요될 거라고 본 것이다. 물론 목표로 삼은 CO_2 농도 수준이 낮을수록 이 비용은 크게 증가하겠지만 어떤 기준에서 보아도 비용 대비 편익은 매우 높다는 것을 알 수 있다.

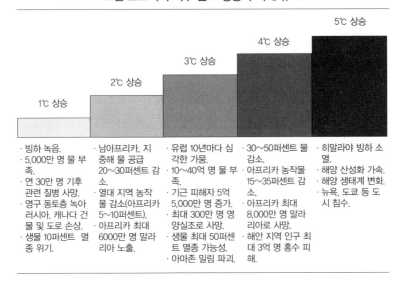

스턴 보고서의 지구 온도 상승과 피해 규모

1℃ 상승	2℃ 상승	3℃ 상승	4℃ 상승	5℃ 상승
· 빙하 녹음. · 5,000만 명 물 부족. · 연 30만 명 기후 관련 질병 사망. · 영구 동토층 녹아 러시아, 캐나다 건물 및 도로 손상. · 생물 10퍼센트 멸종 위기.	· 남아프리카, 지중해 물 공급 20~30퍼센트 감소. · 열대 지역 농작물 감소(아프리카 5~10퍼센트). · 아프리카 최대 6000만 명 말라리아 노출.	· 유럽 10년마다 심각한 가뭄. · 10~40억 명 물 부족. · 기근 피해자 5억 5,000만 명 증가. · 최대 300만 명 영양실조로 사망. · 생물 최대 50퍼센트 멸종 가능성. · 아마존 밀림 파괴.	· 30~50퍼센트 물 감소. · 아프리카 농작물 15~35퍼센트 감소. · 아프리카 최대 8,000만 명 말라리아로 사망. · 해안 지역 인구 최대 3억 명 홍수 피해.	· 히말라야 빙하 소멸. · 해양 산성화 가속. · 해양 생태계 변화. · 뉴욕, 도쿄 등 도시 침수.

스턴 보고서가 경제학계에서 더욱 유명해진 것은, 아니 논쟁거리가 된 것은 보고서에서 사용한 할인율 때문이었다. 기후변화 경제학 분야의 또 다른 스타인 예일대학교 윌리엄 노드하우스 교수는 스턴 보고서에서 주장하는 급진적인 온실가스 감축 정책은 기본적으로 0.1퍼센트의 매우 낮은 할인율에서 기인한 것이라고 지적한다. 0.1퍼센트라는 수치는 제로 할인율로 봐도 무방할 것이며, 이는 100년 후 1,000억 원의 가치가 지금 1,000억 원의 가치와 같다는 의미이기도 하다.

제로 할인율이 기후변화의 경제학에서 무엇을 의미하는지 그래프를 통해 살펴보자. 그래프에서 '온실가스 감축 비용'은 온실가스 배출을 줄이기 위한 투자 비용으로, 화석연료에서 배출되는 이

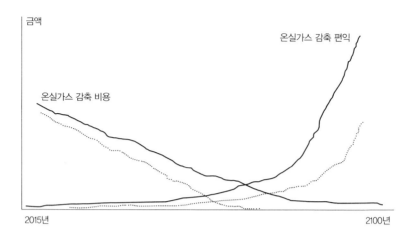

금액

온실가스 감축 편익

온실가스 감축 비용

2015년   2100년

온실가스 감축 투자의 비용과 편익을 보여준다. 실선의 온실가스 감축 편익과 감축 비용은 미래의 명목 가치를 반영한 것이며, 이를 할인해 현재 가치로 보면 점선의 비용과 편익을 얻게 된다.

산화탄소를 줄이거나 신재생에너지로 전환하거나 에너지 효율을 높일 수 있는 기술을 개발하는 등의 비용을 포함한다. '온실가스 감축 편익'은 앞에서 설명한 기후변화의 피해 비용을 다른 말로 표현한 것이다. 즉 온실가스 배출을 줄이면 기후변화의 피해를 막을 수 있으므로 이를 투자의 편익으로 볼 수 있다. 초기에는 감축 편익이 대단하지 않지만 티핑 포인트를 넘어서면 감축 편익이 커지는 것을 알 수 있다.

스턴 보고서가 계산한 비용과 편익은 그래프에 보이는 실선 아래의 면적을 누적해서 계산한 것이라고 보면 된다. 그래프에서는 실선 아래의 감축 편익 면적이 감축 비용 면적보다 확실히 큰 것을 알 수 있다. 스턴 보고서는 이러한 분석을 바탕으로 비용 편익 관점에서 보아도 지금 온실가스를 줄이는 것이 현명한 조치라고 주장한다.

그러나 거의 제로 할인율을 적용한 스턴 보고서와 달리 비용과 편익에 적절한 할인율을 적용하면 그래프의 점선처럼 모양이 바뀐다. 즉 할인 규모는 먼 미래로 갈수록 더욱 커지게 된다(10년 후 1억의 가치가 1년 후 1억의 가치보다 훨씬 작은 것과 같은 이치다). 점선 아래의 면적 기준으로는 감축 비용이 감축 편익보다 크게 나오는 것을 쉽게 확인할 수 있다. 노드하우스 교수 말고도 여러 저명한 경제학자들이 스턴 보고서의 수치가 과장되었다고 평가하는 이유도 이와 같은 할인율의 적용 방식을 문제시했기 때문이다.

하지만 스턴이 적용한 제로 할인율 자체가 이론적으로 완전히 틀렸다고 볼 수는 없다. 노드하우스도 인정하듯이 할인율은 실증적 관점뿐 아니라 규범적 관점에서도 정할 수 있다. 실증적 관점에서 할인율을 정할 경우 시장 이자율처럼 나름의 척도를 반영할 수 있겠지만 규범적 관점에서 고려되는 할인율은 훨씬 다양한 값으로 존재할 수 있다. 스턴은 미래 세대의 효용도 우리와 동등하게 다뤄져야 한다는 이른바 평등주의egalitarianism 관점에서 기후변화를 바라보았다. 이는 철학적 관점의 차이라는 점에서 그가 사용한 제로 할인율에 대해 전적으로 틀렸다고 부정할 수는 없다.

할인율을 어떤 수준으로 설정하느냐에 따라 편익과 비용의 값은 피노키오의 코처럼 늘어나기도 줄어들기도 한다. 일종의 마법이다. 이런 이유로 혹자는 경제학자들이 할인율을 가지고 장난한다는 비판을 하기도 한다. 하지만 경제학계에서 할인율만큼 긴 시간 논쟁을 해온 주제도 드물며, 사실 생각보다 훨씬 복잡한 주제이고, 그만큼 그동안 광범위하게 연구되어온 것도 사실이다.

미국 환경보호청은 2011년 기후변화의 비용 편익 분석을 위해 어떤 할인율을 적용하는 것이 적절한가에 관해 12명의 저명한 경제학자에게 연구를 의뢰했다. 경제학계의 전설적인 인물인 케네스 애로 교수를 포함한 연구진은 먼 미래의 할인율은 가까운 미래의 할인율보다 작아야 한다는 점에서는 합의를 보았다. 다만 먼 미래의 할인율이 얼마나 작아야 하는지에 대해서는 여전히 실증적 관점과 규범적 관점이 상충하면서 합의에 도달하지 못했다. 어쨌든 이러한 관점에서 보면 전 기간에 걸쳐 거의 제로 할인율을 적용한 스턴 보고서에 대해 기후변화의 피해 비용을 과장했다고 지적할 수는 있겠지만 이론적으로 완전히 틀렸다고 할 수는 없는 일이다. 당신이 자신의 세대뿐 아니라 자녀의 자녀의 자녀 세대 복지에 대해서도 동일하게 소중히 생각한다고 말할 때 어느 누가 이를 심각한 오류라고 비판할 수 있겠는가? 이는 관점의 차이인 것이다.

스턴 보고서의 할인율을 두고 경제학계도 수십 년 동안 해결하지 못했던 어려운 과제를 스턴더러 해결하라고 비판하는 것은 부당하다. 기후변화와 경제학의 연결 고리에 대한 진중한 연구 필요성을 환기시킨 계기를 제공한 스턴 보고서의 공로는 분명 인정받아야 할 것이다.

한편 우리나라에서도 한국판 스턴 보고서라 불리는 기후변화의 경제 분석 보고서가 발표되었다. 환경부와 한국환경정책·평가연구원[KEI]이 2012년 발간한 이 보고서는 기후변화로 인한 한반도의 온난화 피해 비용이 2100년까지 2,800조 원에 이를 것으로 보고 있다. 연도별 피해 비용은 2050년 무렵부터 티핑 포인트에 접어들면서 급속히 상승해 2100년에는 GDP의 약 2.8퍼센트에 이를 것으로 전망하고 있다. 이는 스턴 보고서의 수치보다는 작지만 저성장 경제 상황에서 한 해 경제성장의 전부를 까먹는 충격적인 규모라 할 수 있다.

기후변화 피해 비용의 추정 결과를 어느 누구도 100퍼센트 확신할 수는 없다. IPCC 보고서나 스턴 보고서는 기상 조건이나 감축 옵션에 따르는 수십 가지의 시나리오를 가정하고 있다. 하지만 이들 보고서의 공통된 주장은 기후변화를 막으려는 지금의 행동이 없다면 미래에는 더욱 큰 비용을 들여 감축해야 한다는 것이다.

미국에서는 오늘날 화폐 가치로 이산화탄소의 톤당 사회적 비용을 37달러로 보고 있다. 정부 기관에서 사용할 탄소의 사회적 비용을 계산해달라는 의뢰를 받고 전문가들이 계산한 이 수치는 온실가스 투자의 적정성을 결정할 때 지침이 된다. 이 수치가 높은 것일까 낮은 것일까? 기후변화 정책에 반대하는 산업계나 정치계는 37달러의 탄소 비용은 터무니없이 높은 수치이며 여러 불확실성 때문에 받아들일 수 없다고 주장한다. 하지만 케네스 애로를 비롯한 여러 과학 분야의 저명인사들로 구성된 그룹의 생각은 그와 다르다. 그들은 오히려 이 수치는 미래의 기후변화 피해 비용을 다 반영하지 않은 저평가된 수치이며, 지금이라도 늦지 않으려면 제대로 된 탄소 비용을 정책에 반영해야 한다고 주장한다.[9]

핀다이크의 오류

엘 고어가 『불편한 진실』로 기후변화를 경고했지만 기후변화를 바라보는 '편리한' 허구적 발상도 있다. 그중의 하나가 우리가 마음먹으면 언제든 온실가스를 감축할 수 있다는 생각이다. 지구 온도가 정말 상승하고 있는지 10년, 20년 기다려본 후에 기후변화가 충분한 사실로 드러나면 그때 가서 대응해도 늦지 않다는 입장이다.

의외로 많은 사람들이 이러한 생각에 동조한다. 하지만 기후변화에 대응하는 것은 그렇게 간단한 문제가 아니다. 온실가스를 줄일 수 있는 관련 기술을 하루아침에 만들어낼 수 있는 것도 아니고 무임승차 문제에서 보았듯이 글로벌 오염 물질인 온실가스의 특성상 서로 감축을 미룰 수 있는 동기가 강하게 작용하기 때문이다. 게다가 온실가스는 스톡 물질이기 때문에 기후변화의 문제를 선명히 인식할 시기가 되면 설사 대응을 하려고 해도 이미 늦어버린 일이 될 수 있다.

MIT의 저명한 경제학자 로버트 핀다이크 교수는 개인적으로도 매우 좋아하는 경제학자다. 그는 1990년대 이후부터 지금까지 '실물옵션'과 '기후변화 정책' 분야에서 독보적인 업적을 남겼다. 실물옵션은 금융 파생 상품의 하나인 옵션 이론을 실물자산에 적용한 것이다. 실물자산에 투자할지 말지를 결정하는 것 자체를 의사 결정의 옵션으로 보고 분석한다. 예를 들어 어느 사업에 투자할 때 초기에 상당한 비용이 소요된다고 하자. 그런데 이 사업은 성공하면 높은 수익이 기대되지만 그 성공 여부는 불확실하다. 이미 지출한 투자비는 수익이 나빠진다고 해서 쉽게 회수할 수 있는 성격이 아닌, 즉 비가역적 성격이 강하다. 따라서 투자를 감행하기 전에 신중하고도 과학적인 의사 결정 방법론이 필요한데, 그 도구가 바로 실물옵션 이론이다. 핀다이크가 주축이 되어 개발한 실물옵션 방법론은 사업 리스크가 크고 투자 규모도 큰 에너지 시장, 부동산, IT 산업 등의 분야에서 활발히 적용되고 있다.

실물옵션 이론을 초기에 개발하고 이를 교재로 발간해서 학계에 보급하는 데 큰 기여를 한 핀다이크는 그 후 기후변화 정책에 관심을 보였다. 우리는 앞에서 기후변화의 피해가 비가역적인 것을 보았다. 그리고 피해 규모도 불확실하다. 이 두 가지 성질, 즉 비가역성과 불확실성이 두드러진 기후변화 이슈는 자연스럽게 실물옵션의 분석 대상이 될 수 있었다. 여기에 더해 핀다이크는 기후변화를 막기 위한 환경 투자 역시 비가역적인 것으로 보았다. 지구온난화를 방지하기 위한 신재생에너지와 온실가스 감축 기술에 대한 투자 비용은 한번 쏟아부으면 쉽게 회수할 수 없기 때문이다.

핀다이크는 기후변화의 이 같은 성질을 반영한 경제모형을 이용해 기후변화 정책에 관해 나름의 결론을 제시했다. 즉 피해 규모가 불확실한 미래의 지구온난화 비용을 막기 위해 지금 막대한 규모의 비가역적 투자를 하기보다는 적절한 기술 진보가 이루어지기 전까지 투자를 지연하는 것이 합리적이라는 주장이었다. 핀다이크는 이러한 메시지가 담긴 일련의 논문을 2000년대 초반 연달아 발표했다.

나의 학문적 멘토이기도 한 그의 논문을 읽고 솔직히 혼란스러웠다. 그가 온실가스 감축 정책에 대해 왜 이렇게 비판적일까 하는 의문도 있었지만 기후변화가 핀다이크가 단순화한 개념처럼 쉽게 압축될 수 있는 단순한 문제일까 하는 의구심이 먼저 들었다.

우선 비가역성 문제부터 짚어보자. 온실가스를 줄이기 위해서는 지금부터 신재생에너지 시설을 더 많이 짓고 에너지 효율도 향상시켜야 하는 등의 많은 투자가 필요하다. 그리고 이들 투자는 핀다이크의 말처럼 비가역적이다. 하지만 또 다른 비가역성도 있다. 환경 피해의 비가역성이다. 지구 온도가 상승하면서 가깝고도 먼미래에 환경 피해가 발생하면 그 피해는 쉽게 회복될 수 없는 비가역성을 띤다. 또 한 번 상승한 지구 온도 역시 쉽게 돌이킬 수 없는 비가역성을 가진다. 따라서 환경 투자의 비가역성뿐 아니라 지구온난화로 인한 환경 피해의 비가역성 역시 동시에 고려되어야 한다.

최적 감축 시기에 관한 핀다이크의 견해도 살펴보자. 그는 지금의 성숙하지 않은 기술로 무리하게 온실가스를 줄이려 하기보다는 기술이 충분히 개발된 시점부터 줄이면 된다고 생각한다. 가령 2030년에 온실가스를 획기적으로 줄일 수 있는 지구 공학 기술이 성공적으로 개발될 수 있다면 지금의 높은 비용으로 온실가스를 줄이려고 노력하기보다는 그때까지 감축 투자를 지연하는 것이 합리적이라는 발상이다.

이러한 견해의 한계는 온실가스 감축 정책이 갖는 무임승차 성격을 제대로 고려하지 않는다는 점이다. 글로벌 스톡 오염 물질인 온실가스는 내가 굳이 줄이지 않아도 다른 누군가가 줄이면 나도 그 덕을 본다. 자신이 직접 감축하지 않아도 남이 감축하면 비용을 들이지 않고도 혜택을 보는 것이다. 그러니 굳이 먼저 나서서 감축할 명분이 약해진다. 여기서 상호 간에 게임적 전략이 성립된다. 다른 이들이 무감축 전략을 택하면 나도 동일하게 무감축 전략을 택하는 것이 최적의 선택이 된다. 따라서 온실가스 배출과 같은 글로벌 공공재의 경우 '당신 먼저, 나는 그 후'라는 전략으로 갈 가능성이 높다.

핀다이크가 구축한 경제모형의 세상에서는 말하자면 철학자 홉스가 이야기했던 것과 같은 초국가적 기구(UN이나 다른 국제기구와는 비교도 안 되는 슈퍼파워를 가진 국제기구)가 존재하고, 이 기구의 주도 아래 세상 모든 국가가 온실가스를 동시에 강제적으로 줄일 수 있다는 것을 전제로 하고 있다. 그러나 홉스적인 국제기구의 존재는 적어도 현 시점에서는 상상하기 힘들다.

핀다이크가 사용한 경제모형에 약간의 수정을 가미하면 그의 주장과 상반된 결과를 얻을 수 있다. 각국에 온실가스 감축을 명령할 수 있는 초국가적 기구가 존재한다고 가정하는 대신 선진국과 개도국이 서로 온실가스 감축을 미루는 무임승차 게임이 벌어질 수 있는 것이다. 또한 온실가스의 배출량 일부를 감축해도 그동안 배출된 온실가스는 대기 중에 스톡으로 남아 있는 효과도 반영해야 한다. 핀다이크 모형의 기본적인 구조는 거의 유지한 채 두 요소 정도만 추가해도 온실가스 감축은 판다이크가 말한 최적의 시기보다 훨씬 늦게 이루어진다. 그리고 이는 전체적으로 후생을 감소시키는 결과를 초래한다.[10] 이는 무임승차 게임의 결과다.

우리나라의 온실가스 인벤토리 관리를 책임지는 온실가스정보센터GIR 유승직 소장은 무임승차 게임에 대해 강력하게 비판한다. 그는 베스트셀러 경제학 교과서를 번역한 한 대학교수조차 우리가 왜 온실가스를 감축해야 하는지 반문할 때가 있다고 지적한다. 그가 번역한 교과서에 환경 피해의 외부성을 내부화해야 한다는 주장이 실려 있음에도 정작 탄소 비용 부담에 대해서는 그와 반대되는 이야기를 한다는 것이다. 전 세계 배출량 기준으로 볼 때 우리나라가 차지하는 비율은 1퍼센트 내외다. 그런데도 왜 우리가 굳이 감축 대열에 동참해야 하는가라는 질문을 받고 유 소장은 이렇게 반문한다. "내가 내는 세금이 전체 재정의 0.0001퍼센트도 안 될 텐데 왜 세금을 낼까요? 이런 논리로 모두 세금을 내지 않는다면 나라 재정은 어떻게 움직일까요?"

후회 없는 선택

통계학에 제1종의 오류, 제2종의 오류라는 용어가 있다. 이에 대한 이야기를 하기 전에 먼저 귀무가설과 대립가설에 대해 간단히 소개하고자 한다. 귀무가설은 우리가 통계적 수단을 통해 테스트하려는 가설이다. 예를 들어 지구온난화가 과학적으로 사실인지를 테스트하려면 귀무가설은 '기후변화가 진행되고 있다'가 된다. 이 귀무가설에 반하는, 즉 대립하는 가설은 당연히 '기후변화는 사실이 아니다'가 된다.

우리는 어떤 가설에 대해 그것이 참인지 거짓인지 확신할 수 없는 경우가 많다. 따라서 사실 판단에 대한 '오류'를 최소화하는 것이 무엇보다 중요하다. 예를 들어 지구가 분명 따뜻해지고 있음에도 '기후변화가 진행되고 있다'는 귀무가설을 채택하지 않고 지구온난화를 부인하는 대립가설을 채택하는 오류를 범한다고 해보자. 통계학에서는 이를 제1종의 오류라고 부르며 '알파'라고 간단히 줄여 말한다. 반면 기후변화가 과학적으로 사실이 아닌데도 이를 사실로 받아들이면 제2종의 오류를 범하는 것이 되며, 통계학에서는 이를 '베타'라고 부른다. 알파나 베타 모두 오류이기 때문에 최소화하는 것이 중요하다. 하지만 알파를 줄이면 베타가 증가하고 베타를 줄이면 알파가 증가하는 것이 딜레마다. 예를 들어 알파를 줄이기 위해 기후변화의 귀무가설을 채택하는 확률을 높이면 기후변화가 사실이 아닐 때 범하는 베타가 증가하게 된다.

오류를 범할 가능성을 줄이려면 두말할 필요 없이 우선 신뢰할 만한 정보를 많이 확보하는 것이 중요하다. 주어진 정보가 많을수록 판단의 객관성이 높아지기 때문이다. 그다음으로 고려해야 하는 것이 알파와 베타 중 무엇을 줄이는 것이 바람직할까에 대한 판단이다. 이때 판단의 기준으로 비용을 고려한다. 제1종의 오류를 범할 때의 비용과 제2종의 오류를 범할 때의 비용을 비교해 큰 쪽을 줄이는 방식이다.

그렇다면 기후변화에 관한 제1종의 오류를 범할 경우 발생하는 비용은 무엇일까? 이는 기후변화가 사실이 아님에도 '기후변화가 진행되고 있다'는 귀무가설을 채택할 때 발생하는 비용으로, 여기에는 여러 종류의 비용이 포함된다. 우선 지금 굳이 저렴한 화석연료의 소비를 줄이지 않아도 되는데 그에 대한 사용을 포기하고 값비싼 대체에너지를 사용함으로써 발생하는 비용이 있을 것이다. (기후변화가 사실이 아니기 때문에) 굳이 온실가스를 포집, 저장하는 기술이 필요 없는데도 이를 개발하는 데 소요되는 비용 역시 포함된다. 그 외의 에너지 효율을 개선하기 위한 수많은 투자 비용도 여기에 포함된다.

제2종의 오류를 범할 때 발생하는 비용이 무엇인지도 살펴보자. 기후변화가 사실임에도 우리가 전혀 온실가스 감축이나 기후변화에 대한 적응 노력을 기울이지 않았을 때 발생하는 비용으로, 인간과 생태계가 받는 환경 피해 비용, 경제적인 피해 비용, 질병과 조기 사망의 비용 등이 여기에 포함된다.

그럼 이제 두 오류에서 발생하는 비용 가운데 어느 쪽이 더 심각할지 비교해보자. 제1종의 오류 비용은 분명 무시 못할 내용이긴 하지만 그나마 차선의 대안은 있다. 기후변화를 우려하면서 사용하지 않았던 화석연료는 그대로 지하에 남아 있으니 다시 사용하면 된다. 온실가스 감축을 위한 투자에서도 기술 개발을 촉진하는 부가적인 파급 효과를 기대할 수 있다. 또한 친환경차 개발이나 에너지 효율 개선을 위한 투자는 에너지 자원의 소비를 줄이는 데 기여하기 때문에 꼭 제1종의 오류 비용으로 볼 필요도 없다. 틀린 귀무가설 때문에 급하게 이루어진 투자지만 결과적으로 에너지 효율을 증진시킴으로써 기업과 사회 전체에 기여할 수 있기 때문이다. 반면 제2종의 오류 비용은 마땅한 차선의 대안이 없다. 기후변화가 사실임에도 제대로 조치를 취하지 않았을 때 발생하는 피해 비용은 천문학적인 규모인 데다 지구 생태계를 원 상태로 돌려놓을 수도 없다.

상황이 이렇다면 우리가 택할 수 있는 바람직한 의사 결정은 제2종의 오류 비용을 최소화하는 것이다. 이를 다른 말로는 '후회 없는 규칙no regret rule' 또는 '예방의 원칙'이라고 한다. 프랑스의 대표적인 민간 기후변화 정책 연구소인 CEC를 이끌고 있는 파리9대학의 크리스티앙 페르트위 교수는 기후변화에 관한 재정적 투자를 보험에 즐겨 비유한다. 우리가 보험에 가입하는 이유도 예방의 원칙에서 설명할 수 있기 때문이다. 즉 교통사고가 날 것이기 때문에 보험에 드는 것이 아니라 만의 하나 교통사고가 났을 경우 발생할 수 있는 막대한 손해 비용을 줄이기 위해 보험에 가입하는 것이다.[11]

국방도 그런 면에서 유사하다. 외부로부터 침략이 있을 거라는 100퍼센트 확신 때문에 매년 수십조 원의 국방비를 지출하는 것이 아니다. 외부로부터의 침공 기회를 사전에 차단하는 전쟁 억지력을 확보하고, 만의 하나라도 적의 침략 시 효과적으로 대응하기 위해 국방이 필요한 것이다.

1995~2001년 미 연방 정부의 대테러 지출은 약 60퍼센트 증가했다. 하지만 9·11 테러 이후 2001~2007년에는 그 규모가 150퍼센트 증가한 583억 달러에 이르렀다. 게다가 이 수치는 국토안보부의 예산만 포함한 것이고 아프가니스탄과 이라크에서 수행한 전쟁 비용은 포함하지 않은 것이다. 그럼에도 이처럼 막대한 비용이 소요되는 대對테러리즘 활동이나 전쟁 수행은 비용 편익 분석의 대상이 되었던 적이 한 번도 없다.[12]

미국이 당초 주장했던 이라크의 대량 살상 무기 보유 증거가 부족한 것으로 드러나자 도널드 럼스펠드 전 국방장관은 브리핑에서 그 유명하고도 애매모호한 변명을 남겼다. "우리가 아는 것을 아는 것이 있다. 그리고 우리가 모른다는 사실을 알고 있는 것이 있다. (…) 그러나 (우리가) 모른다는 것을 모르고 있는 경우도 있다."

한편 같은 부시 행정부의 딕 체니 부통령은 "알카에다가 핵무기를 개발하는 데 파키스탄 과학자들이 도와준다는 1퍼센트의 가능성만 있어도 우리는 이를 확실한 것으로 간주해 대응할 것이다"고 강조했다. 단 1퍼센트의 가능성만 있어도(딕 체니), 증거가 없다는 것을 모른다는 이유만으로도(럼스펠드) 많은 비난을 무릅쓰고 테러를 막기 위한 투자를 감행한 것이다. 반면 지구 온도가 1.5℃에서 4.5℃로 상승할 가능성이 66퍼센트, 이보다 더해 4.5℃ 이상으로 상승할 수 있는 꼬리 리스크가 존재하는 상황에서도 기후변화를 막기 위한 노력에서 후퇴하려는 논리는 분명 앞뒤가 맞지 않는다.

예방의 원칙은 최근 개발된 논리가 아니다. 이미 1992년 브라질 리우 환경정상회의에서 공식적으로 천명된 바 있다. UN 기후변화협약 제3조에서는 당사국은 "기후변화의 원인을 예상, 예방하고, 최소화하기 위해, 그리고 이의 부정적 효과를 완화하기 위해 예방수단을 동원해야 한다"고 밝히고 있다. 또한 리우선언에서도 "환경을 보전하기 위해 회원국은 그들의 역량에 따라 예방의 원칙을 광범위하게 적용해야 한다"고 밝히고 있다. 하지만 2001년 미국이 교토의정서 탈퇴를 선언하고, 부시 대통령이 기후변화와 인위적인 온실가스 배출과의 관계는 관료주의의 산물이라고 비판하며 전면적인 수정을 요구하면서 예방의 원칙은 오도된, 심지어는 매우 위험할 수 있는 발상이라는 비판에 직면하며 흔들리기 시작했다. 회의적 환경론자 비외른 롬보르 역시 예방의 원칙을 매우 신랄하게 비판했다. 만의 하나 해로운 것을 피하기 위한 것이 예방의 원칙이라면 건강을 위해 유전자 조작 식품도 먹지 말고, 교통사고를 막기 위해 차량 운행 속도도 시속 5킬로미터 이내로 줄여야 한다는 것이다. 그럼에도 "우리는 유전자 조작 식품을 먹으며 도로 위의 차는 계속 달리고 있지 않은가?"라는 것이 그의 비판 요지다.[13]

예방의 원칙을 비난하기 위한 롬보르의 주장은 너무 단순해 해석상에 위험이 따른다. 롬보르는 예방의 원칙을 적용한다면 온실가스를 왜 25퍼센트 감축하는 것은 되고 50퍼센트 감축은 말하지 않느냐, 더 나아가 99퍼센트 감축은 왜 말하지 않느냐고 반문한다. 하지만 이는 온실가스 피해가 지수적으로 증가하는, 수학적으로 말하면 피해 비용이 볼록함수의 성질을 가진다는 점을 간과한 비판이다. 그러나 롬보르의 주장을 조목조목 따지기보다는 좀 더 너그럽게 바라볼 필요도 있다. 그의 문맥을 따라가보면 예방의 원칙 자체를 비판하는 것이 아니라 예방의 원칙을 이용해 기후변화나 에너지 이용 전략을 극단적인 방향으로 몰고 가는 견해에 대한 비판이라고 보는 것이 더 맞다. 대표적인 것이 원전 폐기론이다. 결국 100퍼센트 온실가스 감축은 왜 말하지 않느냐고 반문하는 기후변화 부정론자나, 화석연료와 원전의 폐기를 주장하는 그룹이나 모두 극단적인 방향으로만 나아가면 소모적인 논쟁만 이어질 뿐이다.

후회 없는 규칙 또는 예방의 원칙이 던지는 메시지는 이러한 갑론을박보다는 훨씬 단순하다. 기후변화의 불확실성이 온실가스 감축을 미루는 변명의 수단으로 사용될 수 없다는 것이다. 무엇보다도 이제는 예방의 원칙을 주장하는 것조차 때늦은 감이 있다. 이미 기후변화는 시작되었기 때문이다.

미래 할증과 기후 이탈

앞서 기후변화의 경제학의 비용 편익 분석에서 할인율의 중요성에 대해 이야기했다. 미래의 가치를 현재 얼마로 평가할 것인가 하는 할인율을 정하는 것은 중요한 문제다. 하지만 미래 세대의 가치를 존중하고, 그 미래가 머나먼 미래가 아니라는 점을 인식하는 것도 중요하다.

얼마 전《인터스텔라》열풍이 전 세계적으로 일었다. 노벨 물리학상 수상자인 킵 손 박사의 블랙홀 이론을 바탕으로 만들어졌다는 이 영화는 SF 영화로서뿐만 아니라 가족 간의 사랑을 그린 극적인 감동까지 선사했다. 공간과 시간이라는 물리적 제약까지 초월하는 것이 사랑이라는 점을 강렬하게 전달한 것이다. 이미 1968년 찰톤 헤스톤 주연의 영화《혹성 탈출》에서도 우주와 지구에서의 시간은 다르게 흐른다는 것을 극적으로 보여준 바 있다.《인터스텔라》역시 우주 비행사인 아버지 쿠퍼보다 훨씬 늙어버린 딸의 모습을 신선한 충격으로 묘사하고 있다. 밀러 행성의 한 시간이 지구의 시간으로는 7년에 해당하기 때문이다.

10여 시간 사이에 완전히 바뀐 미래의 가치를 쿠퍼는 어떻게 평가할까? 지구 나이로는 100살이 넘지만 생물학적 나이는 여전히 40대인 쿠퍼다. 지금 자신이 속해 있는, 그러나 그에게는 100년 가까운 세월이 흘러버린 시대의 가치를 제로로 평가하지는 않을 것이다. 블랙홀을 통해 미래의 세계로 이동한 것은 쿠퍼만이 아니다. 현재와 미래를 바라보는 그의 관점도 이동했다. 미래 가치를 할인하는 것이 아니라 오히려 할증하는 관점의 이동이다.

아쉽게도 우리에게는 블랙홀이 없기 때문에 미래를 현재처럼 바라볼 수는 없다. 하지만 제로 할인율의 적용과 같은 평등주의적 관점이 블랙홀을 대신할 수는 있다. 이른바 '할인율의 블랙홀'이다. 즉 블랙홀에 빠진 사람들의 할인율은 바깥세상 사람들의 할인율보다 느리게 증가한다. 《인터스텔라》의 쿠퍼가 시공간을 넘어 이동할 수 있었던 근원적인 힘은 가족과 인류에 대한 그의 사랑과 의무감이었다.[14]

이와 같은 이타적인 방식이 가슴에 와닿지 않는다면 보다 현실적인 방법도 있다. 기후변화를 억제하는 노력으로 거두는 결실이 아주 먼 미래뿐만 아니라 지금의 편익 증진에도 기여할 수 있다는 점을 강조해주는 것이다. 먼 미래를 바라보는 심리적 거리감이 할인효과의 주된 원인이라면 그 거리감을 줄여주는 노력이 필요하다. 구글에서 기후변화climate change와 피해damage라는 키워드로 이미지 파일을 검색해보면 대부분 사막화되는 아프리카 지역, 붕괴되는 북극 빙하 같은 사진만 보게 된다. 이는 기후변화로 인해 전 지구가 장차 받게 될 위협의 일부를 소개한 것이지만 보는 이들로 하여금 심리적, 공간적 거리감을 느끼게 해 그 위협을 과소평가하게끔 만든다.

20여 년 전 미국에서는 수백만 달러를 들인 금연 캠페인을 통해 흡연으로 인한 발암 위험을 청소년들에게 알렸다. 캠페인 문구는 단순하고 중요한 메시지를 담고 있었다. "지금을 희생하면 당신은 더 오래 살게 될 것입니다Sacrifice now, and you'll live longer." 하지만 캠페인은 실패로 끝났다. 캠페인 문구는 장수의 열망이 강한 노년층에 적합한 것이었지 청소년들에게는 유효하지 않았던 것이다. 청소년들은 장수의 가치나 암이라는 건강 비용을 할인해서 평가하는 경향이 있다.

캠페인의 전략이 바뀌었다. 암과 연관시키는 대신 청소년들에게 더욱 민감하게 다가올 수 있는 내용으로 광고가 수정되었다. 이성과 키스하려는 순간, 피다 만 담배꽁초가 입안 가득한 모습의 광고였다. 이성에 눈뜨기 시작한 10대 청소년들에게 이 캠페인 전략은 유효했다. 금연을 통해 얻는 편익을 제대로 인식하기 시작했으며, 그로 인해 성년이 되었을 때의 건강 편익도 할증 평가된 셈이다.

마찬가지로 기후변화를 바라보는 시각도 먼 미래로부터 조금 더 가까이 끌어당길 필요가 있다. IPCC 제5차 보고서가 경고하는 바와 같이 기후변화의 피해는 더 이상 미래형이 아니라 현재 진행형이기 때문이다. 그 전의 많은 연구들 역시 유사한 결론으로 IPCC의 주장을 뒷받침하고 있다. 2013년 과학 학술지 『네이처』에 발표된 후 전 세계적으로 많은 반향을 불러일으킨 '기후 이탈climate departure'에 관한 연구도 그중의 하나다. 기후 이탈 현상이 발생하면 한 도시나 지역의 기상 패턴은 과거로 남을 뿐이다. 기후 이탈이 발생한 도시에서는 가장 추운 연도의 평균온도가 과거의 가장 무더웠던 연도의 평균온도보다 높게 나온다. 기후변화에서 일종의 티핑 포인트인 셈이다.

하와이대학교 지질학과 연구 팀을 중심으로 작성된 이 논문이 유명세를 탄 이유는 전 세계 주요 도시의 전반적인 기후 이탈 진입 시기를 추정했기 때문이다. 대체로 2047년 정도로 가늠하고 있는데, 몇몇 도시를 살펴보면 서울 2042년, 뉴욕 2047년, 베이징 2046

년, 도쿄 2041년, 시드니 2038년이다. 짧게는 15년, 길어도 30년 이내에 큰 규모로 기후변화를 경험할 수 있다는 것이다.[15]

지구온난화가 우리나라 쌀 생산에 미치는 영향을 분석한 연구를 앞에서 소개했다. 나의 연구 팀 나영식 박사 과정생이 고려대학교 이우균 교수의 협력으로 지역별로 정밀한 기상 데이터를 받아 단위 면적당 쌀 생산이 감소하기 시작하는 임계온도를 계산했다. 분석 결과 쌀의 등숙기 기준으로 볼 때 임계온도는 약 22.85∼23.12℃로 추정되었는데, 이는 이 수준을 넘어 온도가 상승하면 쌀 생산이 감소한다는 것을 의미한다. IPCC의 탄소 농도 전망 데이터로 한반도가 임계 수준에 접어드는 시기를 추정해보면 대략 2040년대 초반인 것으로 나타나는데, 우리나라의 기후 이탈 발생 연도로 추정되는 2042년과 대체적으로 비슷한 시기인 것을 알 수 있다. 이러한 분석 결과는 지금부터라도 기후변화에 대해 뚜렷한 대책을 세워나가지 않는다면 이 글을 읽고 있는 독자들 역시 기후변화의 충격파에서 벗어날 수 없다는 것을 의미한다. 기후변화를 이야기할 때 더 이상 미래 가치와 할인율을 둘러싼 복잡한 논쟁에 머물 때가 아닌, 당장의 행동에 대해 전략을 세워야 할 시점이 된 것이다.

이 장에서는 기후변화를 경제학의 관점에서 살펴보았다. 누군가 우스갯소리로 이야기했듯이 경제학 이론은 경제학자의 수만큼 있다고 한다. 스턴 보고서 이후 스타급 경제학자들이 저마다 이론을 내놓았다. 초기에는 불확실한 미래의 비용과 편익을 오늘날의 화폐 가치로 어떻게 평가할 것인가가 주된 논쟁 주제였다. 이어 기후변화의 리스크를 어떻게 볼 것인가로 주제는 확대되었다. 하지만

지역별 기후 이탈 예측 시기

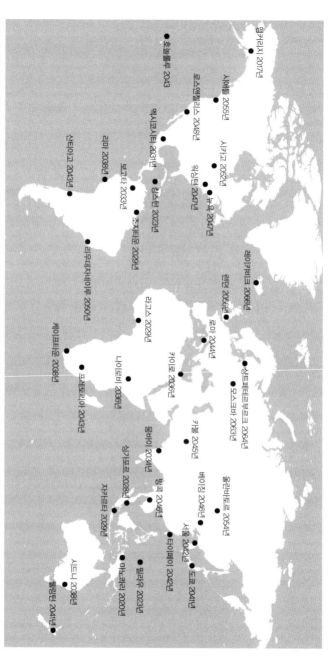

- 앵커리지 2017년
- 호놀룰루 2043
- 시애틀 2055년
- 로스앤젤레스 2048년
- 시카고 2062년
- 멕시코시티 2031년
- 유심턴 2047년
- 뉴욕 2047년
- 레이캬비크 2066년
- 런던 2066년
- 리마 2038년
- 몬터리 2033년
- 킹스턴 2023년
- 조지타운 2029년
- 로마 2044년
- 상트페테르부르크 2064년
- 모스크바 2063년
- 산티아고 2043년
- 리우데자네이루 2050년
- 케이프타운 2038년
- 프리토리아 2043년
- 나이로비 2036년
- 라고스 2029년
- 카이로 2036년
- 기롱 2045년
- 베이징 2046년
- 홍콩 뭄바이 2054년
- 뭄바이 2034년
- 싱가포르 2028년
- 방콕 2046년
- 타이페이 2042년
- 서울 2042년
- 도쿄 2041년
- 자카르타 2029년
- 마누크라리 2020년
- 팔라우 2023년
- 시드니 2038년
- 웰링턴 2041년

기후 이탈이 발생하면 가장 추운 연도의 평균온도가 과거의 가장 무더웠던 연도의 평균온도보다 높아진다. 기후 이탈 시점은 서울 2042년, 뉴욕 2047년, 도쿄 2041년으로 추정된다.

세부적인 논쟁이 무엇이었든 궁극의 관심은 지금 온실가스를 감축할 것인가 말 것인가, 감축해야 한다면 적정 규모는 얼마일 것인가 하는 내용이었다. 이러한 논쟁이 지속되는 사이 기후 이탈의 시기는 더욱 앞당겨지고 있다.

아인슈타인은 신은 주사위 놀이를 하지 않는다고 했다. 온실가스 감축 시기를 계속 지연시킨 채 기후변화를 두고 불확실성 게임에 몰두할 만한 시간적인 여유가 우리에겐 더 이상 없다.

4장

에너지 시장의 지각변동

당신이 석유 시장에 대해 알기를 원한다면 간단히 말해
지질학보다는 게임이론이 더 필요할 것이다.
_『이코노미스트』 2014년 11월 29일

21세기는 에너지Energy, 환경Environment, 생태Ecology라는 3E의 시대다. 에너지 코드를 이해하지 못하고서는 기후변화에 대해 반쪽만 아는 것이다.

금세기의 출발과 함께 기후변화 이상으로 세간의 관심을 많이 받은 분야가 바로 석유를 중심으로 한 에너지 부문이었다. 하지만 석유에 대한 관심만큼이나 오해가 많았던 것도 사실이다. 금세기 초에 들끓었다가 오일샌드와 셰일가스의 등장으로 화석화된 석유 고갈론이 대표적인 사례다. 석유, 더 넓게는 화석연료에 대한 성급한 비관론을 피하는 것은 기후변화의 국제정치 역학을 잘못 해석하는 오류를 줄일 수 있다. 이 장에서는 기후변화를 이해하는 차원에서 석유 시장의 최근 경험을 연대기적으로 알아보고자 한다.

21세기의 제본스

(지금 추세라면) 50년이 지난 후 우리 소비는 지금보다 서너 배 증가하게 된다. 하지만 이미 고갈되어가고 있는 자원과 연료에 대한 중독 때문에 국가의 앞날은 어둡다. (…) 우리의 자원은 심지어 100년도 유지될 수 없기 때문에 머지않아 번영에서 점차 쇠퇴할 것이다.

우리는 전대미문의 문제에 봉착해 있다. 세계의 석유 생산은 더 이상 성장하기를 멈추었다. 생산은 곧 감소할 것이다. 필수 불가결한 자원의 공급이 산업혁명 이후 처음으로 수요를 만족시키지 못하는 때가 올 것이다.

위의 두 글은 한동안 우리에게 낯익었던, 다가오는 자원 고갈 위기에 대한 경고다. 그러나 두 글 사이에는 140년 가까운 간극이 있다. 첫 번째 글은 1866년 『석탄에 관한 의문들』에서 윌리엄 스탠리 제본스가 한 말이며, 두 번째 글은 2005년 출간된 『석유 극복하기』에서 케네스 드피어스가 주장한 내용이다.[1] 제본스는 석탄, 드피어스는 석유에 대해 말하고 있지만 둘에게는 공통점이 있다. 두 사람 다 틀렸다는 것이다.

영국의 경제학자 제본스는 경제학에 한계효용, 한계비용과 같은 용어를 정착시키는 데 기여한, 이른바 '한계혁명'을 불러일으킨 주역 중의 한 명으로 알려져 있다. 경제학에 수학적 엄밀성을 가한 그의 시도는 이후 경제학의 판도를 바꾸는 데 크게 기여했다. 한계효용 이론을 정교하게 개발한 그는 논리학의 대가로 논리연산을 이용한 키보드를 발명했으며 지수이론, 정치 경제, 통계 등 다양한 분야에서 업적을 남겼다. 하지만 그가 대중적으로 널리 이름을 알리게 된 것은 토머스 맬서스 이상으로 암울한 미래 사회를 전망한 그의 저서 때문이었다.[2]

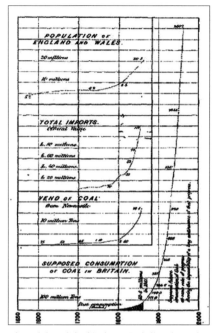

인구, 석탄 소비가 지수적으로 증가하는 제본스의 그래프.

자신을 베스트셀러 저자로 만들어준 『석탄에 관한 의문들』에서 그는 19세기 대영제국의 번영은 지속적으로 구가될 수 없다고 예견했다. "한 가지 고통스러운 사실을 지적해야 하는데 (…) 탄광의 깊이가 깊어지고 채굴이 어려워지면서 우리의 성장이 멈추는, 불가피한 경계 시점에 도달할 것이다." 당시 석탄 자원에 절대적으로 의지하던 영국의 경제성장은 석탄 고갈로 더 이상 지속될 수 없을 거라는 묵시론적인 전망이었다. 그는 "대체 연료의 발명으로 석탄 가격의 상승은 당분간 억제되겠지만 결국 파국의 시점에 도달할 것이며, 석탄도 고갈될 것"이라고 예측했다.

"경제학이 과학이 되고자 한다면 수리과학이어야 한다"고 말할 정도로 철저한 논리주의자였던 그는, 당시 통계 데이터를 분석해 석탄이 곧 고갈될 것이라고 보았다. 동시대 영국의 지질학자들은 석탄 매장량을 900억 톤 정도로 추산했다. 19세기 초부터 7, 80년 동안 영국의 석탄 생산은 10년 단위로 평균 41퍼센트 증가했다. 그에 비해 인구 증가율은 10퍼센트를 약간 넘는 수치를 기록했는데, 인구 증가 속도를 상회하는 에너지 공급 덕분에 이 기간 영국 국민의 1인당 부는 증가할 수 있었다. 하지만 앞으로의 문제는 인구는 기하급수적으로 증가하는 데 비해 석탄 공급은 고갈 자원의 성격상 갈수록 줄어든다는 점에 있었다. 기본적으로 제본스는 맬서스의 인구론적 관점을 가지고 있었다. 폭발하는 인구와 고갈 자원의 제한으로 경제성장이 저하되고 국민 경제생활의 질적 수준도 전반적으로 하락할 것으로 본 것이다. 제본스의 베스트셀러는 안 그래도 암울한 맬서스의 경제학을 더더욱 암울한 경지로 몰고 갔다.

제본스가 옳았던 점이 있다면 해가 지지 않는 나라였던 대영제국의 힘이 그의 예측대로 20세기 들어 점차 약화되었다는 것이다. 하지만 그 이유는 반세기 동안 두 차례나 큰 전쟁을 겪으면서 국부가 감소했기 때문이지 석탄이 고갈되었기 때문은 아니었다.

그렇다면 제본스는 무엇을 놓쳤기에 예측이 빗나갔던 것일까? 그는 석탄을 대체할 석유의 등장을 예견하는 데 실패했다. 그는 대체에너지의 역할을 과소평가했다는 점 때문에 후세대 경제학자인 케인스로부터도 비판을 받았다.

오늘날에도 우리는 '21세기의 제본스'를 자주 만난다. 2000년대 초반부터 석유 시장에 대한 관심이 고조되면서 쏟아져나온 에너지 관련 베스트셀러들은 거의 모두 석유나 화석연료에 대한 암울한 전망을 내놓았다. 앞서 인용한 케네스 드피어스 외에도 몇 가지 견해를 더 살펴보자.

> 산업의 문명화는 에너지 자원의 소비에 근간하고 있는데, 이 자원은 기본적으로 그 양이 제한되어 있으며 곧 부족해질 것이다. (…) 종국에는 심지어 국가조차 산업주의를 유지하는 것이 불가능해질 것이다.
> _리처드 하인버그[R.Heinberg], 『파티는 끝났다』(2003년)[3]

> 화석연료 없이 살 수 있는 다른 방법을 발견하지 않는다면 우리 문명은 금세기 내에 끝날 것이다.
> _데이비드 굿스타인[D. Goodstein], 『가스의 고갈: 석유 시대의 종말』(2004년)[4]

이들보다는 비교적 최근인 2012년 출간된 『에너지 노예』에서 앤드루 니키포룩은 "수많은 사람들이 예언했듯 미국의 석유 붐은 이미 한계에 도달해 있다"고 주장한다. 이들이 주장하는 석유 고갈론이 시사하는 바는 유한한 자원인 석유가 이내 고갈될 것이기 때문에 석유 가격이 상승한다는 것이다. 실제로 2000년대 초중반부터 유가는 가파르게 상승했다. 그러나 그 이유는 석유 자원이 고갈되었기 때문은 아니었다. 이제 곧 살펴보겠지만 석유 자원은 오히려 최근 10년 사이에 증가했다.

위기론자들은 다양한 이유로 석유 시대의 종말을 예고하는데, 이들이 자주 인용하는 근거 중의 하나가 소위 '석유 피크론'이다. 1969년 미국의 지질학자 킹 허버트는 석유 생산을 전망한 책을 발표했다.[5] 그에 의하면 전 세계적으로 매년 뽑아올릴 수 있는 석유 생산량은 종鐘 모양의 곡선 형태를 보인다. 즉 연간 생산량은 계속 증가하다가 정점을 지나면 꾸준히 감소할 것이라는 내용이다. 이 정점을 우리는 '허버트의 정점Hubbert's peak'이라고 부른다. 그의 분석에 의하면 전 세계 석유 매장량은 2.1조 배럴로 추정되는데, 2000년 무렵이면 생산이 정점에 도달할 것으로 보았다.

허버트는 전 세계 석유 생산의 피크를 예견하기에 앞서 이미 선지자로서의 영예를 획득한 바 있었다. 1956년 발표한 그의 논문에서 미국의 석유 피크를 제대로 예측했던 것이다. 그의 계산에 의하면 미국의 연간 석유 생산량은 1965~1970년 무렵에 정점을 찍고 하향 곡선을 그릴 거라고 예상했는데, 처음 논문이 발표되었을 때는 그리 주목을 받지 못했다. 하지만 이후 1970년대에 그의 예측이 근사하게 들어맞은 것이 밝혀지면서 허버트의 논문은 뒤늦게 주목을 받았다. 여기에 고무된 허버트는 1974년 전 세계 석유 생산을 대상으로 피크를 전망했는데, 1995년부터 2000년대 초 사이로 추정했다. 앞서 미국의 석유 피크를 멋들어지게 맞힌 그의 숫자는 마치 노스트라다무스의 예언과 같은 힘을 가지고 석유 피크론으로 확산되었다.

허버트가 개발한 곡선은 대칭 형태의 종 모양을 하고 있다. 이러한 수리적 모형은 이미 인구통계학자나 생물학자들한테 매우 친숙한 것이다. 소위 로지스틱 함수logistic function라고 불리는 이 곡선은 수산자원이나 나무 등 생물자원의 생장을 나타나는 데 이용되어왔으며, 신제품이나 신기술의 확산 같은 경영학 연구에도 널리 활용되고 있다. 그리스어에서 '계산하는', '계산에 능숙한'이라는 뜻에서 파생된 이 함수를 이용해 허버트는 석유 정점을 산출해낸 것이다. 하지만 이 함수는 한 개의 변수만을 사용한, 즉 일변수 함수이기 때문에 복잡한 시스템을 분석하는 데 필요한 중요 변수를 모두 담을 수 없다는 한계가 있다. 일례로 에너지 시장에서 발생할 수 있는 다이내믹한 힘을 들 수 있다. 허버트의 연구에는 석유 자원의 가격이 오르면 다른 대체에너지 자원이 등장할 수 있다는 다이내믹한 분석이 빠져 있다.

사실 허버트의 분석은 석유의 물리적인 매장량이 다한다기보다는 연간 생산량이 줄어든다는 것을 의미할 뿐이다. 그러나 그 미묘한 의미의 차이는 그리 중요하지 않았다. 석유 고갈론의 암울한 메시지를 전달하려는 이들에게는 허버트의 정점이 더할 나위 없이 좋은 소재감이었던 것이다. 이러한 사실을 고려한다면 허버트의 정점이 옳고 그른지를 따지는 것보다는 과연 석유 피크론이 2000년대 중반의 고유가를 설명하는 결정적 근거가 될 수 있느냐에 초점을 맞추는 것이 나을 것이다.

한편 허버트의 정점에 동의하는 사람들보다는 반대하는 사람들이 더 많다는 사실도 기억해둘 필요가 있다. 앞에서 소개한 프린스턴대학교 명예교수 케네스 드피어스는 허버트의 정점을 인용하며 석유 생산의 정점은 2000~2005년 발생할 것이며 이미 석유 생산은 하강 국면에 있다고 경고했다. 그러나 미국지질조사국[USGS]을 포함한 대다수의 지질학자들은 석유 생산의 정점이 2030년대 중반 이전에는 도달하지 않을 것으로 보고 있다.[6] 여전히 석유는 한동안 인류의 가장 주요한 에너지원으로 사용될 것이다.

석유 피크와 석유 시장을 이해하기 위해서는 자원의 매장량 개념부터 짚어볼 필요가 있다. 어느 자원이 확인 매장량에 포함되기 위해서는 물리적으로 그 존재가 확인되어야 하며 경제성까지 갖추어야 한다. 지질탐사를 통해 자원의 존재가 확인되었어도 채굴의 경제성이 없는 경우에는 확인 매장량에 포함시키지 않는다. 그런데 자원의 가격은 계속 바뀌기 때문에 경제성 역시 바뀌게 되고, 확인 매장량 통계도 바뀌게 된다. 결국 매장량은 고정된 것이 아닌 매우 다이내믹한 요소를 가진 개념인 것이다.

미국, 캐나다, 멕시코 등 북미 지역 석유의 확인 매장량 통계를 예로 들어 살펴보자. 1988년 기준으로 확인 매장량은 총 1,000억 배럴인데, 미국 351억 배럴, 캐나다 119억 배럴, 멕시코는 530억 배럴을 기록했다. 하지만 10년 후인 1998년에는 미국 286억 배럴, 캐나다 151억 배럴, 멕시코 216억 배럴, 총 653억 배럴로 줄었다. 흥미로운 변화는 그 이후에 발생했다. 2007년 기준으로 북미 지역의 총 확인 매장량이 713억 배럴로 집계돼 9년 전의 653억 배럴보다 소폭 증가한 것이다. 국가별로 보면 미국 305억 배럴, 캐나다 286억 배럴, 멕시코 122억 배럴로, 캐나다는 거의 두 배 가까이 증가한 것을 알 수 있다. 이유는 국제 유가가 상승하면서 캐나다 오일샌드 생산의 경제성이 높아지면서 오일샌드가 석유 확인 매장량에 포함되

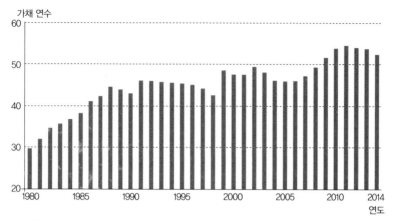

1980년부터 최근까지의 글로벌 확인 매장량을 보여주고 있다. 매장량은 가채 연수 40년에서 50년을 약간 상회한 수준으로 변하고 있음을 알 수 있다.

었기 때문이다.

석유의 가채 연수를 봐도 이야기는 마찬가지다. 가채 연수는 현 시점에서의 확인 매장량을 연간 소비량으로 나눈 것인데, 추가 자원 개발이나 확인 매장량에 변동이 없을 경우 현재 소비 기준으로 몇 년 동안을 쓸 수 있을지를 나타낸다. 매년 엄청난 양의 석유를 쓰고 있음에도 석유의 가채 연수는 그동안 큰 변동이 없었거나 최근에는 오히려 약간 상승했다. 1970년대에 약 40년, 1980년대에도 약 40년, 1990년대 역시 약 40년, 그리고 2000년대에는 오히려 약간 증가한 50~60년을 바라보고 있는 것이다.

이유는 유가가 상승하면서 경제성을 갖추기 시작한 오일샌드나 셰일오일 같은 비재래식 석유가 석유 매장량 통계에 포함되었기 때문이다. 기존 방식에 의한 유전에서 공급이 줄면 가격이 인상될 것이고, 이에 따라 한계개발 비용이 높은 잠재적 유전도 신규 유전에 편입되어 석유 공급이 가능하게 될 것이다. 언제나 논란이 많은 알래스카 유전 개발에 미국이 굳이 나서지 않아도 앙골라, 캐나다 등의 새로운 자원 공급처도 등장한다. 비공식적이긴 하지만 캐나다의 타르샌드 매장량은 1.6조 배럴로 추정된다. 그중 1,780억 배럴은 석유로 생산 가능한 것이며, 가격과 기술적 요인이 뒷받침된다면 3,000억 배럴까지 그 규모가 확대될 수 있다고 한다. 앞에서 본 것처럼 매장량은 현재 가격 조건에 따라서도 달라지지만 어떤 품질의 석유를 기준으로 평가하느냐에 따라서도 현저히 달라질 수 있다. 예를 들어 초중질유까지 포함하면 베네수엘라는 세계 최대의 석유 매장 국가에 포함될 수 있다. 어쨌든 허버트가 말하는 석유 피크나 석유 고갈은 좀체 보이지 않는다.

중동 지역의 매장량에 대해서는 더더욱 할 수 있는 말이 많지 않다. 중동의 매장량은 언제나 미스터리였다. 국제 유가가 무서운 속도로 가파르게 상승하던 2005, 2006년 시기에 쿠웨이트의 국영 석유 회사인 KPC^Kuwait Petroleum Corporation가 석유 매장량 자료를 제공하지 않아 쿠웨이트 정부조차 실제 매장량이 얼마나 되는지 모른다는 불평이 터져나올 정도였다. 런던정경대학교의 스테픈 헤르토크는 세계 최대 석유 회사인 사우디아라비아의 아람코나 사우디아라비아 정부에서 무슨 일이 일어나고 있는지 제대로 아는 사람이 아무도 없다는 사실을 우려한다. 아람코는 구체적인 생산량이나 매장량, 그들의 투자 계획에 관한 수치를 공개하지 않는다.

자신의 패를 다 보여줄 중동 국가는 없다고 보면 된다. 하지만 어떤 기준에 의해서든 석유 고갈은 당분간 우리가 걱정해야 할 목록에서 제외해도 좋다는 점은 분명하다. 그렇다면 지난 10년 동안 경험한 고유가의 원인이 석유 고갈에 있지 않다면 그 이유는 무엇일까? 아래에서 그 답의 중요한 일부를 찾아보도록 하자.

한계 유정의 증가

사실 1990년대의 국제 유가는 바이칼 호수만큼 잔잔했다. 가끔씩 부침을 겪기도 했지만 국제 유가는 전반적으로 약세 상태에서 그 수준을 유지했다. 1998년을 지나면서 OPEC(석유수출기구)이 세 차례에 걸친 감산 정책을 통해 공급을 줄이자 두바이유 평균 가격이 배럴당 26.27달러를 기록해 10년 내 최고 수준을 기록하긴 했지만 배럴당 30달러를 넘기는 경우는 흔치 않았다.

저유가가 오랫동안 지속되면서 석유 메이저 기업의 판도도 크게 흔들렸다. 석유 업계는 오랜 기간 불황에 시달렸고 결국 규모의 경제를 달성하기 위해 메이저 기업끼리 합병해 슈퍼 메이저 기업이 탄생하게 되었다. BP와 아모코Amoco의 합병, 엑슨Exxon과 모빌Mobil, 토털Total과 엘프Elf, 셰브런Chevron과 텍사코Texaco의 합병 등이 대표적인 사례다.

잠자던 국제 유가는 2000년대 초중반을 지나면서 꿈틀거리기 시작했다. 사실 2001년 9·11 테러가 일어났을 때도 국제 유가는 크게 요동치지 않았다. 비극적인 사건이 몰고 올 정치적 여파에 대한 조심스러운 전망을 내놓으면서도 시장은 대체로 관망 상태를 유지했다. 하지만 이후 아프가니스탄 전쟁을 시작으로 국제 유가가 상승하면서 2004년 3월에는 배럴당 30달러대를 넘어섰고, 단기간에 가파른 상승세를 기록하면서 급기야 2006년 8월에는 배럴당 70달러를 넘기는 대기록을 세웠다. 2년 5개월 만에 130퍼센트를 상회하는 증가율을 기록한 것이다.

모든 현상에는 원인과 결과가 있다. 국제 유가가 이처럼 단기간에 급상승한 데는 여러 이유가 있을 수 있다. 그러나 석유 종말론은 그 이유가 될 수 없다는 사실을 앞서 보았다. 그 외에 흔하게 듣는 분석이 '중동의 지정학적 불안정 때문'에 국제 유가가 올랐다는 것이다. 어떤 현상을 설명하려고 노력하다가 마땅한 해답을 찾기 힘들면 실체를 확인할 수 없는 편리한 분석에 의지하는 경향이 있다(외계인의 존재나 음모론도 마찬가지다). 불안정한 지정학적 상황이 야기하는 효과는 대체적으로 단기간에 머물며 장기간에 걸쳐 국제 유가를 끌어올리는 힘의 원천이 되기에는 무리다. 국제 석유 시장에서 활동하는 트레이더(전문 거래인)들은 수백억 달러가 움직이는 거래 시장에서 대규모로 그것도 장기간에 걸쳐 도발적인 투기를 무뇌적으로 수행하는 집단이 결코 아니다.

그보다 합리적인 이유가 존재한다. 우선 중국과 인도의 친드라 효과도 빼놓을 수 없는 이유 중의 하나다. 증가하는 신흥 국가의 석유 수요가 국제 유가의 상승을 부추겼다는 설명이다. 분명 맞는 분석이다. 하지만 이는 반쪽자리 설명이다. 왜 공급이 수요를 못 따라갔는지에 대한 설명은 아니기 때문이다. 신흥 국가의 높은 경제성장률도 하나의 이유일 수 있겠지만 2000년대부터 가파르게 상승한 국제 유가를 설명할 수는 없다. 그리고 1999~2005년 세계 경제성장률은 3퍼센트 미만으로 2차 대전 후 1998년까지의 평균 성장률보다 오히려 낮았다.

고유가 현상을 부추긴 보다 강력한 원인은 석유 시장이 아닌 금융시장에서 찾을 수 있다. 이 문제를 본격적으로 다루기 전에 고유가의 또 다른 원인으로 지목받는 석유 생산비 상승 문제를 우선 짚어보자.

석유 자원의 가채 연수는 새로운 유정의 개발로 지난 수십 년 동안 거의 변함이 없거나 오히려 최근에는 약간 증가한 것을 이미 살펴보았다. 하지만 깊어진 유정 때문에 채굴 비용 역시 증가했다. 19세기 중반 미국에서는 10~20미터 정도만 땅을 파도 석유를 뽑을 수 있었다. 하지만 오늘날 해상 유정은 9,000미터 이상까지 파고 들어가야 한다. 오스카상에 빛나는 명배우 다니엘 데이 루이스가 출연한 영화 《데어 윌 비 블러드There will be blood》에는, 석유 탐사에 몰입한 그가 작은 나뭇가지로 땅을 몇 센티미터 긁으니 석유가 옹달샘의 물처럼 땅에서 배어나오는 장면이 나온다. 그처럼 거의 지표면 가까이 있는 석유는 아닐지라도 과거에는 몇십 미터만 파도 석유층에서 생성된 가스가 밀어주는 힘으로 석유가 쉽게 분출되었다. 그러나 유정의 깊이가 수천 미터에 달하게 되면서 석유 생산 비용은 기하급수적으로 증가하기 시작했다.

사우디아라비아에서 가장 큰 유전은 가와르Ghawar다. 아니 사우디아라비아에서뿐만 아니라 전 세계에서 가장 큰 유전이 가와르다. 1951년부터 상업적 생산을 개시한 가와르 유전은 아직도 매일 400~500만 배럴의 석유를 생산하고 있다. 하지만 유정의 깊이는 그 세월만큼이나 깊어져 현재는 지표면에서 3,000~4,300미터에 달하고 있다. 땅속 깊이 있는 석유를 뽑아올리기 위해서는 기름과 섞이지 않는 성질을 이용해 유정 안에 대량의 물을 투입한다. 기름보다 물이 비싼 사막에서 물을 대량 투입해 석유를 생산하는데, 생산 비용이 오르는 것은 당연한 이치다.[7]

사하라 남부에 위치한 앙골라는 그동안 미국에 석유를 공급했던 몇 안 되는 중동 바깥의 나라이다. 이 나라의 최대 유전인 소나골Sonagol에서는 하루 120~130만 배럴의 석유를 생산했는데 표층수에서 석유를 뽑는 대신 심층수에서부터 뽑는 기술을 적용하면서 200만 배럴 수준까지 생산이 증가했다. 이 역시 문제점은 더 높은 생산 비용이 요구된다는 것이다.

2000년대 중반의 고유가의 두 번째 원인인 생산 비용 증가에 대한 설명을 간략히 마쳤다. 하지만 한계 유정의 증가로 인한 생산 비용의 상승이 고유가의 필요조건이긴 하지만 그에 대한 온전한 설명이 되기에는 부족하다. 생산 비용의 상승이 핵심적인 원인이었다면 유가는 지속적으로 상승해왔어야 하는데 사실은 그렇지 않기 때문이다. 1990년대에는 유가가 거의 변동 없이 안정적이었으며, 2000년대 초중반을 지나면서 폭발적으로 증가했다. 또한 증가한 생산 비용의 일부를 상쇄할 만큼 기술 진보가 있었다는 점도 무시할 수 없다. 예를 들어 CAD 같은 컴퓨터 기술은 석유시추선의 설계 비용을 줄이는 데 크게 기여했다. 기술 발전이 이룩한 성과의 불꽃이 어느 영역으로 튈지 살펴보는 것은 흥미롭다. 백색 가전제품인 세탁기가 저개발국의 여성을 가사노동에서 해방시켰고, 이를 통해 증대된 여가 생활을 통해 인권에 대한 의식이 고양되면서 여성이 개도국의 민주화 일원으로 부상할 수 있었다고 한다. CAD 기술의 설계자도 애초에 의도하지 않았을지 모르지만 어쨌든 이들의 발명품이 석유 생산 비용을 낮추는 데 기여한 것은 분명한 사실이다.

한계 유정의 증가로 인한 생산 비용의 증가, 기술 진보로 인한 생산 비용의 하락, 이 두 가지 상반된 효과가 작용하면서 국제 유가는 절묘하게 시소를 타듯 크게 오르지도 내리지도 않은 채 역사적인 평균 수준을 유지할 수 있었다.[8] 따라서 친드라 효과, 생산 비용의 상승 효과를 2000년대 중반의 고유가를 견인한 주도적 영향으로 보기에는 한계가 있다. 주범(?)은 따로 있었다. 바로 금리다.

저금리와 호텔링

2004년, 출장을 마치고 귀국길에 해외 공항의 어느 서점에 들렀을 때 베스트셀러 진열대에 놓여 있던 책 한 권이 눈에 쏙 들어왔다. 책의 제목은 『오일팩터The Oil Factor』였다. 에너지 경제학 분야의 종사자로서 책 제목만 보고도 사지 않을 수가 없었다. 기내에서 무료함을 달래기 위해 책을 펼쳤는데 읽는 순간부터 넘치는 스릴을 느꼈다. 저자인 스티븐 립은 석유 시장에 관한 소름 끼치는 전망을 냉철한 분석으로 이끌어냈다. 그는 유가가 배럴당 100달러까지 상승할 것이라고 전망했다(당시 유가는 배럴당 40달러를 약간 상회하는 수준이었다).

『오일팩터』는 유가가 상승하게 될 원인으로 1990년대부터 지속되어온 선진국의 저금리를 지목하고 있었다. 금리가 너무 낮기 때문에 주요 투자처로 석유나 금 같은 상품 시장의 매력이 상승할 것이라는 이유에서였다. 2000년대 초 미국의 금리는 쉽게 끌어올릴 수 없는 상황이었다. 워낙 금리가 낮은 상황이 지속된 터라 미국 주택 시장에서 주택 담보대출 비율도 증가했다. 2000년대 초 내가 미국에 거주하던 중에는 일부 유학생들이 주택 담보대출 금리가 낮은 점을 이용해 워싱턴 DC 인근 지역의 집을 아예 마련하는 장면도 심심찮게 목격했다. 10만 달러의 대출을 끼고 20만 달러에 집을 사더라도 몇 년 후면 집값이 30만 달러 이상으로 오르니 빌린 대출 원금을 갚고도 남을 정도가 되었다.

스티븐 립은 미국 정부가 저금리의 덫에서 벗어나기가 쉽지 않을 것이라고 보았다. 금리를 인상하면 주택 담보대출 상환 능력을 갖추지 않은 채무자들이 증가하고, 이는 은행의 파산으로 연결될 수도 있기 때문에 미국 정부가 이를 원치 않는다는 분석이었다. 따라서 그는 당분간 저금리가 지속될 것이라고 보았고, 저금리가 지속되는 한 석유 시장을 중심으로 한 상품 시장의 매력은 유지되며, 그에 따라 유가는 오를 수밖에 없다는 결론을 내렸다.

스티븐 립의 분석은 예리했다. 그가 문제점으로 지목한 미국의 저금리 기조 정책과 주택 담보대출 시장의 만성적인 부실은 결국 2008년의 글로벌 금융 위기로 연결되었다. 그 시기에 30퍼센트 넘게 자산 가치의 손실을 경험한 엘리자베스 여왕은 그동안 경제학자들은 무엇을 하고 있었는지 답답하다는 식의 질문을 던졌다던데, 일찍이 경제학계에서도 주택 담보대출의 부실화 위험을 경고한 이들은 많았다(『폴트 라인』의 저자 라구람 G. 라잔 교수 역시 글로벌 금융 위기의 가능성을 경고했던 경제학자 중의 한 명이다). 대개 어떤 극단적인 사태의 발생에는 일련의 경고와 경고 사이에 존재하는 끊임없는 무시 과정이 있기 마련이다.

다시 유가 문제로 돌아가보자. 저금리가 유가 상승을 견인한다는 것은 이미 경제학계에서는 '호텔링 규칙^{Hotelling rule}'이라는 이름으로 널리 알려져 있다. 호텔링 규칙은 석유나 석탄 같은 고갈 자원의 가격을 설명하는 데 자주 인용된다. 이 규칙은 1931년 스탠포드대학교의 젊은 경제학자 해럴드 호텔링이 권위 있는 학술지인 『정치경제저널』에 게재한 논문을 통해 처음 소개되면서 그의 이름을 따 명명되었다.[9]

호텔링 규칙이 시사하는 바는 직관적으로 매우 단순하다. 즉 고갈 자원의 가격 증가율이 이자율과 같도록 고갈 자원이 발굴되어야 합리적이라는 것이다. 예를 들어 연간 이자율이 5퍼센트라고 하자. 그리고 석유 가격이 내년에는 10퍼센트 증가할 것이라고 전망된다고 하자. 이 경우 석유 생산자는 지금 굳이 석유를 생산해서 판매하기보다는 가격이 10퍼센트 오르는 내년에 생산하려고 할 것이다. 하지만 모든 생산자가 올해 이처럼 석유 공급을 줄이면 올해 석유 가격이 미리 올라 내년의 석유 가격 증가율은 애초에 기대했던 10퍼센트에 미치지 못하게 될 것이다. 이러한 과정이 반복되면 궁극적으로 석유 가격 증가율은 이자율과 같은 5퍼센트 수준에 도달하게 된다.

반대로 연간 이자율은 5퍼센트인데 내년 석유 가격은 3퍼센트 오를 것이라고 전망된다고 하자. 그럼 석유 생산자는 굳이 내년까지 기다릴 필요 없이 지금 석유를 생산해서 그 돈을 은행에 넣고 높은 이자를 받는 것이 합리적이다. 석유를 지금 더 많이 공급하려고 하는 인센티브는 석유 가격 증가율이 이자율과 같아지기 전까지는 계속 존재하므로 궁극적으로는 석유 가격 증가율이 이자율과 같아지게 된다.

요약하자면 저금리가 지속될 경우 석유 생산을 증대시키지 않는 방향으로 조정이 이루어지며, 이는 결국 석유 가격의 증가로 귀결된다는 것이다. 저금리 기간에는 생산량도 늘리지 않고, 새로운 유정을 찾기 위한 탐사 노력도 줄고, 석유 정제 시설에 대한 투자도 줄게 된다. 실제로 미국에서는 1970년대 중반 이후 정제 시설에 대한 신규 투자가 상당히 위축되었으며, 대신 기존 시설의 가동률을 높이는 방식을 취했다.[10]

1990년대부터 이어온 전반적인 저금리 기조는 에너지 관련 인프라 시설에 대한 투자 의욕을 감소시켰고, 이로 인해 생산 시장의 잉여 공급 능력이 한계점에 봉착해 시장의 조그만 변동에도 취약하게 되었다. BRICs나 친드라 효과에 의해 증가한 석유 수요를 감당하기 위해서는 지속적으로 투자가 이루어졌어야 하는데 그러지 않았던 것이다. 게다가 저금리 시기에 상대적으로 투자 매력을 갖춘 상품 시장으로 자금이 몰리면서 국제 유가의 폭발적인 증가세가 이어졌던 것이다.[11]

지금까지의 내용을 정리해보면, 국제 유가의 실질적인 상승 배경에는 석유 종말론이나 석유 피크론이 아닌 금리와 금융시장, 상품 시장 간의 복잡한 역학 관계가 존재한다는 것을 알 수 있다. 물론 50년에서 100년을 염두에 둔 장기적인 측면에서는 석유 매장량

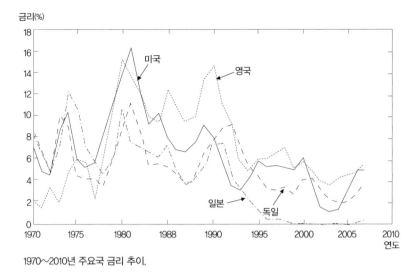

금리(%)

1970~2010년 주요국 금리 추이.

이 제한적일 수밖에 없기에 자원 고갈로 인한 유가 상승은 불가피
하다. 하지만 적어도 석유 고갈이 지난 10년 사이에 경험한 유가 상
승의 주요 원인이 될 수는 없다.

1990년대 말과 2000년대 초까지 세계경제는 대체적으로 저금
리 기조였다. 호텔링 규칙이 말하는 것처럼 저금리는 자원의 발굴
속도를 늦추고 자원 생산에 대한 투자 동기 또한 감소시키는 효과
가 있다. 공급 능력이 제한된 이 시기에 신흥국 중심의 석유 수요
증가는 가격 상승을 유발했다. 여기에 저금리의 덫에서 벗어나 새
로운 투자처를 찾아 몰려든 자본이 가세하면서 유가 상승을 더욱
부채질했다.

골드만삭스, 은밀하고 위대하게
2000년대 중반은 전반적으로 상품 투자 열기가 대단한 시대였다.

석유, 금 같은 에너지나 광물 자원뿐만 아니라 부동산, 심지어 예술품까지 인플레이션을 헤지(물가 상승으로 인한 화폐 가치 하락의 위험을 상쇄하기 위해 상품이나 부동산 등에 투자하는 전략)할 수 있는 대상이라면 모두가 투자 대상이었다. 금세기에 접어든 후 경험한 주택 가격의 상승은 비단 우리나라에만 국한된 현상이 아니었다. 영국의 경제지 『이코노미스트』에 의하면, 주요 선진국에서 주거용 부동산의 자산 가치는 2000년 이후 약 5년 동안 4분의 3이 증가한 약 75조 달러 규모에 이르는 것으로 나타났다.[12] 이는 이들 국가의 국민소득과 맞먹는 수치다.

넘쳐나는 달러와 저금리로 마땅한 투자 수익처를 찾지 못한 자금의 흐름은 예술품의 가격도 급등시켰다. 18세기 이탈리아에서 제작된 명품 악기인 과르네리 델 제수Guarneri del Gesu와 과다니니Guadagnini의 한 대당 가격은 수억 원에서 수십억 원에 이르게 되었다. 가격이 비교적 저렴했던 1970~1980년대에 이들 악기를 구입했던 사람들은 뉴밀레니엄에 들어 가격이 폭등하자 연평균 20퍼센트 이상의 높은 수익률을 올렸으며, 뒤늦게 투자에 뛰어든 사람도 10~14퍼센트의 수익률을 올렸다.

미술품 시장도 마찬가지였다. 미술품 감정 평가 기업인 아트프라이스닷컴은 전 세계 미술품 가격이 2000년대 중반 단 4개월 사이에 무려 16퍼센트가 뛰었다며 비명을 질렀다. 《오페라의 유령》, 《미스 사이공》 같은 대형 베스트셀러 뮤지컬을 만들고 미술품 애호가로도 유명한 현대 뮤지컬의 대부 앤드루 로이드 웨버가 2006년 소장하고 있던 피카소의 《앙헬 페르난데스 데 소토》를 경매에 내놓았을 때 그는 복리 수익으로 약 6퍼센트의 수익률을 올렸다고 한다. 파블로 피카소의 《도라 마르》는 감정가의 두 배에 가까운 약 900억 원에 낙찰되었으며, 미국이 낳은 근대 미술의 대가 잭슨 폴록의 작품은 소더비 경매 사상 최고 가격인 1,330억 원에 낙찰되었다. 고가의 사치품에 해당되는 미술품은 대체 가능한 재화가 없다는 이유로 저금리 시대에 주목받는 투자 종목이었다.

하지만 2000년대 중반에 투자 종목의 챔피언은 단연코 에너지 자원 시장이었다. 당시를 회고해보면 에너지 관련 투자는 종목 분석을 할 필요도 없이 눈감고 투자해도 대박인 분위기였다. 2004년 일반 헤지펀드의 수익률은 대략 8퍼센트대였다. 당시의 저금리를 감안하면 낮은 수준이 아니었지만 헤지펀드가 가진 리스크를 감안할 때 결코 높은 수준도 아니었다. 반면 동기간에 에너지에 투자된 헤지펀드는 40~100퍼센트에 이르는 가공할 만한 수익률을 거두었다. 과열 진단을 받아 2005년 이후 수익률이 감소했지만 한동안 에너지 헤지펀드는 일반 헤지펀드보다 높은 수익률을 기록했다.

유가 상승 동향에 한참 민감한 시기였던 2005년 3월 골드만삭스의 한 보고서가 시장에서 큰 반향을 불러일으켰다. 국제 유가가 배럴당 105달러까지 치솟을 거라는 전망이었다. 뉴욕상업거래소에서 배럴당 50달러에 거래될 때였다. 국제 유가의 슈퍼 스파이크 시대가 도래할 것이라고 발표한 골드만삭스의 보고서는 장기간 저금리의 피로가 누적되어온 파생상품 시장에서 석유 가격을 큰 폭으로 상승시키기에 충분한 힘이 있었다. 하지만 그 힘의 근원은 전망에 대한 정확성보다는 골드만삭스가 시장에서 지닌 자기실현적 힘에 바탕을 두고 있었다. 모두가 골드만삭스를 믿거나 믿는 척하고 따를 수밖에 없었다. 골드만삭스의 예언은 곧 진리였다. 가만히 두어도 앞에서 이야기한 호텔링 규칙에 따라 오를 석유 가격이었지만 골드만삭스의 예언에 힘입어 유가는 더욱 탄력을 받고 빠른 속도로 상승했다. 그리고 마침내 100달러대 진입과 함께 예언은 현실이 되었다. 골드만삭스는 다시 한 번 자신들이 미다스의 손이라는 사실을 증명해 보였다.

이에 재미를 보았는지 골드만삭스는 2008년 3월 더욱 대담한 전망을 내놓았다. 새로운 슈퍼 스파이크로 인해 국제 유가가 배럴당 200달러까지 오른다는 것이었다. 2008년 3월 7일 해당 기사가 주요 신문을 장식했고, 그달 국제 유가는 배럴당 130달러 수준까지 상승했다. 하지만 거기까지였다.

골드만삭스가 이처럼 무리하게 200달러까지 전망한 배경에는 투기 시장을 이용한 탐욕과 성공에 대한 자신감이 함께 작용했기 때문이다. 2011년 여름, 런던금속거래소는 코카콜라로부터 골드만삭스의 횡포에 대한 고발장을 접수받았다. 금속 비축 시설의 네트워크를 보유한 골드만삭스가 공급 체인을 인위적으로 조절하는 부당한 방법으로 알루미늄 가격을 올리고 있다는 내용이었다. 골드만삭스는 그 전에 미시간 소재 금속 비축 사업체인 메트로인터내셔널트레이드서비스를 5억 달러에 인수했는데, 이후 알루미늄 가격은 13퍼센트 증가했다. 상품 시장에서 골드만삭스의 전략은 이처럼 은밀하고 상당히 공격적이다.[13]

석유 시장에서 거둔 수입은 알루미늄과는 비교도 되지 않는다.

Published Mar 30 2005 by MSN Money, Archived Mar 31 2005

Goldman Sachs: Oil Could Spike to $105
by Reuters staff

LONDON (Reuters) - Oil markets have entered a `` super-spike" period that could see 1970's $105 a barrel, investment bank Goldman Sachs said in a research report.

March 7, 2008, 1:42 p.m. EST · Recommend (9) · Post:

New 'super-spike' might mean $200 a barrel oil
Goldman's projections foretell persistent turbulence in energy prices

STORY | QUOTES | COMMENTS SCREENER (189)

By Steve Gelsi, MarketWatch   꾁 Alert ✉Email 昼Print

NEW YORK (MarketWatch) -- With $100-a-barrel here for now, Goldman Sachs says $200 a barrel could be a reality in the not-too-distant future in the case of a "major disruption."

Goldman on Friday also boosted by $10 the low end of its 2008-2012 projected range for crude to $60 a barrel -- significantly lower than current prices, to be sure, but a possible mark for oil if "normalized" trends return to the marketplace.

골드만삭스의 유가 전망 기사. 2005년 기사는 105달러를 예측했으며, 2008년 기사는 200달러를 전망하고 있다.

국제 석유 시장에서 골드만삭스의 수입은 2000년대 중반 이후 급등했는데 2005년 15억 달러, 2007년 26억 달러, 2009년에는 34억 달러를 기록했다. 한편 국제 유가가 고공 행진을 한 마법의 해로 불리는 2008년 석유 거래 수입에 대해선 그 정확한 수치를 밝히지 않은 채 다만 '매우 확실한' 수입을 거두었다는 정도로만 밝히고 있다.[14] 금융계의 베스트셀러 저자 피터 번스타인은 골드만삭스의 가공할 힘을 다음과 같이 표현한다. "악마는 디테일에 있다고 하는데, 골드만삭스는 악마같이 복잡한 전략을 구사한다. 이는 포트폴리오 관리에 대한 골드만삭스의 단순한 철학을 따르고 있다. (…) 리스크를 피하거나 그 밖의 리스크는 (직접) 헤지한다."[15]

미켈란젤로 카라바조의 《여자 점쟁이The Fortune teller》에는 한 신사의 손금을 봐주는 어여쁜 집시 여인이 등장한다. 이 여인의 눈을 바라보는 신사는 흐뭇한 표정을 짓고 있다. 하지만 정작 집시 여인은 손금을 보는 척하며 신사의 손가락에서 반지를 빼내고 있다. 골드만삭스와 점쟁이 집시 여인의 이미지가 비단 나에게만 겹쳐 보이는 것은 아닐 것 같다.

유가 200달러의 허구

골드만삭스 말고도 국제 유가가 200달러가 될 것이라고 예측한 전문가들은 다수 있다. 앞에서 소개한 『오일팩터』의 저자 스티븐 립도 자신이 내놓았던 100달러 전망을 이후 또 다른 저서에서 상향 조정해 200달러까지 상승할 것이라는 무모한 예측을 내놓았다.

전문가들이 예측 작업에서 이 같은 실수를 범하는 이유 중의 하나는 시장을 '구조적'으로 바라보는 접근 방법을 취하지 않기 때문이다. 추세의 선형성을 가정한 채 시장이나 경제에 숨어 있는 그 외의 중요한 다른 요인은 무시하는 것이다. 국제 유가가 배럴당 30달러에서 60달러 그리고 100달러까지 올랐기 때문에 앞으로 그 추세라면 200달러까지도 상승할 것이라고 믿는다. 이런 오류는 우리가 알고 있는 것, 보아온 것, 들어온 지식에 기초해서 일반화시킬 때 쉽게 빠지는 오류다.

매년 학교에서 '에너지 경제론'을 강의할 때 학부 학생들을 대상으로 조그만 실험이 이루어진다. 뉴욕 시장 기준으로 매년 12월 첫째 주 특정 일의 석유 종가를 전망하는 과제인데, 전망치는 소수점의 센트 자리까지 적어내야 한다. 실제 값에 가장 근사하게 답을 적어낸 학생에게는 상품이 주어진다. 과제가 주어지는 시기는 보통 10월 중순이기 때문에 약 40~50일 이후의 유가 전망 작업인 셈인데, 대부분의 학생들이 10달러 이내에서 실제 값을 맞힌다. 하지만 오차 범위가 5달러 이내인 학생들은 소수이며, 1달러 이내인 경우는 매우 드물다. 한두 달 정도의 예측도 이런데 하물며 반년 후 가격을 전망하는 과제라면 예측 오차율은 훨씬 더 커질 것이다.

예측은 원래 어렵다. 나심 탈레브는 예측을 업으로 삼는 전문직을 극단적으로 싫어하는 학자다. 그가 최근 연속해서 내놓은 베스트셀러 『확률에 속다Fooled by Randomness』와 『블랙 스완』은 정치, 경제, 문화 등 온갖 영역에서 예측에 성공하지 못한 사례들을 잔뜩 모아 소개하고 있다.

이처럼 어려운 예측 작업이 그나마 어느 정도 성공적으로 이루어지기 위해서는 기본적으로 석유 시장에서의 구조적 전환에 대한 고민이 필요하며, 선형성에서 비선형성으로의 발상의 전환도 요구된다. 2000년대 중반 에너지 시장의 구조적 역학 관계에 대해 조금이라도 아는 이들은 골드만삭스의 200달러 예측이 지나친 탐욕에 의한 것이라고 여길 것이다. 200달러까지 치솟는 것이 불가능한 이유는 우선 유가가 지나치게 높아지면 다른 에너지가 석유를 대체하기 시작하고, 그만큼의 석유 소비 감소는 일종의 완충 장치로서 더 이상의 국제 유가 상승을 막아주기 때문이다. 가격 측면에서 석유와 경쟁이 안 되는 태양광이나 풍력 같은 신재생에너지도 유가가 150달러 이상 오르면 경쟁력을 갖추면서 석유 수요를 줄이게 된다. 오일 쇼크를 통해 배럴당 3달러의 유가가 30달러 중반까지 치솟자

원자력과 천연가스가 석유의 자리를 대체하기 시작한 1970년대의 경험과 비슷한 이치다. 유가 상승으로 오일샌드나 셰일오일 같은 비재래식 석유가 생산되기 시작한 것도 동일한 이유에서다.

오일 게임 1회전

무엇보다 200달러가 허구일 수밖에 없는 중요한 이유는 OPEC과의 역학 관계를 무시했기 때문이다. OPEC은 오랜 세월 동안 석유 시장에서 점유율을 지키기 위해 노력해왔다. 유가는 양날의 검이어서 지나치게 높으면 오히려 시장에서 자신들의 지위를 약화시킨다는 사실을 OPEC은 과거 1970년대 오일 쇼크에서 뼈저리게 경험했다. 마치 데칼코마니같이 보이는 다음의 그래프는 OPEC과 비非OPEC의 시장점유율 동향을 보여준다.

오일 쇼크 이전만 하더라도 OPEC과 비OPEC의 시장점유율은 6 대 4 정도였다(구 소비에트연방을 제외한 수치). 하지만 1970년대를 기점으로 반전이 일어나면서 OPEC의 시장점유율은 약 40퍼센트대, 비OPEC은 약 60퍼센트대로 바뀌었다. 오일 쇼크를 기점으로 서방 세계가 더 이상 불안정한 중동의 석유 공급에만 의존하지 않도록 체질 개선을 한 결과였다. 영국은 브렌트 해에서 석유를 생산하기 시작했고, 러시아는 석유 생산을 증대했다. 천연가스와 원자력 같은 대체에너지의 개발도 가속화되었다. 전력 생산의 75퍼센트를 원자력 발전에 의존하는 프랑스의 원전 대부분도 1980년대에 만들어진 것이다.

1970년대에 고유가를 주도했지만 그 후폭풍으로 시장을 잃은

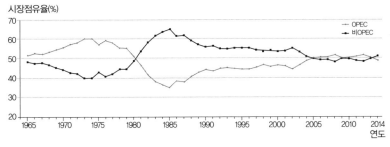

시장점유율(%)

OPEC과 비OPEC의 석유 시장점유율.

경험을 한 OPEC으로서는 고유가 상황이 마냥 반가운 일이 아니다. 이러한 석유 시장에서의 구조적인 이슈를 고려해 유가 전망을 해보면 200달러와는 다른 결론을 얻게 된다. 경제학에서는 OPEC 국가와 비OPEC 국가 사이의 게임이론으로 분석할 수 있다. 1980년대 이후로 시장점유율을 많이 놓친 OPEC으로서는 시장점유율을 무시할 수 없다는 점을 고려하는 것이다.

유가가 지나치게 높으면 비OPEC 국가에서 생산하는 석유의 비중이 증가하고, 이는 OPEC의 시장점유율을 낮추게 된다. 석유 시장에서 일정 수준의 지위를 유지하려는 OPEC으로서는 반갑지 않은 상황이다. 따라서 유가가 지나치게 높다고 판단하면 OPEC은 석유를 증산해 가격 하락을 유도한다. 배럴당 200달러가 OPEC이 허용할 수 있는 수준이 아닌 것은 쉽게 확인할 수 있다.

OPEC과 비OPEC 간의 견제와 균형의 관계를 고려한 모형에 석유 가격, 시장점유율, 생산 비용 등의 주요 데이터를 입력해 시뮬레이션을 한 적이 있다. 그 결과 2000년대 중반 기준으로 배럴당 50~60달러, 지금의 물가 기준으로는 70~80달러 정도였다.[16] 이 수치가 제공하는 범위의 정확성을 주장할 생각은 없다. 하지만 이 수치가 시사하는 메시지, 즉 OPEC과의 게임을 무시한 채 국제 석유 시장을 이해할 수 없다는 것만큼은 분명한 사실이다. 유가 전망을 위해 사용하는 대부분의 경제학 모형에서보다 훨씬 더 다양한 변수와 복잡한 머니게임이 이루어지는 것이 국제 석유 시장이다. 하지만 시장 유실을 꺼려 하는 OPEC의 반응이 핵심적으로 고려되어야 한다는 사실은 지금도 여전히 유효하다.

착한 놈, 나쁜 놈, 추한 놈

고유가 시대에 접어들면서 석유를 대체하는 에너지 개발을 위한 다양한 제안이 쏟아졌다. 그 과정에서 어느덧 에너지는 착한 에너지, 나쁜 에너지, 추한 에너지로 분류되었다. 실상 에너지 자체는 착하고 나쁜 것이 없는데도 말이다.

우선 대체에너지 논란의 주역인 석유를 비롯한 화석연료는 추한 놈이 되었다. 온실가스뿐 아니라 아황산가스와 질소산화물 같은 대기오염 물질을 배출하고, 생산 과정에서도 적지 않은 오염 물질을 배출한다는 이유로 화석연료는 언제나 손쉬운 비난의 대상이었다. 그중에도 석탄은 악의 축이었다. 미국의 저명한 환경 운동가이자 언론인인 빌 맥키번은 석탄은 악마와 같은 연료이기 때문에 향후 10년에 걸쳐 80~95퍼센트 소비를 줄여야 하며 도편추방제 ostracism와 유사한 대중운동을 통해 궁극적으로 사회에서 축출해야 한다고 주장한다.

나쁜 놈은 원자력이다. 사실 후쿠시마 사태 이전만 하더라도 원자력 르네상스라고 불릴 만큼 원자력은 칭송의 대상이었다. 저탄소 경제를 위한 화석연료 대체에너지의 유력한 대안으로 원자력이 주목받았다. 그린피스의 환경 운동 지도자였던 패트릭 무어는 원자력만이 화석연료를 실질적으로 대체할 수 있다고 주장하면서 원자력 칭송론자가 되었다. 빌 게이츠 역시 기후변화를 극복할 수 있는 유력한 대안으로 원자력을 적극 지지했다. 우리나라에서도 원전 수출 산업이 저탄소 녹색성장의 중추적인 역할을 담당할 거라는 기대를 한 몸에 받았다. 그러나 후쿠시마 사태 이후로 원자력을 바라보는 관점은 180도로 바뀌었다. 원전은 더 이상 각광받는 수단이 아니었고 폐기되어야 할 나쁜 에너지 목록의 일순위에 올랐다. 독일은 2022년까지 원자력 발전을 완전히 멈출 것을 발표했고, 우리나라도 원전의 비중을 41퍼센트까지 확대한다는 원래의 계획에서 20퍼센트대로 축소했다.

화석연료와 원자력이 비난을 받는 사이 태양광, 풍력, 지열, 수소에너지 등의 신재생에너지는 추하고 나쁜 에너지에 맞설 수 있는 착한 에너지가 되었다. 온실가스를 배출하지도 않고 자원 고갈 문제를 염려할 필요도 없다는 것이 주된 이유였다. 또한 초기 설치 비용을 제외하면 발전 비용이 거의 소요되지 않는다는 점도 풍력이나 태양광의 장점으로 부각되었다. 하지만 에너지를 이런 식으로 분류하는 것은 다분히 자의적이며 위험하다. 진부하게 들릴지 모르지만 어떤 에너지도 착하거나 나쁘지 않다. 어떻게 생산하고 이용하느냐에 따라 착한 에너지도 나쁘게 될 수 있다. 또한 착하다는 에너지에 숨어 있는 비용도 만만치 않다. 이에 관한 이야기는 뒤에 다루기로 하고 우선 한 가지 사실만 지적하고자 한다. 즉 석탄, 석유, 원자력에 대한 점증하는 비난에도 불구하고 전체 에너지 이용에서 이들이 차지하는 비중은 크게 변하지 않았으며, 그 위상은 앞으로도 마찬가지라는 점이다. 에너지 전문가들은 전체 에너지 소비에서 화석연료가 차지하는 비중이 2030년 무렵에도 70~80퍼센트 정도 될 것으로 예상한다. 원자력까지 포함하면 80퍼센트 중반대를 예상한다. 후쿠시마 사태로 원전에 극도로 거부감을 보였던 일본도 결국 제로 원전 정책을 폐기했다. 물론 증가율로 보면 신재생에너지가 매우 높을 것이다(기존에 신재생에너지의 비중이 워낙 낮았기 때문에 증가율이 높게 나오는 것이다). 하지만 신재생에너지가 기존의 화석연료와 원자력을 획기적으로 대체하기에는 역부족이다. 앞으로도 여전히 대부분의 에너지를 화석연료와 원자력에 의지해야 하는 상황인 것이다. 그렇다면 이 에너지들을 나쁜 쪽으로 몰아붙이기만 할 것이 아니라 어떻게 깨끗하게 사용할지에 초점을 두는 것이 기후변화에 대응하는 더욱 현명한 처사일 것이다.

셰일가스 혁명

미국 남부의 중소 도시 슈레브포트는 루이지애나 주에 위치해 있지만 지리적으로는 뉴올리언스보다 텍사스 주 댈러스에 더 가깝다. 그래서인지 뉴올리언스의 음습함보다는 남부 지역의 점잖은 기품을 더 느낄 수 있다. 이 도시를 2000년대 중반부터 몇 차례 방문할 기회가 있었다. 슈레브포트는 예로부터 석유 생산으로 유명한 지역이다. 1905년 석유가 처음 발견된 이후 루이지애나 주 전체 생산의

77퍼센트가 슈레브포트에서 이루어졌고, 엑슨과 걸프 같은 메이저 석유 회사의 해상 시추가 이곳에서 최초로 이루어지기도 했다. 특히 걸프의 경우 1950년 무렵까지 슈레브포트에서 총 278개의 유정을 뚫어 석유를 뽑아올렸다.

이후 석유 개발 붐이 꺼지면서 슈레브포트의 지역 경제도 어두워졌다. 시 경계에 있는 레드리버에 가보면 언제나 빨간 진흙물이 흐르는데, 『허클베리 핀』을 연상시키는 증기선들이 몇 척 떠 있다. 카지노선들이다. 미국에서 카지노 산업이 유치된 대부분의 지역이 그렇듯이 슈레브포트도 낙후된 지역 경제를 살리기 위한 최후의 수단으로 카지노를 택했다. 퇴락하는 지역 경제를 되살리기 위해 내놓은 고육책 중에는 영화 산업 유치도 있다. 오스카상에 빛나는 명배우 덴젤 워싱턴이 열연한 《데자뷰》도 주요 신을 이곳에서 찍었다. 그러나 카지노도 영화도 전반적으로 하락세인 지역 경제를 되살리기에는 역부족이었다.

하지만 오늘날의 슈레브포트는 불과 5년 전만 하더라도 상상하지 못했던 제2의 경제 붐을 경험하고 있다. 부동산 가치도 곱절로 뛰었다. 루이지애나와 텍사스를 휩쓸고 있는 셰일가스 혁명이 슈레브포트를 방문했기 때문이다. 1803년 프랑스 정부로부터 1,500만 달러에 사들인 루이지애나는 이제 미국에서 에너지를 세 번째로 많이 생산하는 주가 되었으며, 연방 정부가 관리하는 해상 유전을 포함하면 제1의 생산지다.

이제 남부의 슈레브포트에서 벗어나 북쪽으로 1,600킬로미터 떨어진 노스다코타로 가보자. 겨울 평균온도가 영하 13도 미만인 혹한 지역이지만 셰일가스 열기만큼은 남부보다도 뜨겁다. 1980년 대 이후 저유가 시대에 지역 경제가 어려움을 겪으면서 역외로 이주하는 사람들이 늘어났다. 그러다가 맞이한 희소식이 셰일가스였다. 노스다코타를 포함한 미국 중북부의 넓은 지대에 걸쳐 있는 바켄^{Bakken}층이 셰일가스를 다량 함유하고 있었던 것이다. 지역 주민들은 셰일가스 붐으로 노스다코타가 '동토의 실리콘밸리'로 변모할 것이라고 한껏 기대하고 있다. 이미 많은 사람들이 골드러시 때처럼 일자리를 찾아 이곳으로 몰려들었다. 땅을 가진 지주는 석유 회사에 개발권을 양도하고 수백만 달러를 보상받았다. 새로운 쇼핑몰과 학교, 병원들이 들어서고 인구도 다시 증가세로 돌아섰다.

이왕 길을 나선 김에 조금 더 북쪽으로 올라가보자. 미국 영토를 벗어나 캐나다로 들어서면 비전통 석유 붐의 원조인 오일샌드 개발 현장을 만날 수 있다. 캐나다 앨버타 주의 면적은 우리나라의 6배가 넘는 약 66만 제곱킬로미터로, 1.7~2.5조 배럴의 오일샌드가 매장되어 있는 것으로 추정된다.[17] 급증하는 오일샌드 생산으로 3만 개가 넘는 새로운 일자리 창출이 가능하게 되었고, 한때 20퍼센트가 넘던 실업률도 사상 최저 수준인 3퍼센트대로 떨어졌다.

배럴당 생산 비용이 30달러대인 오일샌드의 개발은 셰일가스보다 이전인 2000년대 초중반부터 본격적으로 이루어졌다. 그 분수령이 된 해가 2003년이다. 확인 매장량 기준으로 2002년 세계 21위였던 캐나다는 2003년 사우디아라비아 다음인 세계 2위로 크게 발돋움하며 '서구의 중동'으로 불리게 되었다. 캐나다 석유의 가채 연수도 2002년 6년에서 2003년 150년으로 껑충 뛰었다.

유정에서 생산하는 석유를 금광에서 캐는 금에 비유한다면 오일샌드에서 석유를 뽑는 일은 사금을 채취하는 일과 유사하다고 할 수 있다. 현장에서 발굴하는 오일샌드의 역청 1배럴에는 대략 2톤의 모래가 섞여 있다. 따라서 역청 형태의 오일샌드는 가열하거나 탄화수소로 희석시키지 않으면 흐르지 않을 정도로 점도가 높다. 추가 공정이 필요한 만큼 오일샌드의 생산 비용은 재래식 석유보다 높다. 원유 성분의 함유율이 10퍼센트 이상인 오일샌드의 경우 생산 비용은 배럴당 약 30달러이다. 한편 셰일가스의 생산 비용은 오일샌드의 약 두 배에 달한다. 하지만 배럴당 90~100달러 이상의 고유가 상황에서는 충분히 채산성을 갖출 수 있다.

셰일가스 개발의 일등 공신은 무엇보다도 프랙킹fracking(수압 파쇄법)이라고 할 수 있다. 기존의 재래식 석유 생산은 유정에 파이프를 수직으로 박아 가스의 압력을 이용해 석유를 뽑아올리는 수직 시추 방식을 따른다. 하지만 셰일가스의 경우 가스가 한군데에 몰려 있지 않고 셰일층에 넓게 분포되어 있기 때문에 수직 시추 방식을 사용하기가 불가능하다. 대신 고압의 물을 발사해 균열시킨 셰일층에서 흘러나오는 가스를 추출하는 방식을 사용하는데, 이를 위해서는 파이프를 수킬로미터에 걸쳐 수평으로 설치해야 한다. 이를 가능하게 하는 기술이 프랙킹인데, 현장 경험이 많은 오일맨이자 탁월한 사업가인 조지 미첼의 오랜 집념에 의해 상용화되기에 이르렀다.

셰일가스는 혁명이라는 칭호에 걸맞게 그 영향도 컸지만 동시에 거센 비난도 받았다. 가장 큰 비난은 프랙킹 과정에서 벌어지는 화학약품 혼합으로 인해 환경이 오염된다는 것이다. 또 프랙킹 과정에서 물을 대량으로 이용하기 때문에 지하수의 고갈 역시 피할 수 없는 문제였다. 소위 '물의 전쟁 시대'인 21세기에 이는 셰일가스의 입지를 좁힐 수 있는 중대한 이슈였다.[18] 이외에도 프랙킹 기술 이용을 위한 보조금 문제도 정치 쟁점화되었다. 미국 주 정부는 매년 최소 18억 달러를 기업 보조금과 인센티브, 세금 감면 등으로 지출하고 있다. 루이지애나에서는 프랙킹을 이용한 석유 생산에 2년간 세금 감면 혜택을 주는 법안을 놓고 논란이 되었다. 수직 시추에 비해 비용이 많이 드는 생산 방식에 보조를 해달라는 사업체들의 끊임없는 호소에 주 정부가 경제 활성화를 명분으로 긍정적으로 검토한 결과였다.

그러나 시장에서 단기적으로 나타난 긍정적인 변화는 셰일가스의 부정적인 이미지를 상쇄 완화시키기에 충분했다. 석유 가격, 특히 미국산 석유 가격이 하락한 것이다. 비재래식 석유 개발 이전에는 미국에서 생산되는 WTI(서부 텍사스산 원유)의 가격이 두바이유보다 비쌌지만 북미 지역의 석유 공급이 늘면서 그 관계가 역전되었다. 낮아진 석유 가격에 소비자들은 환영했고, 개발 붐으로 지역 경제에도 보탬이 되었다. 사우스다코타 같은 몇몇 지역에서는 여전히 환경오염을 이유로 프랙킹을 반대했지만 대체적으로 셰일가스는 미국 경제에 보탬이 된다는 의견으로 수렴되었다.

셰일가스 혁명은 미국의 석탄 수출을 증대시켰다. 셰일가스로 기름이 넘쳐나자 석탄 사용이 줄었고, 여기서 남은 석탄은 EU로 수출되었다. 온실가스 감축에 가장 적극적인 EU가 미국으로부터 석탄을 더 많이 수입하게 된 것도 아이러니한 대목이다.

무엇보다도 눈에 띄는 것은 산유국으로서의 미국의 지위 변화였다. 생산량을 보아도 과거의 중동과 미국의 관계가 역전되었다. 셰일가스 개발 덕분에 미국은 최대 산유 지역인 중동을 압박하기 시작했다. 이로 인해 OPEC이 나서야 하는 상황이 되었다. 앞에서 보았듯이 시장점유율에 민감한 사우디아라비아로서는 미국의 등극을 받아들이기 힘들었다. 오일 게임 2회전에 접어들 때가 온 것이다.

오일 게임 2회전, 왕의 귀환

2014년 말부터 시작된 OPEC의 석유 감산 철회 결정과 이로 인한 국제 유가의 하락은 오일 게임이 2회전에 접어든 것을 의미한다. 오일샌드와 셰일가스의 공급 증대는 사우디아라비아가 원치 않는 상황으로 국제 석유 시장의 판도를 바꾸었다. 미국의 1일 석유 생산량은 900만 배럴로 증가했는데, 이는 사우디아라비아의 1,000만 배럴에 바싹 근접한 수치였다.

경제 사정이 좋지 않은 베네수엘라와 이란의 반대를 무릅쓰고 사우디아라비아가 감산 정책을 택하지 않은 이유는, 유가가 오르면 안 그래도 줄어드는 석유 시장에서의 자신들의 입지가 더욱 줄어들까봐 염려했기 때문이다. 이는 오일 게임 1회전에서 OPEC이 시장점유율을 잃지 않기 위해 석유 생산을 늘려 석유 가격 하락을 유도한 것과 일맥상통한 전략이다. 사우디아라비아는 미국뿐 아니라 오일샌드를 생산하는 캐나다, 그리고 러시아, 브라질, 중앙아시아와 아프리카 여러 지역에서 늘고 있는 공급과도 경쟁해야 하는 상황이었다.

　물론 2014년 말의 석유 가격 하락은 복합적인 요인이 동시에 작용한 결과다. 우선 글로벌 경제가 2008년 금융 위기 이후 쉽사리 회복되지 않고 있던 데다 2015년 경제 전망도 디플레이션으로 더욱 어두운 상황이었다. 경제가 어려우면 석유 수요가 줄 것이고, 이러한 전망은 국제 유가의 하락으로 반영되었다. 게다가 미국을 중심으로 한 셰일가스 혁명이 증대시킨 석유 공급은 국제 유가를 더욱 하락시키는 요인이 되었다.

　여기에 대미를 장식한 강타가 OPEC의 감산 철회였다. 중동이 석유 생산을 줄이지 않을 거라는 소식은 시장에서 가격 하락을 더욱 부채질했다. 2014년 6월 110달러를 넘던 석유 가격은 반년 사이에 50달러 선까지 떨어졌다. 이는 유가가 한창 상승하던 시기의 속도보다 훨씬 빨랐다. 날개 없는 추락이었다. 미국과의 오일 게임에서 사우디아라비아는 다이하드Die Hard임을 증명해 보였다.

　미국과 중동 간의 오일 게임에서 국제 유가의 하락으로 당장 피해를 보는 쪽은 미국이다. 보다 정확히 말하면 미국의 셰일가스 시장이다. 경제성을 위해서는 배럴당 70달러 이상이 되어야 하는 셰일가스의 개발이 당장 위축될 수 있다. 에너지 회사도 연신 타격을 입고 있다. 로열더치쉘은 카타르에 짓기로 한 65억 달러 규모의 석유화학 프로젝트를 취소했고, BP는 북해의 생산 시설을 대폭 축소하기로 했다. 하지만 경제성장 측면에서 보면 낮은 유가는 경기 활성화를 위한 아드레날린 같은 면도 있다. 자동차 주유로 평균 3,000달러를 쓰는 미국 시민은 유가 하락으로 약 800달러를 절약할

수 있을 것으로 기대되는데, 이는 2퍼센트의 임금 인상과 맞먹는 규모이다.[19]

저유가가 지속되면 미국보다도 피해를 볼 수 있는 국가가 러시아다. 미국 정부로서는 러시아의 패권이 강화되는 것을 원치 않기 때문에 사우디아라비아를 중심으로 한 오일 게임을 당분간 관망할 가능성이 크다. 그에 비해 1980년대와 1990년대 초에 저유가로 불쾌한 경험을 한 바 있는 러시아는 이를 반복하고 싶지 않을 것이다.

이런 우스개 퀴즈가 유행한 적이 있다. '1991년 소비에트연방이 붕괴되는 데 가장 결정적으로 기여한 것은 무엇인가? ①1980년대에 소비에트연방과 군비 확장 경쟁을 벌인 로널드 레이건 대통령, ②폴란드 출신의 교황 요한 바오로 2세, ③소비에트연방 당 서기 미하일 고르바초프, ④사회주의 체제에 염증을 일으키게 한 KGB, ⑤1980년대의 국제 유가를 낮추는 데 기여한 사우디아람코.'

짐작하겠지만 정답은 ⑤번 사우디아람코다. 낮은 국제 유가는 소비에트연방의 오일머니 수입을 줄어들게 했고, 체제를 유지하기 위한 재정력을 약화시키면서 결국 연방은 해체되었다. 러시아가 또다시 저유가로 과거와 유사한 위기를 맞이할지는 두고 볼 일이다.

여기서 중요한 질문은 국제 유가가 얼마나 오랫동안 낮게 머물 수 있는가 하는 점이다. 당연한 말이지만 저유가 상태가 영원할 수는 없다. 글로벌 경기가 중요 변수로 작용하고 중동 이외 지역의 석유 공급량 조정 역시 결정 변수다. 게다가 석유는 유한한 고갈 자원이기 때문에 한계 생산 비용이 증가한 만큼 유가는 상승하게 된다. 한편 셰일가스 개발 비용을 낮추는 노력도 강화되고 있다. 시장의 가격 시그널을 통해 기술이 얼마나 빨리 발전하는지를 보면 경이로울 때가 많다. 셰일가스와 대체에너지의 복귀 역시 시간문제일 뿐이다.

　단기적으로 보면 OPEC은 한동안 지금의 저유가를 견딜 수 있다. 사우디아라비아의 석유 생산 비용은 낮게는 배럴당 2~3달러이며, 높게 잡아도 10달러 내외에 머문다. 배럴당 40달러와 70달러 이상이 되어야 생산할 수 있는 오일샌드나 셰일가스와 비교하면 중동산 석유는 유가가 50달러 미만인 상황에서도 여전히 가격 경쟁력이 있는 것을 알 수 있다. 물론 장기적으로 오일머니 수입 감소는 중동 국가에 부정적이기 때문에 저유가를 계속 버텨내기는 쉽지 않다. 사우디아라비아를 위시한 중동 산유국은 목표로 삼는 국가 재정 규모가 있으며, 대부분의 국가 재정이 오일머니로 이루어지는 만큼 저유가 상황이 지속되는 것을 원치 않는다. 이를 경제학에서는 '목표 재정 가설target revenue hypothesis'이라는 모델로 설명하는데, 중동의 석유 생산 행위를 설명하는 데 나름 설득력을 갖는다.

　이 모델이 설득력을 갖는 이유는 중동의 석유 공급은 자본주의 사회처럼 이윤 극대화가 아닌 왕정을 유지하기 위한 국가 재정의 확충을 목적으로 이루어지기 때문이다. 중동 산유국은 집권 체제를 잘 유지하기 위한 수준의 국가 재정을 확충하는 것을 최우선 과제로 삼는다. 목표 재정 가설에 의하면 중동 산유국은 필요 이상의 많은 재정 수입은 원치 않는다. 오일머니가 넘쳐나면 결국 시민들의 부가 증대되고, 증대된 부로 여가 생활이 늘어나면 서구식 생활에 젖어들어 민주화에 대한 요구가 증가할 것이라고 우려하기 때문이다. 반대로 오일머니 수입이 과하게 줄어드는 것도 원치 않는다. 권력을 유지하기가 힘들기 때문이다.

최대 산유국인 사우디아라비아는 과거나 지금이나 투표로 선출되는 국회 없이 한 명의 국왕과 몇 명의 왕자에 의해 통치되는 보수적인 왕정 국가다. 18세기 중반부터 지켜온 와하비즘Wahhabism의 엄격하고 차별적인 신앙을 강조해온 사우디아라비아는 서구식 자본주의와 민주주의가 아닌 왕정에 의한 통치 방식을 고수하고 있다. 국가 수입의 90퍼센트 이상, 그리고 전체 수출액의 85퍼센트를 책임지는 석유의 중요성을 볼 때 지금의 저유가 수준이 지속되는 것은 사우디아라비아 역시 원치 않으리라는 것을 알 수 있다. 그러나 사우디아라비아는 이보다 더 중대한 도전에 직면해 있다. 현 시점에서 잘못 구사하는 전략은 국가의 지속적인 존립에 위기를 초래할 수 있다.

일부에서는 저유가를 촉발하는 지금의 오일 게임을 치킨 게임이라고 부르기도 한다. 그러나 이는 사우디아라비아의 정책 생리를 오해해서 생긴 편견이라고 할 수 있다. 치킨 게임은 말 그대로 둘 다 죽을 수도 있는 상황에서 누가 먼저 겁을 먹고 경기를 중단하느냐를 겨루는 경기다. 경기자 모두 소모적으로 바닥을 향하는 경쟁racing to the bottom인 것이다. 그러나 사우디아라비아가 자처한 지금의 오일 게임은 치킨 게임 상황처럼 바닥을 향하는 것이 아니다. 이 경쟁을 피할 수도 없거니와 반전을 기대하며 바닥이 아닌 위로 상승하기 위한 경쟁이기 때문이다. 그 누구보다도 사우디아라비아 스스로 그들 국부의 원천이었던 석유의 운명이 조만간 바뀔 거라는 사실을 잘 알고 있다.

세계적으로 석유 의존도는 갈수록 줄어들 것이다. 석유 매장량이 다했기 때문이 아니라 신재생에너지 같은 대체에너지 개발이 지속될 것이기 때문이다. 유사한 에너지 전환을 우리는 이미 20세기 초의 석탄에서, 그리고 1970년대 오일쇼크에서 경험했다.

지금 당장은 아닐지라도 수십 년에 걸쳐 오일머니 수입이 서서히 마를 것을 예상한다면 여러분이 취할 수 있는 전략은 무엇인가? 가능한 한 지금 생산을 할 만큼 해서 그나마 유리한 가격 조건에서 오일머니를 확보해두는 것이다. 그리고 그 오일머니를 이용해 새로운 국부 창출의 원천을 마련하는 것이 현명한 전략일 것이다.

석유 시장을 중심으로 에너지를 다룬 이 장의 주제는 사실 책 한 권의 분량을 요구하지만 이쯤에서 마무리하고자 한다. 다음 장에서는 더욱 치열해지는 저탄소 경쟁을 전망하도록 하겠다. 고유가는 대체에너지 개발을 촉발시켰다. 석유 시장의 주도권을 둘러싼 게임으로 셰일가스를 포함한 비재래식 석유 개발이 잠시 주춤하게 되었지만 결국 대체에너지 개발과 에너지의 효율 개선을 위한 투자는 확대될 것이다. 특히 미국과 중국 같은 대규모 온실가스 배출 국가의 대체에너지 개발과 탄소 시장에서의 도전적인 행보는 향후 기후변화 협상의 새 라운드를 여는 계기가 될 것이다.

5장

탄소 전쟁의 서막

양국 정상은 2015년 예정된 파리회의에서 국제 기후변화 협상이
확실하게 합의에 도달하도록 하는 데 합의하며,
청정에너지, 환경보호와 기타 영역에서 구체적 협력을 강화하도록 한다.
_ 시진핑, 2014년 11월, 미·중 정상 발표에서

글로벌 에너지 시스템은 석유와 석탄을 기반으로 한 모형에서
청정 저탄소 에너지 시스템으로 전환될 것이다.
_ 로열더치쉘, 2015년 여름

기후변화 전략은 경제적인 여건에 따라 때로는 냉소적으로 때로는
우호적으로 바뀌곤 한다. 온실가스 배출을 줄이는 것이 경제적으
로 이롭다고 판단하는 순간 해당 국가는 강력한 감축 목표를 국제
사회에 요구한다. 그리고 그 당사국이 세계 온실가스 배출의 절반
을 차지하는 미국과 중국이라면 더더욱 긴장해야 한다. 이미 우리
는 유사한 경험을 몬트리올의정서에서 경험한 바 있다. 미리 기후
변화와 온실가스 감축을 위해 내실 있는 준비를 하지 않으면 안 되
는 이유다.

최근의 셰일가스 혁명은 미국의 기후변화 정책에 많은 영향을
끼쳤다. 셰일가스 혁명의 본고장인 미국은 비교적 여유롭게 온실가

스 배출을 줄일 수 있는 위치에 서게 되었고, 이는 온실가스 감축에 대한 보다 자신감 있는 목표를 수립할 수 있게 했다. 온실가스 감축을 위한 기술과 경제적인 인프라 역시 차근차근 갖춰나가고 있다. 그동안 기후변화 협상에서 미적거렸던 중국도 바뀌고 있다. 신재생에너지 분야에서 글로벌 강자로 급부상했으며 화석연료 의존도를 낮추는 다양한 정책과 탄소 시장 개척에도 적극 나서고 있다.

미국의 변화

2003년 여름 러시아의 블라디미르 푸틴 대통령은 "러시아는 북쪽에 위치하기 때문에 (지구온난화로) 온도가 상승한다 해도 그리 나쁠 것은 없다. 털 코트 안에서 보내는 시간이 줄 것이다"라며 기후변화에 대해 냉소적인 태도를 보였다.[1] 하지만 2010년의 혹서를 경험하며 푸틴의 후계자인 드미트리 메드베데프 대통령은 "날씨가 비정상적으로 뜨겁다. (…) 기후에 전반적인 변화를 가져다줄 수 있는 더욱 적극적인 자세가 필요하다"면서 기후변화에 대한 러시아의 관점을 일부 수정했다.[2]

러시아의 변덕만 탓할 일이 아니다. 세계 어느 나라도 기후변화에 대해 선한 사마리아인을 자처하지는 않을 것이다. 국가 간, 기업 간 이해득실을 따질 것이며 그 계산에서 잠재적 승자가 먼저 행동에 나설 것이다. 지금의 미국이나 중국도 마찬가지다.

현재 교토의정서에는 온실가스 최대 배출국인 미국과 중국이 빠져 있다. 하지만 이들 국가는 자국의 경제적 이해득실을 따져 준비가 되었다고 판단할 즈음 교토의정서에 준하는 강제적 온실가스 감축을 선언할 것이다. 이미 그러한 방향으로 조금씩 진전되고 있다. 2014년 11월 미국과 중국의 정상회담에서 양국이 온실가스 배출을 줄이기로 합의한 것이 바로 그 예다. 셰일가스 덕분에 비교적 손쉬운 방법으로 온실가스 배출을 줄이는 데 성공한 미국은 2025년까지 2005년 수준의 26~28퍼센트까지 온실가스를 감축하기로 한 야심찬 목표를 발표했다. 이에 중국은 온실가스 감축 목표가 여전히 애매모호하긴 하지만 2030년까지 비화석연료의 비중을 약 20퍼센트까지 증대시킬 거라는 계획으로 호응하고 있다.

2014년 10월 발표된 백악관 보고서는 기후변화에 부정적이던 과거 부시 행정부와는 확연히 다른 미국 정부의 전략적 변화를 단적으로 보여준다. 기후변화로 피해를 입을 수 있는 연방 정부의 시설이나 조직 등의 문제점을 지적하고 대응 전략을 제시한 1,000쪽 넘는 분량의 보고서에서 38개 연방 정부 기관은 한결같은 목소리를 냈다. 36만 채의 건물과 65만 대의 자동차를 보유하고, 에너지 비용으로 매년 250억 달러를 지출하는 연방 정부 기관이 기후변화 위험에 어떻게 노출되어 있는지, 온실가스 배출은 어떻게 줄여나갈 것인지에 대한 전략을 담은 보고서였다. 환경문제에 민감한 오바마 행정부의 작품이라 그리 놀랄 뉴스는 아니라고 여길지 몰라도 이는 앞으로 있을 보다 큰 변화의 전조일 수 있다.

IPCC 제5차 보고서는 온실가스 배출을 감소하는 과제는 이제 선택 사항이 아니라 우리의 의무라는 것을 누이 강조하고 있는데, 백악관은 이를 글로벌 공동체가 신속하게 대응해야 할 메시지라고 적극 환영했다.[3] 이어 오바마 대통령은 행정명령을 통해 에너지 산업에서 배출되는 메탄을 2025년까지 2012년 수준의 45퍼센트까지 감축하는 계획을 발표했다(메탄은 미국이 배출하는 온실가스의 약 9퍼센트를 차지한다).

이 같은 미국의 기후변화 정책의 변화는 기후변화 문제를 바라보는 근본적인 관점이 바뀌어서라기보다는 온실가스 감축에 대한 자신감의 결과로 해석할 수 있다. 자신감의 근원에는 셰일가스, 천연가스와 풍력, 태양광 같은 대체에너지가 자리 잡고 있다. 2035년까지 신재생에너지를 80퍼센트까지 확대하겠다는 오바마의 2011년 발표는 사실 청정에너지에 천연가스를 포함했기 때문에 가능한 일이었다. 미국의 글로벌 연구 기관인 WRI^{World Resources Institute}는 현존하거나 현재 도입이 확정된 에너지 정책만으로도 오바마 행정부가 발표한 온실가스 감축 목표를 상당 부분 달성할 수 있을 것으로 보는데, 그 배경에는 화력발전에서 배출되는 온실가스를 줄이기 위해 도입한 청정발전법^{Clean Power Plan}이 있다. 청정발전법은 일견 도전적인 정책으로 보이지만 사실 미국의 상당수 주가 오랜 기간 청정에너지로 전환하는 노력을 기울여왔다는 점에서 충분히 달성 가능한 목표라는 것이 지배적인 시각이다. 이미 7개 주에서 온실가스 배출에 총량을 설정했고, 28개 주에서 신재생에너지 발전을 의무화하는 신재생에너지공급의무화제도^{RPS, Renewable Portfolio Standard}를 도입한 지 오래다. 따라서 청정발전법의 시행과 동시에 이미 목표의 절반을 달성했다는 견해도 있다. 게다가 청정발전법의 편익을 들여다보면 그 규모가 상당하다. 미 환경보호청은 청정발전법의 이행 비용은 70~90억 달러인 데 비해 대기오염 물질로 인한 조기 사망,

심장병과 천식 질환, 병원 치료에 따르는 사회적 비용을 감소하는 데서 발생하는 편익의 규모를 250~620억 달러로 추산하고 있다.

　기후변화에 대응하는 이 같은 일련의 전략적 변화를 두고 미국 내에서는 2015년 12월에 예정된 파리 기후변화협약 당사국총회에서 미국이 협상을 주도하는 모멘텀을 확보할 수 있을 것으로 기대하는 분위기다. 뉴욕대학교 리처드 레베스즈 교수는 『크리스천사이언스』와의 인터뷰에서 "미국이 5년 전에 비해 기후변화 이슈를 더욱 심각하게 받아들이고 있다는 사실은 다른 국가들도 마찬가지로 심각하게 받아들여야 하는 것을 의미한다"고 피력했다.[4] 우리 역시 심각하게 받아들여야 할 때다.

중국의 부상

그동안 온실가스 감축 협상에서 무임승차 전략으로 일관하던 중국이 기후변화에 적극적인 자세로 바뀐 것을 보고 놀랍고 의아하게 생각할 수도 있을 것이다. 하지만 중국은 이미 오래전부터 나름대로 차근차근 준비해왔다. 세계의 공장인 중국의 온실가스 배출은 지구에서 가장 빠른 속도로 증가했다. 하지만 증가하는 온실가스 배출에 비례해 중국의 기후변화 대응 역량도 약화되었다고 생각하면 이는 오산이다. 중국은 오히려 신재생에너지 강국으로 급부상하고 있다.

　3, 4년 전, 국제에너지기구[IEA] 회합에 참여했을 때의 일이다. 세계 풍력발전 시장 동향에 관해 발표하던 유럽의 한 대표는 중국의 성장 속도에 놀라워했다. 불과 5년 전만 하더라도 글로벌 풍력발전

시장 7대 기업 리스트에 단 하나도 없던 중국이 2011년 시노벨, 골드윈드 등 4개 회사 이름을 한꺼번에 올려놓은 것이다. 중국이 자국의 신재생에너지 시장을 바탕으로 물량 공세를 펼친 결과라고 말할 수도 있겠지만 이는 속 편하자고 내세우는 변명일 뿐이다.

역사는 하루아침에 이루어진 것이 아니었다. 예를 들면 글로벌 풍력발전 시장의 강자로 부상하고 있는 골드윈드는 오늘날의 기술 강국 중국을 있게 한 이른바 863프로그램이 배출한 회사 가운데 하나다. 중국의 스푸트니크 계획이라고 불리는 863프로그램은 1986년 3월 중국의 최고 무기 개발 과학자 네 명이 덩샤오핑에게 보낸 서한에서 출발했다. 이들은 중국이 새로운 기술혁명을 달성하기 위해서는 에너지와 바이오기술 그리고 우주과학에 이르기까지 엘리트를 중심으로 한 기술 투자가 꾸준히 있어야 한다고 충고했다. 베이징에서 조금 떨어진 연구 단지인 E-Town에 공장과 실험실을 갖춘 골드윈드에 가보면 낮 시간에 축구 게임을 하거나 연구 센터 내부 벽면에 설치된 인공 암벽을 오르는 등의 자유분방한 분위기를 확인할 수 있다. 마치 실리콘밸리의 연구 환경을 연상케 하는 모습이다. 이는 물론 863프로그램 이후 기술자들의 혁신적인 성과를 이끌어내기 위한 여러 노력 중 표면적으로 드러난 일부일 뿐이다.

전력 시장에 오랫동안 몸담은 우리나라 한 관계자가 농담 삼아 한 말에 의하면, 중국에서는 풍력발전기의 고장률이 높아 80대의 발전기를 만들어야 할 경우 미리 100대 이상을 만든다고 한다. 이는 웃을 일이 아니다. '1만 시간의 법칙'이 괜히 있는 이야기가 아니듯 뭐든지 해본 사람, 그것도 많이 해본 사람이 나중에 더 잘할 가능성이 높다. 우리가 여유 있게 웃고 있는 사이 중국은 기술 측면에서도 이미 풍력이나 태양광 시장에서 글로벌 강자가 되었다. 신재생에너지 분야에서 우리 기업이 설 수 있는 자리는 갈수록 줄고 있다.

제도적인 측면을 봐도 마찬가지다. 다음 장에서 상세히 다루겠지만 배출권 거래제는 배출권('배출할 수 있는 권리'를 말한다)을 주식처럼 시장에서 거래하는 제도다. 가장 자본주의적인 환경 규제 수단인 이 배출권 거래제가 사회주의국가인 중국에서 이미 시행되고 있다. 2011년 중국 정부가 배출권 거래제의 시행을 발표했을 때만 해도 실제 시행을 두고 의문이 많았다. 중국의 경제 기획을 총괄하는 국가발전개혁위원회^{NDRC}와 주요 대학의 인사 몇 명에게 중국이 배출권 거래제를 진짜로 도입할 것인지 물어보았을 때도 대답은 제각각이었다. 당시만 하더라도 중국의 배출권 거래제 이행 여부를 알아보는 노력은 눈 감고 코끼리 더듬는 격이었다.

그러던 2013년 말, 중국의 배출권 거래제 전문가들과 유럽에서 회합을 가질 기회가 생겼다. 그리고 알게 된 사실. 이들은 이미 중앙정부와 지방정부를 도와 배출권 거래제의 세부 내용까지 설계하고 있었다. 불과 몇 개월 전까지만 하더라도 정책적으로 불확실하던 상황이었는데 어느덧 세부적인 시행 방안을 두고 논의하고 있었던 것이다. 배출권 거래제 도입 논의를 우리나라보다 훨씬 늦게 시작한 중국에서 이처럼 빠른 속도로 논의가 진전된 배경에는 사회주의의 하향식 지휘 체계에서 중앙당의 의지가 일사불란하게 반영된 이유도 있다. 하지만 그 이유야 어쨌든 지금 우리가 주목해야 하는 것은 이미 중국은 광동성과 후베이성 그리고 베이징, 톈진, 상하이, 충칭, 선전 등 7개 지역에서 배출권 거래제를 시행하고 있다는 점이다. 배출권 거래제를 비판하는 우리나라의 일부 기관이나 기업은 중국에서 벌어지는 일이 단지 시범 사업일 뿐이라며 애써 평가절하하려 하지만 실상 그 규모나 진행 속도는 우리 예상을 앞지르고 있다. 이들 지역의 전체 인구는 2억 6,000만 명이며 2010년 기준으로 1.8조 달러의 경제 규모를 갖고 있다. 세계 주요 시장에서 중국의 탄소 시장 거래 동향을 매일같이 예의주시하는 것은 두말할 필요도 없다.

중국의 변화에는 환경과 경제라는 두 가지 목표를 동시에 달성하겠다는 의지와 야심이 반영되어 있다. 해마다 수만 명이 미세 먼지로 조기 사망의 위험에 직면해 있는 중국에서 기후변화나 대기오염 문제를 도외시하는 것은 현실적인 조치가 아닐 것이다. 배출권 거래 제도나 탄소 시장에 중국이 다른 개도국보다 선제적으로 나선 데는 온실가스 감축 노력을 기울이는 환경 모범 국가로서의 변신을 추구하겠다는 목표가 있다. 아울러 우리가 간과하지 말아야 하는 것은 현재 전 세계 CDM 사업의 거의 절반을 차지하는 중국이 CDM 거래 시장에서 리더십을 확보하겠다는 야심도 작용했다는 점이다.

물론 중국의 배출권 거래제는 적정 탄소 비용의 반영이나 합리적인 시장 설계를 위해 개선해야 할 점들이 여전히 많다. 예를 들어 지금 거래되는 배출권은 지역마다 가격이 너무 달라 전국적인 규모의 배출권 거래제 시행에 걸림돌이 되고 있다. 국가의 계획 경제 범위 내에서 배출권 거래가 이루어지는 사회주의 시장의 태생적 특성으로 인해 가격의 투명성을 어떻게 달성하는가(특히 국제시장에서 거래될 수 있을 정도로 신뢰성을 확보할 수 있는 수준까지 달성할 수 있는가) 역시 해결 과제다. 미미한 거래 실적도 개선되어야 한다. 시범 사업 첫 1년간 거래 실적이 약 10억 위안(1억 6,000만 달러)에 그친 것으로 보고 있는데, 이는 대부분의 할당 대상 업체가 배출권 이행 연도의 청산 시기 막바지까지 배출권을 보유할 뿐 적극적으로 거래에 참여하지 않아서이다. 사업 초기의 거래 실적 부진은 이미 다른 국가나 지역에서도 대부분 경험한 어느 정도 예상한 일이지만 개선해야 할 과제인 것은 분명하다.

중국은 현재의 부족함을 인정하고 시행착오를 거친 학습을 통해 탄소 시장에서 계속 진일보할 것을 다짐하고 있다. 이미 중앙에서 발표한 대로 전국적인 규모의 배출권 거래제를 시행하는 2020년 이전에는 이러한 문제점에 대해 나름의 해결책을 마련할 것이다.[5] 또한 EU와의 배출권 시장 연계를 통해 시장을 확대하는 방안도 지속적으로 추진하고 있다. 제도의 순기능을 확대하기 위한 이 같은 고민 과정은 정부의 의사 결정에서 빼놓을 수 없는 교훈으로 남을 것이다.

사회주의국가인 중국은 에너지 상품 거래에서도 우리를 앞서가는 측면이 있다. 1998년에 설립된 상하이선물거래소Shanghai Futures Exchange에서는 석유와 금뿐 아니라 철, 구리, 알루미늄 등의 상품 선물을 거래하고 있다. 뒤에서 보다 자세히 살펴보겠지만 상품 시장에서의 경험은 배출권 거래제를 성공적으로 시행하는 데 중요한 기반이 된다.

여전히 중국 경제는 석탄과 석유 같은 화석연료에 크게 의존하고 있고 원자력의 안전성 등 당면 과제가 산적해 있다. 그러나 차세대 기술에 선택과 집중을 하는 중국의 전략은 탁월하다. 자동차의 경우 중국은 내연기관 자동차에 더 이상 연연하지 않기로 했다. 곧바로 하이브리드와 전기차의 기술 개발로 직행했으며 우리나라보다 일찍 친환경차 구입에 정부 보조금을 지급하고 있다. 이러한 전략에는 환경과 경제를 동시에 살리겠다는 의지가 반영되어 있다.

연착륙을 위해 주어진 짧은 시간

한동안 "미국이나 중국도 배출권 거래제를 시행하지 않는데 우리가 앞장서서 시행할 필요 있나요?"라는 질문을 종종 받았다. 하지만 이 질문의 전제는 절반은 맞고 절반은 틀렸다. 우선 미국과 중국은 중앙정부가 직접 시행하는 국가 단위의 온실가스 배출권 거래제가 없다는 점에서 맞다고 할 수 있다. 하지만 동시에 국가 단위에서는 아니더라도 미국과 중국의 상당수 지역에서 이미 배출권 거래제가 시행되고 있다는 점에서는 틀린 질문이기도 하다.

미국은 동부, 특히 동북부 대부분의 주와 캘리포니아를 중심으로 한 서부 지역의 주에서 온실가스 배출권 거래제를 매우 엄격하게 시행하고 있다. 경제적으로 비교적 여유가 없거나 대기오염 물질을 대량 배출하는 산업체가 집중되지 않은 중부와 남부의 주들을 제외하면 사실상 미국 전역에서 배출권 거래제를 시행하고 있는 셈이다. 또한 온실가스 배출권 거래제의 전신인 SO_2 배출권 거래제는 이미 1995년부터 전국 규모로 시행되고 있으며, 배출권 외에 석유, 금속, 전력, 심지어 날씨까지도 포함한 다양한 파생상품의 거래 경험을 갖고 있다. 시카고상품거래소에서 세운 시카고기후거래소에서는 매일같이 미국, 브라질, 중국, 캐나다, 코스타리카, 인도 등에서 수행되는 다양한 사업에서 발행된 탄소 배출권이 거래되고 있다. 이러한 경험은 미국이 중앙정부 차원에서 강제적으로 온실가스 감축을 시행하고 국제적으로 기후변화 리더십을 확보하려고 할 때 언제든지 실무 현장에 투입될 수 있는 또 다른 중요한 인프라다.

중국의 경우에도 앞서 이야기한 바와 같이 경제적으로 규모가 큰 지역에서 이미 배출권 거래제가 시행되고 있다. 지금의 배출권 거래제는 비록 전국 단위의 배출권 거래제를 준비하기 위한 시범사업의 성격이 크지만 그 규모만큼은 중국이라는 나라에 걸맞게 웬만한 국가 수준이다.

그럼 절반은 맞고 절반은 틀린 이런 상황을 우리는 어떻게 바라봐야 하는가? 우리가 취할 수 있는 전략은 무엇인가? 우리가 국가 단위의 거래제는 아직 시행하지 않고 있다는 상황에 집착하며 자위하는 사이 미국은 내부적으로 거의 모든 단계를 거쳤고 중국은 아직 초기지만 전방위적인 전략을 구사하고 있다. 미국과 중국은 2014년 정상회담을 통해 기후변화에서 글로벌 리더의 두 축으로 나설 것을 합의했으며, 이제 그 합의의 단계를 넘어 보다 실질적이면서도 적극적인 행동에 나서고 있다.

온실가스 배출을 줄이고 에너지 포트폴리오를 다변화하는 것은 이제 모든 국가의 과제다. 하물며 석유 수출국인 사우디아라비아조차도 이 도전을 피할 수 없다는 사실을 이미 이야기한 바 있다.

오일샌드의 본고장인 캐나다 앨버타도 탄소 가격을 실현하기로 결의해 이미 톤당 15달러의 세금을 부과하고 있으며, 2017년에는 30달러까지 인상할 방침이다.

무엇보다도 눈에 띄는 것은 그동안 기후변화에 보수적이었던 기업들의 최근 행보다. 자동차 연비 향상, 무인 자동차와 연료 전지 기술 개발 등에 집중하는 자동차 회사나 구글 같은 IT 기업의 이야기가 아니다. 메이저 석유 회사들까지 기후변화의 위기를 인정하고 나섰다. 그동안 국제사회에서 이들 기업이 공개적으로 온실가스 감축 정책을 환영한 적은 없다. 하지만 이미 자체적으로는 탄소 비용을 계산해 회사의 장기 투자 의사 결정에 반영하고 있었다. 내부적으로 비용 편익을 분석할 때 엑슨모빌은 탄소톤당 60달러, BP는 40달러를 탄소 비용으로 반영하고 있다. 2015년 6월 오스트리아 빈에서 열린 석유 지도자 회의에서 로열더치쉘, 토털, BP, 스탯오일Statoil 등 유럽계 메이저 석유 회사들은 석유와 석탄에서 벗어나 저탄소 시스템으로 전환할 필요성을 주장하면서 "천연가스와 신재생에너지가 상당한 몫을 담당할 것이며, 탄소 포집 저장이 핵심 역할을 할 것이다"고 했다. 이들은 배출권 거래제나 탄소세가 "기술 투자를 촉진하는 효율적이면서도 효과적인 방법이고 지구온난화를 야기하는 온실가스 배출을 줄일 수 있는 방법"이라며 제도의 도입을 공개적으로 지지하고 나섰다. 그 깊은 속내야 어쨌든 이제 메이저 석유 회사들도 부인하는 것만으로는 기후변화의 도전을 피할 수 없다는 것을 깨닫고 저탄소 경쟁에 돌입한 모습이다.

석유 가격이 100달러, 200달러로 치솟거나 석유가 고갈되기 때문에 대체에너지 개발에 나서야 하는 것이 아니다. 현재의 기술이 이미 온실가스를 덜 배출하는 방향으로 나아가고 있기 때문에 우리 역시 저탄소 경쟁에 보다 적극적으로 나서야 한다. 지난 10년 이래 가장 낮은 수준으로 하락한 유가로 인해 셰일가스가 어느 정도 타격을 받은 것은 사실이다. 하지만 유가가 반토막 나기 시작한 2014년 12월 이후로도 반년 사이에만 셰일가스에는 무려 350억 달러가 더 투자되었다. 이는 결국 생산 단가를 낮추는 기술 개발로 이어져 셰일가스의 생산은 계속 확대될 것이다. 국제에너지기구^{IEA}나 여타 국제 투자 자문사들은 태양광, 풍력 등 신재생에너지 역시 2020년을 기점으로 공급 역량이 확대될 것이라고 보고 있다.

결국 다양한 에너지의 개발과 에너지 효율을 높이는 과정을 거쳐 온실가스 감축 역량을 먼저 확보한 쪽에서 온실가스 감축을 강력하게 주장하고 나설 것이다. 우린 지금의 저유가로 잠깐 시간을 벌었을 뿐이다. 그럼 저탄소 경제로 어떻게 이행할 수 있을까? 그 대답은 바로 탄소 가격의 실현에 있다. 탄소에 가격을 매기는 이른바 카본 프라이싱$^{Carbon\ Pricing}$은 이제 하나의 글로벌 추세다. 그 형태가 배출권 거래제든 세금의 형태든 탄소 가격을 실현하는 것은 온실가스 배출을 줄이고 환경 투자를 촉진하는 데 중추적인 수단으로 자리매김하고 있다.

다음 장부터는 탄소 가격의 정체에 대해, 그리고 공정한 탄소 가격의 실현을 위해 무엇을 어떻게 준비해야 하는지에 대해 하나씩 살펴볼 것이다.

6장

탄소 가격의 실현

실제 환경 비용을 정확하게 반영하면서도
예측이 가능한 탄소 가격을 달성하는 것이 온실가스 배출을
줄일 수 있는 핵심 열쇠다.

_김용, 세계은행 총재, 『워싱턴포스트』 2013년 1월 24일

온실가스 배출 같은 환경문제는 대표적인 시장의 실패 사례로 인용된다. 이 문제를 결자해지 차원에서 시장이 해결하도록 하는 방식, 이것이 바로 탄소 가격을 이해하는 첫걸음이다.

탄소 가격의 실현에는 비용만 있는 것이 아니다. 온실가스를 많이 감축한 경우 그만큼의 혜택도 주어진다. 따라서 탄소 가격의 실현은 환경 투자의 동기를 제고하는 효과를 갖는다. 이 목표를 가장 비용 효과적으로 달성할 수 있는 제도가 배출권 거래제다. 이 장에서는 저탄소 경제의 첫 관문으로서 탄소 가격을 실현하는 제도인 배출권 거래제의 태동 배경부터 차근히 살펴볼 것이다.

비시장 제도의 한계

배출권 거래제나 환경세처럼 탄소 비용을 부과하는 제도는 시장 중심의 메커니즘으로 분류된다. 탄소 비용이 시장에 반영되어 수요자와 공급자가 행동을 수정하도록 간접적으로 유도하기 때문에 간접 규제 제도라고도 한다. 온실가스 감축을 위해 왜 시장 중심 제도가 필요한지는 시장 제도와 비교되는 제도적 접근 방식의 한계를 살펴보면 알 수 있다.

제도적 접근 방식은 개인과 집단이 사회적 문제를 해결하기 위한 질서와 협력의 제도를 어떻게 형성하는지에 관심을 갖는다. 여성으로서 최초이자 현재로서는 유일하게 노벨 경제학상을 수상한 엘리너 오스트롬은 신제도주의 관점에서 생태계 문제를 해결하고자 했다. 그녀는 공동체가 직면한 자원의 남용이나 환경 파괴 문제를 당사자인 공동체가 가장 잘 해결할 수 있으며 하향식top-down의 중앙 접근 방식으로는 한계가 있다고 역설했다. 기후변화 문제에 대해서도 그녀는 동일한 관점으로 접근하는데, 즉 지방, 지역이나 국가의 다양한 수준에서 이해관계자들이 자발적으로 주도해서 문제를 해결하는 이른바 다중심주의 접근polycentric approach을 취하고 있다.

자원이나 환경문제를 바라보는 오스트롬 교수의 주장은 우리나라의 송전탑 문제나 미국의 키스톤 파이프라인 건설 등 지역과 연관된 현안에 중요한 시사점을 제공한다. 그러나 기후변화처럼 그 영향이 전 지구적이면서 이해관계자도 무수한 문제에 대해서는 그녀가 제시하는 해결책이 과연 효과적일지 의문이다.

오스트롬의 역작 『공유의 비극을 넘어』의 내용을 한번 살펴보

자. 이 책은 시장이라는 해결책이 가진 한계점을 지적하고, 공동체가 공공재 문제의 적극적인 해결 주체가 될 수 있음을 주장하기 위해 그녀와 그녀 제자들이 발굴한 사례를 소개하고 있다. 첫 번째 사례는 스위스 북부 발레스 주 비스페르탈 협곡 지대에 위치한 퇴르벨 부락이다. 이 지역은 고산 지대 목초지의 공동 소유를 둘러싼 문제로 오랜 세월 갈등을 겪었다. 이해관계 그룹의 규모는 약 600여 명이며, 이 부락의 주민들은 최소 500년 이상 사유재와 공유재 형태로 토지를 이용한 뒤 보다 잘 활용하기 위해 특정 형태의 토지 소유 제도를 발달시켜왔다.

또 다른 사례로는 스페인의 우에르타 관개 제도를 소개하고 있다. 발렌시아 지방의 베나르체와 팡타나르 수로를 둘러싼 공공재 이용 문제다. 이 수로를 이용하던 84명의 관개인들은 공식적인 규약을 채택했는데, 최소 550년 이상 계속해서 규칙을 만들고, 개선시키고, 발전시켜온 결과였다.

로스앤젤레스의 지하수 게임은 비교적 최근의 사례다. 1900년대 초부터 지하수 이용권을 둘러싼 공방이 있었고, 오랜 시간에 걸쳐 환경영향평가와 조사, 소송이 진행되었으며, 1944년 12월 법원의 최종 판결로 결국 해결되었다. 소송에 연루된 당사자는 32명이었다.

위의 예에서 보듯이 이해관계자의 수는 수십 명에서 수백 명에 불과하지만 그 적은 수의 이해관계자만으로도 문제를 해결하는 데 짧게는 수십 년, 길게는 수백 년이 걸렸다(지금 이 글을 쓰고 있는 나도 미국에서 한 승용차가 추돌한 사고 때문에 소송 중인데, 단 두 명의 당사자를 두고도 이미 반년이 넘는 시간이 흘렀다. 존 그리샴은 자신의 소설에서 '비효율은 변호사의 신'이라고 했다). 하물며 무수히 많은 기업과 국가, 지역의 이해관계가 얽혀 있으며 무임승차 문제가 현저한 기후변화 이슈에서는 제도주의적인 접근 방식만으로는 시의적절하게 유의미한 행동을 이끌어내기 힘들다.

근본주의의 한계

기후변화에 도덕적인 책임을 갖고 근본적으로 우리의 생각을 바꿔야 한다는 주장도 있다. 이와 같이 근본주의적 관점에서 바라보는 대표적인 논객 중의 한 명이 조지타운대학교의 환경법학자 리사 하인절링이다. 그녀는 기후변화의 피해가 이미 시작되었기 때문에 우리가 예방 원칙을 이야기하는 것은 이미 시기적으로 늦었으며, 더 극단적인 피해를 막기 위해서는 우리의 도덕성을 회복하고 지금부터 기후변화 위기의 사후 관리에 집중해야 한다고 주장한다. 하지만 그녀의 글은 세련되고 웅변적인 데 비해 현실적인 해결책에 대해서는 뚜렷한 답을 제시하지 못하고 있다. 기후변화의 사후 관리를 위한 정책은 무엇이고, 신재생에너지로 전환하는 데 소요되는 비용은 어떻게 조달할 것이며, 에너지 공급의 안정성은 어떻게 확보할 것인지 등에 대한 답까지는 아니어도 좋다. 우리가 어떻게 도덕성을 회복할 것인가에 대해서도 그녀는 뚜렷한 해답을 제시하지 않는다.

이처럼 도덕성에 호소하는 것은 인류가 직면한 수많은 문제점을 고발하는 것만큼의 설득력 있는 해결책을 제시하지 못한다는 점에서 한계가 있다. 사실 우리 인류가 도덕성을 회복할 수 있다면 비단 기후변화뿐만 아니라 질병, 빈곤, 인권 침해, 교육, 글로벌 소득 재분배 등 해결하지 못할 문제가 어디 있겠는가?

리사 하인절링이 프랭크 애커먼과 함께 작업한 『프라이스리스 Priceless』도 비슷한 한계를 가지고 있다. 이 책은 환경 가치나 인간의 생명 가치를 금액으로 환산하려는 환경경제학자들의 시도와 관련된 여러 '불편한 진실'을 소개하면서 경제학의 방법론을 적나라하게 비판한다. 글을 읽다보면 수긍이 가는 대목도 많고 문제점을 지적한 부분도 상당 부분 타당하다. 사실 경제학자들도 오랜 세월 해결하려고 고민하는 문제다. 하지만 하인절링이나 애커먼의 한계는 지금의 방법론상의 문제점을 극복할 수 있는 대안에 대해 원론적인 입장만 견지할 뿐이라는 것이다. 환경이나 생태, 생명의 가치는 금액으로 환산할 수 있는 것이 아니라는 도덕적 관점 외에 그 대안은 무엇인지에 대한 설명이 없다. 지금의 방법론을 택하지 않는다면 환경 보전을 위해 투입할 정부 재정 규모는 어떤 기준에 의해서 결정되는 것이 합리적일까? 국민이 부담해야 하는 세금은 얼마가 적절한가? 오염 물질의 배출이 건강과 생명에 미치는 피해 규모를 알아야 배출 기업에 부과금이나 세금을 매길 수 있다. 하지만 이들의 말대로 인간의 생명을 통계적 가치로 계산할 수 없다면 어떤 대안이 있는가? 저자들은 이런 질문들에 대해서는 대답을 회피한 채 가치를 매길 수 없는 너무도 소중한 것의 가치를 계산하려는 방법론이 도덕적으로 옳지 않다고만 주장한다.

근본주의적 관점에서 인간의 도덕성에 호소하는 것은 틀린 의

견은 아니지만 현실적이지 못하다. 당연한 말이기에 심정적으로 받아들이기는 쉬워도 구체적인 실천 방안이 없기 때문이다. 심지어 생태계 보존을 위해 때로 극단적인 처방을 내리기도 하는 케네스 볼딩조차도 도덕성에 호소하는 주장을 '공유의 비극tragedy of the commons'에 빗대어 '근본주의의 비극tragedy of the radical'이라고 비판한다. 어떤 일이나 사실에 대해 매우 타당한 비판이라도 대안이 없는 비판은 별 쓸모가 없다는 의미다.[1]

반면 제도주의적 접근 방식이나 근본주의적 접근 방식에 비해 배출권 거래제 같은 정책은 기본적으로 시장 제도를 통해 적절히 탄소 비용을 부과함으로써 저탄소 경제를 이루겠다는 원칙과 방법론을 갖고 있다. 물론 배출권 거래제도 인간이 만드는 제도이기 때문에 어떻게 설계하느냐에 따라 기대했던 효과를 달성하기도 하고 기대에 미치지 못할 수도 있다. 이 부분에 대해서는 7장에서 살펴보기로 하고 우선 배출권 거래제의 장점과 기본 개념부터 알아보도록 하자.

외부효과의 내부화

시장 중심의 제도에서 기업은 탄소 비용을 계산해 온실가스를 직접 감축하는 게 나은지 탄소 비용을 내고 온실가스를 배출하는 게 나은지 판단한 뒤 둘 중 하나를 선택한다. 시장에서 형성되는 탄소 비용 정보를 반영해 최선의 감축 전략을 결정하는 것이다.

시장 제도와 대별되는 방식이 직접 규제 정책인데, 정부가 온실가스의 배출 기준을 정하고 대상 사업장의 배출량을 직접 관리 감독하는 방식이다(우리나라의 온실가스·에너지 목표 관리제가 직접 규제 방식에 해당된다). 예전에 수도권의 한 공단을 방문한 적이 있다. 수천 개의 사업장에서 배출하는 대기오염 물질이나 수질오염 물질을 불과 몇 명의 인원이 단속하고 있었다. 수많은 사업장을 일일이 방문하고 이를 단속하기 위해서는 상당한 행정 비용이 들 뿐만 아니라 규제에 따르는 사회적 불편 비용도 많이 발생한다. 시장 제도 중심으로 운영되는 탄소세나 배출권 거래제의 도입 논의는 이러한 직접 규제 방식의 과다한 비용 문제를 극복하기 위해 시작되었다.

환경에 피해를 미치는 오염 물질은 원래 시장에서 관찰되는 성질의 재화가 아니기 때문에 시장에서 환경 피해 비용이 적절히 매겨지지 않는다. 따라서 경제학에서는 시장 밖의 일이란 점을 들어 이를 외부효과exteranlity라는 용어로 부른다. 윌리엄 노드하우스는 지구온난화에 대해 특별히 "가시밭길같이 고통스러운 외부효과"라고 부른다.

오염 물질을 배출해도 그에 상응한 비용을 부담하지 않는다면 애덤 스미스가 말한 '보이지 않는 손'에 의해 시장에서 오염 물질을 줄일 수 있는 방법이 없는 셈이다. 그래서 외부효과를 가진 오염 물질을 시장에 내부화하는 작업이 필요한데, 이를 달성하는 수단으로 처음 제안된 것이 환경세다(환경세를 처음 제창한 아서 피구를 따라 피구세稅라고도 한다. 사실 외부효과를 내부화하는 세금 개념의 원조는 『진보와 빈곤』으로 유명한 헨리 조지라고 할 수 있다. 자본에 부과하는 세금을 줄이고 토지에서 발생하는 불로소득에 세금을 중과하자는 그의 토지 가치세Land value tax 주장이 유달리 우리나라에서는 사회주의적 발상으로 적대적 대접을 받는 것이 아이러니하다. 시장주의자인 그레고리 맨큐조차도 자유무역을 옹호하는 헨리 조지를 추켜세운다). 배출권 거래제 역시 탄소 배출권의 가격을 통해 외부효과를 내부화한다는 점에서 환경세의 취지와 동일하다. 즉 시장이 해결하지 못했던 환경오염 문제라는 외부효과를 다시 시장을 통해 내부화하자는 결자해지의 수단인 셈이다. 하지만 뒤에서 살펴보겠지만 배출권 거래제는 그렇게 단순한 문제가 아니다. 짧은 시간에 습득할 수 있는 제도가 결코 아니기 때문이다. 배출권 시장이라는 과거에 없던 시장을 만들어내야 하는, 즉 무에서 유를 창조하는 과정이기 때문에 세심한 설계가 필요하고 참여자의 노하우도 필요하다.

배출권 거래제의 태동

배출권 거래제란 문자 그대로 오염 물질을 배출할 수 있는 권리를 시장에서 사고팔 수 있는 제도를 의미한다. 배출권 거래제만큼 경제학자들이 흥미를 느끼는 제도도 많지 않을 것이다. 왜냐하면 배출권 시장이라는 기존에 없던 시장을 만들고, 이것이 잘 작동하는지, 만일 작동하지 않는다면 어떻게 해결할지 경제학적 메커니즘을 분석하는 스릴 넘치는 기회를 제공하기 때문이다.

세금의 역사는 고대 시대까지 거슬러올라가지만 배출권 거래제의 역사는 이제 40여 년 된 상당히 젊은 제도다. 고대 이집트 벽화를 보면 세금 징수관이 나라에 바쳐야 할 20퍼센트의 몫을 가져가기 위해 심지어는 비둘기 둥지의 알까지 셈하는 장면이 나온다. 기원전 200년경에 만들어져 나폴레옹 원정군에 의해 발굴된 로제

타석에도 프톨레마이오스 5세 시대의 조세정책이 새겨져 있다.[2] 당시의 세금은 모두 파라오를 위한 것이었다. 하지만 배출권 거래제는 온실가스를 줄이기 위한 정책으로 결국 우리 모두를 위한 것이다. 물론 약간의 과장을 섞어서 말이다.

앞에서 배출권의 역사는 40여 년 되었다고 했다. 우리나라에서 배출권 거래제가 대중적으로 알려진 계기는 2005년 2월 발효된 교토의정서 때문이었다. 하지만 온실가스를 대상으로 하기 이전에도 배출권 거래제는 여러 형태로 존재했다. 초기의 아이디어는 1960년대 말 경제학자 존 데일스에 의해 처음 제안된 것으로 알려져 있다. 그가 제안한 이후 미국은 수십 년 동안 다양한 배출권 거래제를 학문적 탁상공론이 아니라 현실적인 정책 테이블 위에 내어놓았으며, 여러 시행착오 과정을 거쳐 보다 진일보한 형태로 다듬어왔다.

구체적인 형태를 제시하지는 않았지만 데일스 이전에도 배출권 거래제의 개념을 적용할 것을 주장한 이들이 있었다. 1967년, 젊고 의욕적인 연구자인 엘리슨 버턴과 윌리엄 산호는 미국 환경보호청에서 연구하며 중대한 과제의 책임을 맡았다. 그들의 임무는 당시의 환경문제 가운데 하나인 산성비 문제를 해결하는 것이었다. 발전소에서 배출한 아황산가스는 대기 중에서 수분과 반응해 산성비를 만들어 토양을 부식시키거나 식물 생태계에 위협을 준다. 버턴과 산호의 역할은 밝혀져 있는 산성비의 원인, 즉 수천 개의 공장과 발전소에서 배출하는 아황산가스를 어떻게 줄일 것인지 방법을 찾는 것이었다.

그들은 뉴욕 시, 워싱턴 DC, 캔자스의 아황산가스, 에너지 가격과 기업 비용 등 모든 가용한 데이터를 컴퓨터에 입력했다. 계산해야 하는 자료가 너무 방대해서 슈퍼컴퓨터를 이용한 그들은 3년여에 걸친 연구 끝에 정부에 최종 보고서를 제출할 수 있었다. 그들의 처방은 간단하고 메시지는 분명했다. 오늘날의 배출권 거래제와 유사한 시장 중심의 제도를 도입할 때 가장 저렴한 비용으로 산성비 문제를 해결할 수 있다는 점을 시뮬레이션을 통해 보여준 것이다. 아마도 버턴과 산호의 연구는 배출권 거래제에 관한 최초의 실증 분석일 것이다.

버턴과 산호의 방대한 분석에 이어 1968년 존 데일스는 『공해, 자산 그리고 가격Pollution, Property and Prices』이라는, 환경 정책 문헌사에 길이 남을 저서를 발표했다. 그는 5대호 주변의 오염 문제를 해결하기 위해 획기적인 제도가 필요하다는 것을 절실히 느끼고 곧 집필 작업에 들어가 저서를 마무리했다.

5대호 인근의 미국 공장에서 배출한 대기오염 물질은 캐나다 지역으로 날아가 대기와 토양 환경을 오염시켰다. 캐나다인들은 미국에 강력한 환경 정책을 요구했지만 미국은 공장 굴뚝의 높이를 추가로 올리는 정도의 미온적인 정책을 펼쳤고, 이로 인해 캐나다인들의 분노는 더욱 커졌다. 미국산 제품의 불매운동으로까지 번진 이 문제는 미국이 시급히 해결해야 할 과제로 부상하기에 이르렀다. 오염 물질 배출을 위한 권리를 설정하고 이를 거래할 수 있는 배출권 거래제의 아이디어는 이렇게 해서 탄생했다.

배출권 거래제가 시행되면 정부가 기업에게 어떻게 오염 물질을 줄일지 강제적으로 특정 감축 수단을 명령하지 않는다. 대신 기

거래제의 또 다른 유형

주어진 총량 범위 내에서 오염 물질을 배출할 수 있는 권리를 시장에서 사고팔 수 있는 배출권 거래제는 SO_2나 CO_2처럼 대기오염 물질을 규제하는 데만 적용되는 것이 아니다. 즉 폐수 배출권 거래제나 네덜란드에서 시행한 축산 폐기물 배출권 거래제처럼 다양하게 존재한다. 다만 이들 제도에서는 실제로 권리가 거래된 사례가 많지 않아 성공적이었다고 평가하기는 어렵다.

대상이 오염 물질은 아니지만 특정 자원의 이용을 위한 무형의 권리를 거래한다는 점에서 배출권 거래제와 비슷한 메커니즘을 가진 제도도 다수 있다. 예를 들어 양도성 어획 쿼터ITQ, Individually Transferable Quotas는 어획 가능한 수산자원의 총량을 정해놓고 개별 어선별로 어획량을 할당해 이를 초과한 어획에 대해서는 ITQ를 사도록 하고, 그 미만인 경우에는 ITQ를 팔 수 있게 한 제도다. 토지 개발에도 유사한 사례가 있다. 개발권 양도 제도TDR, Transfer of Development Rights나 개발권 선매 제도PDR, Purchase of Development Rights가 그것인데, 기본적으로 농지를 농업 용도 외의 용도로 개발할 수 있는 권리를 제3자에게 양도하는 방식이다. 또 하나 흥미로운 제도는 캘리포니아의 제로 배출 차량ZEV, Zero Emission Vehicle 크레디트 프로그램이다. 이는 차량 제조 업체가 하이브리드나 전기차 같은 제로 배출 차량을 일정량 판매해야 하는 제도다. 이행 의무 수준을 초과해 판매한 친환경 차량에 대해서는 그에 상응하는 ZEV 크레디트가 주어지는데, 다른 차량 제조 업체에 판매할 수도 있다.

업 스스로 허용된 배출 수준 이내에서 가장 비용 효과적인 방법을 선택한다. 감축을 많이 하면 남은 배출권을 시장에서 팔아 자신들의 수입으로 챙길 수도 있다. 보유하고 있는 배출권보다 더 많은 양을 배출할 경우에는 초과 배출량만큼 배출권을 사야 한다.

배출권 거래제를 보다 정교하게 이론화한 작업은 1970년대 초 몽고메리의 연구에서 찾아볼 수 있다. 하버드대학교 박사 과정에 있던 그는 복잡한 수학 모형 구조를 갖춘 수요와 공급의 일반 균형 모형을 개발했다. 그는 이 모형을 통해 배출권 거래제가 오염 물질 감축 측면에서 정부의 직접 규제 방식보다 비용 효율적이라는 사실을 이론적으로 증명했다. 몽고메리의 증명 이후 배출권 거래제의 성과를 둘러싼 여러 연구가 1970년대에 이루어졌다. 그와 함께 배출권 거래제가 과연 다른 환경 정책과 비교해 우수한지, 환경세보다 오염 물질 감축 효과가 더 큰지, 정부의 재정 부담 측면에서 바람직한지 등의 다양한 연구가 축적되었다.

이들 연구는 아직도 진행형에 있지만 종합적으로 살펴볼 때 배출권 거래제는 최소의 비용으로 오염 물질의 배출을 줄이는 우수한 정책이라고 할 수 있다. 대표적인 사례가 바로 SO_2 배출권 거래제다.

배출권 거래제의 대부, SO_2 배출권 거래제

수력이 풍부한 5대호 주변에는 화력발전소와 공장이 많다. 이들 시설에서 대기 중으로 배출된 아황산가스는 산성비의 형태로 다시 지상으로 내려오면서 호수를 오염시키고 토양과 빌딩을 산성화시켰다. 산성비 문제를 해결하기 위한 여러 대안이 제시되었다. 하지만 어떤 것도 뚜렷한 실효를 거두지 못하면서 문제는 갈수록 심각해졌다. 그러자 1980년대에 시민 단체는 미국 연방 정부가 발전소에 탈황 시설 설치를 강제할 수 있는 규정을 제정할 것을 요구했다. 이는 환경 규제 정책 가운데 이른바 직접 규제 정책에 해당하는 것으로 명령과 통제에 의한 정책 수단이다. 이에 발전 회사는 탈황 시설의 강제 의무 설치는 중세 암흑시대처럼 높은 조세 의무를 부담하는 것과 마찬가지라며 반발했다. 시민 단체와 발전 회사 간의 팽팽한 대립은 1980년대 레이건 행정부 내내 뚜렷한 진전을 거두지 못한 채 지속되었다. 미국 행정부의 느린 대응 방식에 회의를 느낀 캐나다 행정부는 비록 농담이긴 했지만 미국과의 환경 전쟁을 선언해야겠다고 했을 만큼 그 불만이 컸다.[3] 하지만 연방 정부의 역할을 축소하려고 했던 레이건 행정부 시기에는 강력한 환경 정책의 도입이 어려웠다.[4]

1988년 미국 대선 시기에 새로운 기회가 찾아왔다. 환경보호기금 총재 프레트 크루프가 이후 부시 행정부의 백악관 고문이 되는 보이든 그레이에게 연락을 취해 더 이상 방치할 수 없는 산성비 문제를 비용 효과적으로 풀어낼 수 있는 방법이 있다고 한 것이다. 그는 대통령 후보로 나선 부시가 친환경 이미지를 확보할 수 있는 아이디어로 배출권 거래제를 추천했다. 그레이 역시 시장 중심의 정책을 선호했기 때문에 곧장 아황산가스 배출을 줄이기 위한 새로운 법규를 제정하는 작업에 착수했다. 그 결과로 나온 것이 1991년 대기보전법 개정이었고, 미국 산성비 프로그램U.S. Acid Rain Program

을 통해 아황산가스 배출권 거래제를 시행할 수 있는 기초가 마련되었다.

일부 환경 단체는 당시 생소했던 배출 허용권^{allowance}이라는 개념이 마치 007의 살인 면허 같다며 강력하게 반발했다. 하지만 감축 수준이 강도 높게 정해지고, 시간이 지나면서 더욱 강화된다는 점이 받아들여지면서 1995년 아황산가스 배출권 거래제가 시행되기에 이르렀다.

감축 목표는 1980년 배출 수준의 50퍼센트 정도까지 줄이는 것이었다. 440개의 대형 화력발전소를 대상으로 1995~1999년 1단계 사업이 추진되었고, 2000년부터는 미국 전역의 2,000개가 넘는 모든 화력발전소가 거래제 대상이 되었다.

아황산가스 배출권 거래제는 이후 도입되는 온실가스 배출권 거래제의 모범 교본이라고 불릴 만큼 여러 중요한 요소를 갖추고 있었다. 우선 초기 할당량의 결정 방식이다. 1단계 사업 초기에는 배출권의 무상 할당 규모를 결정하기 위해 기본 공식을 사용했는데, 배출량 산정을 위한 기준 연도를 1985~1987년으로 적용했다. 이는 발전 회사의 도덕적 해이를 막기 위한 조치였다. 예를 들어 산성비 프로그램이 발표된 1991년 이후의 배출량을 적용하면 그사이 배출을 많이 했던 발전 회사일수록 무상 배출권을 더 할당받게 된다. 이러한 도덕적 해이를 막고자 산성비 프로그램이 언급조차 되지 않았던 과거의 배출량이 기준 배출량으로 설정되었다. 과거 기준의 배출량 산정 원칙은 이후 다른 배출권 거래제에서도 기본적인 룰로 채택된다.

아황산가스 배출권 거래제를 통해 매년 배출권 경매도 이루어진다. 정부가 부여하는 무상 할당과 달리 경매에서 이루어지는 배출권은 유상 할당에 해당된다. 경매를 통해 추가적으로 배출권을 공급하는 이유는 신규 사업자가 배출권을 필요로 하거나 기존 사업자가 시설을 확장해 배출권을 추가로 확보해야 하는 경우가 발생하기 때문이다. 미국 환경보호청은 매년 3월 배출권 경매를 실시하는데 시장 물량의 2.8퍼센트에 해당하는 양만큼의 경매 물량이 나온다(한동안은 시카고상품거래소에서 경매가 이루어졌다). 이 경매 방식 역시 배출권 거래제를 성숙시킬 수 있는 중요한 설계 요소로 인정받아 이후 다른 배출권 거래제에서도 적용되고 있다.

아황산가스 배출권 거래제의 또 다른 혁신적 시도는 배출권의 이월banking을 허용한 것이다. 배출권에도 와인의 빈티지처럼 연도가 매겨져 있다. 1995년 빈티지 배출권은 1995년의 아황산가스 배출을 위해 사용된다. 하지만 1995년 빈티지를 해당 연도에 사용하지 않았다면 이를 이후 연도에 사용할 수 있도록 이월을 허용한 것이다. 지금은 배출권의 이월제가 보편화되었지만 당시에는 획기적인 발상이었고 여러 논란도 있었다. 그중에서도 배출권 이월이 허용되면 기업이 과연 '지금 환경 투자에 나설 것인가'에 대한 논란이 많았다. 그동안의 연구 결과를 종합적으로 고려해 판단해보면 이월은 기업이 배출권 행사를 신축적으로 결정할 수 있게 도와준다는 점에서 바람직한 제도라는 것이다.

여러 종류의 혁신적인 장치를 갖춘 산성비 프로그램을 통해 아황산가스 배출은 획기적으로 감소되었다. 1980년 1,700만 톤에서

2008년에는 760만 톤으로 기존 목표였던 50퍼센트 감축을 초과 달성했다. 만일 이 목표를 달성하기 위해 배출권 거래제 대신 정부가 발전소별 직접 규제 정책을 시행했다면 어떠했을까? 연구에 의하면 직접 규제가 아닌 배출권 거래제를 이용함으로써 1995년 2억 5,000만 달러, 1996년에는 2억 600만 달러의 비용 절감 효과를 거둔 것으로 나타난다.[5]

거래 비용이 절감되는 기본적인 이유는 배출권 거래제가 기술 선택에서 기업의 재량권을 인정하기 때문이다. 또한 감축 비용이 적게 드는 기업은 더 감축하고 감축 비용이 많이 드는 기업은 배출권을 사도록 유도하는 것도 중요한 이유에 포함된다.

아황산가스 배출권 거래제가 성공할 수 있었던 또 다른 이유는 온실가스에 비해 감축 수단이 비교적 단순하기 때문이다. 초기에 발전 회사들은 가장 쉬운 감축 수단인 연료 전환을 택했다. 즉 아황산가스를 많이 배출하는 고황탄 대신 저황탄을 사용하고, 저황탄 대신 천연가스나 석유를 사용하는 식이었다. 이보다 투자 비용이 많이 소요되는 방식은 탈황 시설을 설치하는 것인데, 아황산가스 배출량을 거의 90퍼센트 이상 줄일 수 있다는 점에서 궁극의 옵션이었다. 아이오와, 일리노이, 인디애나, 오하이오 주에서는 발전 회사가 탈황 시설을 설치하면 보너스 배출권을 부여하는 규정을 두기도 했다.

산성비 프로그램은 제도 그 자체도 세심하게 고안되었지만 더욱 중요한 것은 감축 대상인 발전 회사나 배출권 시장 거래 참여자가 합리적인 기대를 가질 수 있도록 제도적인 환경을 조성했다는 점이다. 아버지 부시 행정부 때 입법되어 클린턴 행정부 2기를 거쳐 아들 부시 행정부 때까지 아황산가스 배출권 거래제의 기본 골격은 변함없었으며 감축 목표 설정도 예정대로 진행되었다. 이처럼 정책의 일관성을 유지하는 것은 제도의 당초 목표를 달성하는 데 매우 중요한 사안이다. 정부가 바뀔 때마다 정책의 강도와 목표가 정치적 이유로 변경된다면 기업이 합리적인 기대를 갖고 오염 물질의 배출을 줄이려는 유인이 줄어들 것이기 때문이다.

아황산가스 배출권 거래제에 비해 온실가스 배출권 거래제에 대한 평가는 아직 시기상조다. EU와 뉴질랜드, 미국 등에서 시행하

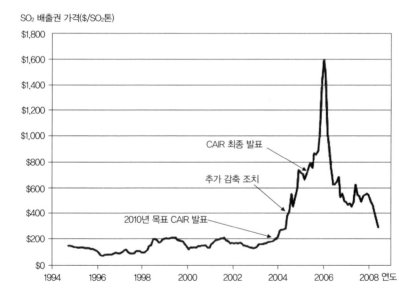

SO₂ 배출권 가격($/SO₂톤)

SO₂ 배출권 가격은 프로그램 전반 거의 8년 가까이 톤당 200달러 범위 내에 머물렀으나 2010년까지 SO₂ 감축을 강화하는 것을 목표로 삼은 대기 규제법 CAIR의 발표와 당시 고유가의 영향으로 톤당 평균 가격이 1,500달러까지 상승했다. 이후 거의 대부분의 발전 시설이 탈황 시설 설치 등으로 SO₂ 배출을 줄이면서 톤당 가격은 하락했다.

는 온실가스 배출권 거래제는 현재 진행형이다. 그러나 몇 가지 기본적인 원칙, 예를 들면 시장 기능의 중시, 할당 기준의 엄격함과 공평성, 예측 가능한 정책 일관성 등의 원칙이 잘 지켜진다면 온실가스 배출권 거래제도 성공할 것이다.

배출권, 돈으로 살 수 있는 것

한국에 정의 열풍을 일으켰던 마이클 샌델 교수는 그동안 정의에 목말라 했던 우리 사회에 '정의란 무엇인가'에 대한 시의적절한 화두를 던져주었다. 그를 통해 일반인들도 정의라는 어려운 철학적 주제에 비교적 평이하게 다가갈 수 있었다. 특히나 학창 시절 존 롤스의 두꺼운 『정의론』을 폼 나게 들고 다녔지만 완독하지 못한 기억이 있던 7080세대에게 샌델의 세련되면서도 진지한 화법은 미완의 과제에 재도전하는 기회를 주었다.

하지만 최근 소개된 그의 저서는 조금 실망스럽다. 환경 정책에 대한 편향된 시각이 담겨져 있기 때문이다. 그의 영향력을 감안한다면 논의가 필요해 보인다.

마이클 샌델은 『돈으로 살 수 없는 것들』에서 온실가스 배출권 거래제를 강도 높게 비판하는데 그 요지는 비교적 단순하다. 배출권 거래제나 환경세에 대한 비판은 샌델 이전에도 많이 있어왔기 때문에 새삼스러운 것은 아니다. 그의 주장 역시 기존의 비판적인 맥락과 크게 다르지 않다. 즉 돈으로 오염 물질의 배출 권리를 사고파는 아이디어는 환경 보전의 도덕성을 저해할 수 있기 때문에 바람직하지 않다는 것이다.

그는 배출권 거래제를 비판하면서 출산권이라는 다소 괴이하게 들리는 아이디어를 함께 소개한다. 출산권은 생태경제학의 대가 케네스 볼딩이 1960년대에 처음 제기한 아이디어로 알려져 있는데, 예를 들면 이런 것이다. 모든 개인은 0.5명의 출산권을 무상으로 할당받는다. 남녀가 만나 결혼을 해서 한 쌍을 이루면 한 명을 출산할 수 있는 권리를 자동으로 획득하게 된다. 만일 한 명 더 출산하려고 하면 출산권 시장에서 돈을 주고 출산권을 사야 한다. 경제적인 문제로 돈이 필요한 신혼의 젊은 부부라면 2세 계획을 당분간 미루고 자신이 행사할 수 있는 출산권을 시장에서 팔수도 있다. 출산권의 세상에서는 경제력이 없으면 출산의 축복과 육아의 즐거움도 누릴 수 없다.

케네스 볼딩이 출산권을 제기한 때는 개도국의 인구 폭발이 우려되던 시기로 식량 부족, 도시 공해와 수질오염, 민족 간 갈등 등 거의 모든 문제의 주범이 인구 과잉이라고 여겨졌다. 이미 2세기 전 음울한 학자 토머스 맬더스는 기하급수적으로 증가하는 인구를 먹여살릴 식량 생산의 부족을 예언했다. 이후 맬더스와 비슷한 견해를 가진 이른바 신맬더스주의자neo-Malthusian들은 고유가나 환경문제, 식량 위기의 원인을 인구 과잉에서 찾았다.

1960년대에는 감염과 불임의 위험이 있는 수백 만 개의 자궁 내 피임 기구가 빈곤국에 수출되기도 했다. 이에 대해 "감염이 불임에 그치고 치명적이지 않다면 개별 환자가 겪을 이 같은 경험은 전체적인 정책 측면에서 용납된다"고 주장하는 학자들도 있었다.[6] 1969년 당시 세계은행 총재였던 로버트 맥나마라가 비슷한 취지의 발언을 한 것은 널리 알려진 사실이다. 그는 세계은행이 빈곤국의 의료 시스템에 재정적으로 지원하는 것을 꺼려한 이유에 대해 "대개 의료 시설은 사망률 감소, 따라서 인구 증가에 기여하기 때문"이라고 해명했다.

당시 분위기가 그랬다. 볼딩은 인구문제를 해결하기 위해 비인륜적인 해법까지 버젓이 제시되던 때에 출산권이라는 아이디어를 들고나온 것이다. 출산권으로 인구가 통제되는 세상은 어떠한 모습일까? 크리스토퍼 램버트가 주연한 1992년의 영화 《포트리스》에서처럼 강압적인 산아제한이 이루어지는 암울한 미래 세계가 그려진다. 마이클 샌델은 배출권 거래제를 이야기하면서 이처럼 어두운 배경의 출산권 이야기를 꺼냄으로써 배출권 거래제에 대한 부정적 인식을 끌어내는 데 상당 부분 성공한다. 하지만 출산권을 들어 배출권 거래제를 비판하는 것은 공정하지 못하다. 우선 출산권 아이디어 자체가 지극히 생태 중심주의 철학에서 출발했다는 점을 간과하고 있다. 볼딩의 생태경제학이 기반으로 하는 심층생태학^{deep ecology}은 배출권 거래제를 태동시킨 신고전파 경제학과 구분되는데, 생태계의 보존을 위해서라면 인간 사회도 때론 극적인 수단을 동원해 통제되어야 한다는 관점을 갖고 있다. 심층생태학 관점에서 상위 시스템은 지구 생태계이며 그에 종속되는 하부 시스템으로 인간 사회가 존재한다. 따라서 상위 시스템을 위협하는 인간의 행위, 그러니까 인구 과잉은 제어되어야 한다는 관점에서 출산권이라는 과격한 제도도 정당화된다.

샌델은 배출권과 출산권을 나란히 비교하면서 배출권을 비판한다. 아울러 기업이 배출권을 사는 것으로 그들의 감축 의무를 면하려는 것은 도덕적으로 옳지 않은 일이라고 한다. 배출권 거래제는 자연을 향한 도구적 태도를 형성하기 때문에 지구온난화라는 글로벌 문제를 해결하기 위한 희생정신의 공유를 저해한다는 것이 그 이유다. 심지어 국내 한 일간지와의 인터뷰에서 밝힌 것처럼 그는 배출권 거래제는 불륜을 저지를 권리를 사고파는 것과 같은 매우 비도덕적인 제도라고 주장한다. 또한 배출권을 국립공원에서 쓰레기를 버려도 되는 권리에 비유한다.

　오염 물질 배출에 대한 마이클 샌델의 이 같은 해석은 논란의 여지가 있다. 아니, 논란의 여지가 많다. 경제활동에서 부수적으로 발생하는 오염 물질의 배출이 (불륜과 마찬가지로) 비도덕적이라면 또는 (국립공원 쓰레기 투기와 마찬가지로) 위법적이라면 일상적인 경제활동 역시 정당화하기 힘들다는 것을 의미하기 때문이다(경제학에서는 오염 물질을 생산 과정에서 발생하는 부산물 또는 생산을 위한 투입물로 인식한다). 물론 무단으로 오염 물질을 배출하거나 농도 기준을 초과해서 배출하는 것은 분명 위법 행위에 해당하며, 이는 지금도 환경 당국의 엄격한 사법 처리 대상이다. 그러나 샌델이 비판하는 이른바 배출권 거래제는 이러한 불법 배출 행위를 대상으로 한 것이 아니라 우리의 정상적인 경제활동 과정에서 배출되는 오염 물질을 대상으로 한 것이다. 양자의 차이는 엄격하게 구분되어야 한다. 오염 물질 배출 행위 자체를 비도덕적인 행위로 보는 그의 관점은 오히려 생태계를 인간의 사회경제 시스템보다 상위에 두는 심층 생태학에 가까운, 즉 그가 비판하는 출산권 아이디어를 제시한 생태경제학의 철학에 가깝다.

배출권 거래제를 불륜이나 코뿔소 사냥 같은 사회적으로 지탄받는 행위에 대한 권리의 매매에 비유하는 논리의 비약으로 시장의 역할을 부정한다면, 그래서 시장 대신 우리의 도덕성 회복이 우선적인 해결책이라고 주장한다면, 빈부 격차 문제를 바라볼 때도 동일한 논리로 부자 증세 같은 세금 정책보다는 차라리 도덕성에 호소하는 편이 낫지 않을까? 시장은 때로 공정하지 않을 수 있다. 하지만 그렇다고 해도 시장의 역할을 부정하기보다 오히려 시장의 실패를 해소할 수 있는 방향으로 세심하게 제도를 잘 설계해나가야 한다.

비즈니스 세계 역시 샌델이 생각하는 것처럼 후안무치하게 행동하지 않는다. 돈을 냈기 때문에 깨끗한 환경을 지킬 면책권을 획득했다고 자신만만하게 큰소리칠 기업은 없다. 오히려 기업의 사회적 책임은 더욱 높은 수준으로 요구되고 있으며 기업들도 이에 부응하기 위해 노력하고 있다. 배출권 거래제나 환경세 같은 정책 수단이 언론에 회자될수록 시민들의 환경 인식 역시 높아지고, 기업들은 환경 보전에 대한 사회적 책임 노력을 더욱 기울이게 된다.

지불해야 하는 대가가 없으면 책임도 따르지 않는다. 책임에는 의무가 따르는데, 과거에는 오염의 사회적 비용에 대해 어느 누구도 책임을 지지 않으려고 했다. 그런 점에서 배출권 거래제나 탄소세는 오염 배출의 면책권을 주는 제도가 아니라 오히려 그 반대다. 그동안 아무도 부담하지 않으려 했던 환경 비용을 내부화하겠다는 의지가 담긴 정책인 것이다.

오 헨리의 단편 『재물의 신과 사랑의 신』이 생각난다. 뉴욕의 비누 공장 사장인 아버지와 갓 대학을 졸업한 젊은 아들과의 갈등을 다룬 이야기다. 자수성가한 아버지는 모든 것을 돈으로 해결할 수 있다고 믿는다. 반면 아들은 아버지에게 돈으로 살 수 없는 것이 있다며 그중 하나가 지금 자신이 연모하는 한 여인이라고 항변한다. 마침 그 여인은 오랜 기간 유럽에 체류하기 위해 곧 뉴욕 항으로 출발할 예정인데 운 좋게 아들이 항구까지 에스코트를 하게 되었다. 아들은 청혼 반지를 준비해두었지만 사교계 일로 바빴던 그녀의 일정 때문에 그동안 청혼할 기회도 갖지 못했다. 혼잡한 뉴욕 시내를 거쳐 뉴욕 항으로 가던 중 사거리에서 마차와 화물차가 뒤섞이는 극심한 교통정체가 발생한다. 아들은 그걸 기회 삼아 마침내 그녀에게 청혼을 하고 그녀의 마음을 얻는다. 그런데 아들은 마차 밖으로 떨어뜨린 반지를 주우려 했던 자신의 행동 때문에 교통 혼잡이 생겼다고 믿는다. 하지만 사실은 아버지가 돈으로 미리 매수해둔 마차와 화물차 기사들이 도로를 막고 교묘하게 교통 혼잡을 일으킨 것이었다.

돈으로 할 수 있었던 것은 무엇인가? 아들이 청혼을 할 수 있는 시간을 벌어주는 것이었고 이는 나름 성공했다. 돈으로 할 수 없었던 것은 무엇인가? 비록 시간이 주어진다 하더라도 아들이 그녀의 마음을 얻는 것은 별개의 과제였다. 아마 아리따운 그녀는 돈의 힘을 믿지 않는 그의 순수함과 열정에 끌렸을지 모른다. 돈으로 그녀의 마음까지 샀다고는 어느 누구도 생각하지 않을 것이다.

배출권 거래제든 탄소세든 돈으로 할 수 있는 것은 무엇인가?

상대적으로 저렴한 비용으로 온실가스를 감축하는 일일 것이다. 돈으로 할 수 없는 것은 무엇인가? 환경에 대한 기업이나 시민의 마음을 얻는 것이다. 배출권을 샀다고 양심을 팔려는 기업이 있다면 그들이 설 자리는 없다.

환경 투자 촉진과 이중 배당 가설

무엇보다도 배출권 거래제의 가장 큰 장점은 환경 투자를 촉진하는 데서 찾을 수 있다. 배출권 가격을 통해 전달되는 탄소 가격의 시그널은 신재생에너지와 에너지 저장 기술, 차세대 자동차 등의 기술을 자극한다. 또한 화석연료를 더욱 깨끗하게 사용할 수 있는, 예를 들면 초임계 유연탄 화력발전 같은 기술 개발을 촉진시킨다. '흙에서 났으니 흙으로 돌아가는' 방식의 탄소 포집 저장 기술 같은 신기술 역시 탄소 가격의 실현을 통해 가능해진다.

탄소 가격이 제공하는 환경 투자의 유인 외에도 배출권 경매 수입을 통해 투자를 지원할 수도 있다. 정부는 보유한 배출권을 경매 형식으로 기업들에게 유상 할당하는데, 이 경매 수입으로 신재생에너지나 에너지 효율을 높이는 투자에 활용할 수 있다. 대부분의 배출권 거래제는 경매 수입을 환경 투자에만 쓸 수 있도록 하고 있다. 중소기업과 저소득층의 에너지 이용을 지원하는 용도로도 활용하지만 경매 수입의 주목표는 환경 투자다. 따라서 대체에너지 개발 측면에서도 배출권 거래제는 분명 장점이 많은 제도다. EU는 2013년 배출권 경매를 통해 거둔 48억 달러 가운데 80퍼센트 이상을 신재생에너지나 친환경 투자에 사용했다.[7]

캘리포니아 배출권 거래에서는 2014년 경매 수입으로 약 9억 7,000만 달러의 수입을 거뒀다. 그리고 올해 초 경매에서는 톤당 12.21달러에 배출권을 팔았는데(2015년 빈티지 736만 톤, 2018년 빈티지 1,040만 톤) 경매의 주요 고객이 쉐브런, BP, 엑슨모빌 등 에너지 회사였던 것으로 알려져 있다. 캘리포니아 주 정부의 배출권 경매 수입 활용 계획에 따르면 5억 달러 정도는 온실가스 감축을 위한 기업의 환경 투자에, 25퍼센트 정도는 소외 계층이나 지역 사회 지원에 사용된다.[8] 따라서 배출권 거래제는 환경 투자에 소극적인 기업에는 재정적 부담이 되겠지만 온실가스 감축 노력을 기울이는 기업에는 오히려 투자 지원을 받을 수 있는 기회가 되는 셈이다. 득이 될지 독이 될지는 기업의 전략에 달려 있다.

배출권 거래제의 또 다른 긍정적 효과는 다른 조세의 왜곡을 경감시키는 데서도 찾을 수 있다. 근로소득세나 법인세가 높아지면 개인의 근로 의욕이나 기업의 이윤 창출 의욕을 저해하고 이로 인해 경제에 비효율성이 생길 수 있다. 이러한 이유로 노벨 경제학상 수상자이자 시카고학파의 거두인 밀턴 프리드먼은 대부분의 조세를 바람직하지 않다고 보았다(프리드먼은 세금 가운데 헨리 조지의 토지 가치세를 가장 덜 나쁜 세금the least bad tax으로 평가한다).[9] 하지만 배출권 거래제를 시행하면 기업의 환경 비용 부담은 증가하지만 조세 왜곡이 있을 수 있는 법인세나 근로소득세 등을 경감해주는 방식을 통해 경제의 효율성을 증대시킬 수 있다. 이를 '이중 배당 가설Double dividend hypothesis'이라고 한다.

주식이 있으면 배당금을 받는 것처럼 배출권 거래제를 시행할 때도 일종의 배당을 기대할 수 있다. 우선 환경을 깨끗하게 할 수 있다는 이점이 있다. 여기에 더해 조세 왜곡의 부담을 줄여줌으로써 경제적인 효율성을 높여준다. 즉 환경적 이득과 경제적 이득이라는 두 종류의 배당을 기대할 수 있는 것이다. 물론 이중 배당의 효과가 발생하려면 배출권 거래제 시행과 더불어 기업이나 개인이 부담하는 세금이나 비용을 완화해주는 조치가 있어야 한다. 앞에서 말한 것처럼 기업이 환경 투자를 하거나 일반 가정에서 에너지 효율을 높이기 위해 투자를 하면 배출권 경매 수입으로 지원해주는 것이 그 한 예다. 그러나 이보다 더욱 적극적인 방식이 필요하다. 소득세나 법인세 같은 조세의 부담을 경감해주거나 기후변화 관련 R&D에 세액을 공제해주는 등의 적극적인 이중 배당 효과를 실현한다면 배출권 거래제(또는 탄소세)의 수용성 역시 높여줄 것이다.

CO_2 흡수의 보고, 삼림자원

한여름 무더운 뙤약볕에 서 있는 것과 나무 그늘 아래 서 있는 것의 차이. 먼 예를 들지 않아도 조림이 얼마나 중요한지 우리는 경험을 통해 잘 알고 있다. 배출권 거래제는 지구를 더욱 푸르게 하는 조림 투자에도 도움을 준다. UN이 정한 적절한 요건을 갖춘 조림 사업일 경우 배출권을 확보하는 계기를 제공해주는 것이다.

고유의 자생 수종으로 이루어진 뉴질랜드의 삼림은 훌륭한 자연 자원이자 경제림을 제공하고 있다. 특히 라디에타소나무는 주로 가구재, 합판 용재, 파티클보드, 펄프 등의 용도로 활용하기 위해 조림되는데, 이제 그에 더해 중요한 역할 하나가 추가되었다. 기후변화 시대에 나무는 온실가스 흡수원으로 주목받고 있다. 탄소 조림은 이미 교토의정서가 인정하는 온실가스 감축 사업인 CDM의 일환으로도 이용되고 있다(이는 뒷장에서 살펴볼 REDD와는 구분된다). 탄소의 주요 저장고 역할을 수행하는 삼림은 약 5,500억 탄소톤을 저장하고 있는데, 이를 이산화탄소톤으로 환산하면 2조 톤이 넘는다(1탄소톤=$\frac{44}{12}$이산화탄소톤). 반대로 말하면, 엄청난 양의 이산화탄소를 품고 있는 삼림에 대한 무분별한 개발과 황폐화는 대기 중의 온실가스 농도를 단시간 내에 상승시킬 수 있다. 따라서 온실가스 흡수를 위한 조림 활동을 적극 지원할 필요가 있다.

뉴질랜드의 조림 사업은 국가 단위의 배출권 확보 사업으로서 글로벌 시장에서 이루어지는 조림 CDM과는 상이하다. 하지만 뉴질랜드는 산림자원이 풍부한 이점을 이용해 배출권 거래제의 초기 도입에 따르는 경제적 부담을 완화하는 윈윈 전략으로 국내용 조림 CDM을 시행하고 있다.

뉴질랜드의 임업자들은 이제 조림 사업 시 단위 면적 기준으로 상당한 금전적 수익도 올릴 수 있게 되었다. 최소 1헥타르 이상 면적에 나무의 높이 5미터 이상, 수관울폐도(토지 면적 중 나무가 차지하는 비중) 30퍼센트 등의 자격 요건을 갖추면 온실가스 흡수에 대한 보상을 받을 수 있게 된 것이다. 탄소 흡수원으로서의 나무의 역할 덕분에 뉴질랜드 임업자들은 10여 년 전만 하더라도 상상하지 못했던 새로운 수입원을 갖게 되었다. 사실 탄소 흡수량만 따지면 라디에타소나무보다 더글라서퍼가 더 뛰어나다고 할 수 있다. 하지만 더글라서퍼의 벌기령은 50년인 데 비해 라디에타소나무는 30년인 점, 즉 경제성 측면에서 유리한 점 때문에 뉴질랜드에서는 라디에타소나무가 탄소 조림 수종으로 권장되고 있다.

나무는 심고 나서 성숙기에 접어들기까지 수십 년의 세월이 걸린다. 따라서 세심한 주의를 기울여 벌목하지 않으면 수십 년 세월에 대한 보상을 제대로 받지 못하는 이른바 기회비용이 크게 발생할 수 있다. 그런 점 때문에 독일의 임학자 마르틴 파우스트만은 1849년에 이미 나무 생장의 장기적인 특성을 감안한 최적 윤벌에 관한 수학적 모형을 제시한 바 있다.[10]

파우스트만은 최적 벌채 시기를 결정하기 위해 감안한 편익으로 목재의 판매 수입만 생각했다. 그런 점에서 나무가 제공하는 여러 환경적 편익, 예를 들면 온실가스 흡수를 통한 지구온난화의 억제 효과가 편익에 포함된다면 파우스트만의 모형은 보다 복잡한 형태로 수정된다. 게다가 나무의 생물학적 특성 때문에 조림 CDM으로 확보하는 배출권은 이른바 비영속성의 문제를 갖는다. 벌채나 산불 등으로 흡수했던 탄소가 다시 대기 중으로 방출될 수도 있기 때문에 배출권의 유효 기간을 영구적으로 잡을 수 없는 것이다.

몇 년 전 산림청 소속으로 뉴질랜드를 방문해 삼림의 탄소 흡수 역할을 연구한 바 있는 고려대학교 홍원경 연구원은 요즘 어떻게 하면 비영속성을 배출권 가격에 반영할 수 있을지 고민하고 있다. 그는 이미 조림 CDM에 관해 연구를 수행한 바 있다. 포스코가 우루과이에 총 사업 면적 820헥타르에 유칼립투스 종의 조림 투자를 시행했는데, 이에 대한 경제성을 분석한 것이다. 이제 그는 비영속적인 탄소 흡수의 편익 계산과 이를 반영한 탄소 배출권의 가격 특성을 분석하는 쪽으로 연구를 확대하고 있다. 조림 CDM의 활성화를 위한 중요한 과제가 될 것으로 생각한다.

이 장에서는 저탄소 경제를 도모하는 첫 단계로서 탄소 가격을 실현시키기 위해 배출권이 어떻게 기능할 수 있는지를 살펴보았다. 간단히 말해 배출권 거래제는 온실가스를 많이 감축하면 혜택을 주고 적게 감축하면 비용을 부과하는 방식이다. 그리고 그 중간 매개로서 배출권 시장이 기능한다. 배출권 거래제와 같은 시장 메커니즘은 그동안 아무 대가 없이 배출하던 탄소에 비용을 부과함으로써 기업이 저탄소 투자를 할 유인을 제공한다. 하지만 정책적으로 잘 설계되어야 거래제 본연의 기능이 가능하다. 경제학자들은 배출권 거래제를 이야기할 때 '잘 설계된well-designed' 제도가 되어야 한다는 말을 즐겨 사용한다. 다음 장에서는 그 바람직한 설계가 무엇인지 알아보도록 하겠다.

7장

더 나은 제도를 위하여

시장 제도를 통해 정책 목표를 달성할 수 있다면
어떤 정책 입안자도 이를 거부하기 힘들 것이다.
_존 데일스, 배출권 거래제 첫 제창자, 1968년

빨리 달리는 열차를 설계하다보면
엉뚱한 역에 들어갈 위험이 있다.
_로버트 스타빈스, 하버드대학교 교수, 1998년

배출권 거래제는 탄소 비용을 반영할 수 있는 강력한 경제적 수단
이다. 하지만 모든 제도가 그렇듯이 배출권 거래제 역시 인간이 만
든 제도이기 때문에 완벽할 수는 없다. 지금까지 현존했던 배출권
거래제 가운데 성공적이었다고 평가할 수 있는 제도는 미국 산성비
프로그램에서의 아황산가스 배출권 거래제가 거의 유일하다. 10년
의 역사를 갖고 있는 EU ETS도 성공했다고 평가하기에는 아직 미
흡한 점이 많다. 지금 시행하고 있는 우리나라의 배출권 거래제 역
시 효과적으로 저탄소 경제를 달성하기 위해서는 보다 진일보해야
한다. 이 장에서는 배출권 거래제에 대해 우리가 일반적으로 갖고
있는 오해부터 풀어보려고 한다. 거래제에 대한 지나친 미신은 불
신으로 연결되기 때문이다. 그리고 탄소 가격의 실현을 위해 필요

한 개선 사항이 무엇인지 살펴보도록 하자.

알아두면 좋은 것들

배출권 거래제는 오염 물질을 배출하는 권리를 시장에서 거래하도록 한다는 초기의 단순한 구조에서부터 출발해 그동안 새로운 기능이 조금씩 추가되면서 진일보한 형태로 진화했다. 거래제를 구성하는 중요한 제도적 특징을 알아두면 배출권 거래제를 이해하는 데 도움이 된다. 여기서는 배출권 거래제의 기본 유형, 이월, 배출권의 가격 결정, 경매, 거래 빈도와 관련해 살펴보도록 하자.

배출권 거래제의 두 유형

배출권 거래제는 크게 보아 총량제한거래제도^{Cap-and-Trade}와 삭감인증제도^{Baseline-and-Credit}로 구분할 수 있다. 총량제한거래제도는 정해진 배출 허용 총량 범위 내에서 배출권을 거래하는 것으로 주로 국가에서 강제적으로 시행하는 배출권 거래제가 이에 해당한다. 예를 들어 우리나라의 배출권 거래제 제1차 계획 기간인 2015~2017년 허용 배출 총량은 15억 9,800만 톤으로 정해졌는데, 이 총량 범위 내에서 개별 기업들의 총량이 결정된다. 예를 들어 A기업이 2015년 빈티지 배출권을 1만 톤 무상 할당 받았다면 이를 초과해 배출할 경우 초과분만큼 배출권을 시장에서 구매하거나 벌과금을 내야하며 남는 배출권은 시장에서 판매할 수 있다. 이러한 점에서 기업이 재량껏 처분할 수 있는 배출권의 할당 규모를 정하는 것은 배출권 시장의 유동성을 결정하는 데 매우 중요한 요소가 된다. 즉 배출권의 할당 규모 결정은 양날의 칼이다. 할당이 너무 많으면 가격이 폭락하고 너무 적으면 거래가 이루어지지 않는다. 기후변화행동연구소 안병옥 소장은 "배출권 과다 할당으로 배출권 가격이 너무 낮게 형성되어 기업들이 온실가스 감축 동기를 갖지 못한다면 이 제도의 도입 취지는 약화될 수밖에 없다"고 지적한다. 반대로 배출권 할당이 기업 배출량 수준에 근접하게 너무 엄격히 이루어지면 거래 자체가 거의 이루어지지 않을 위험도 있다.

총량제한거래제도와 구분되는 삭감인증제도는 특정 프로젝트를 통해 온실가스를 줄였다는 사실을 인증받으면 줄인 규모에 해당하는 만큼 크레디트를 부여받는 방식이다. 따라서 총량제한거래제도와 달리 삭감인증제도하에서는 사후에 배출권을 발급받는다. CDM 사업이나 자발적인 온실가스 감축 사업을 이용한 옵셋 프로젝트가 여기에 해당한다. 앞에서 소개한 조림 사업이 대표적인 자발적 방식의 프로젝트다.

배출권 이월

산성비 프로그램에서도 잠깐 이야기가 나왔지만 와인에 빈티지가 있는 것처럼 배출권에도 빈티지가 있다. 배출권마다 빈티지, 즉 연도가 표시된다. 배출권의 해당 연도에 온실가스를 배출할 수 있다는 것을 의미한다. 예를 들어 2015년 빈티지의 배출권은 2015년에 CO_2 1톤을 배출할 수 있는 권리를 의미한다. 그런데 이 배출권을 2015년에 사용하지 않으면 어떻게 될까? 초기 배출권 거래제에서는 배출권이 남으면 무조건 해당 연도에 처분하는 식이었다. 하지만 미국의 산성비 프로그램에서 배출권의 이월^{banking}이 적용되면서 지금은 온실가스 배출권 거래제도 이월제를 채택하고 있다. 이월이 허용되면 사용하지 않고 남은 잉여 배출권은 이후 연도에 사용할 수 있다.

이월의 효과는 여러 가지가 있다. 현재의 배출권 가격보다 미래의 배출권 가격이 높을 것 같으면 배출권을 이월해두면 된다. 즉 이월은 가격 리스크를 헤지할 수 있는 효과가 있다. 금이나 석유는 미래에 가격이 오를 것 같으면 선물을 미리 매수하는 방식으로 가격 리스크를 헤지할 수 있지만 배출권은 선물 외에도 이월 옵션을 택할 수 있다는 장점이 있는 것이다.

이월의 또 다른 장점으로 환경 투자의 촉진을 들 수 있다. 대부분의 배출권 거래제에서는 배출권의 무상 할당 규모를 점차적으로 줄이는 방식을 취하므로 미래에 배출권의 여유 물량이 축소될 가능성이 높다. 이 경우 기업은 환경 투자를 통해 온실가스 배출을 줄이는 전략을 택하는 것이 유리할 수 있다. 환경 투자를 통해 남게 되는 잉여 배출권을 미래로 이월시켜 사용할 수 있기 때문이다(물론 기업의 환경 투자는 수백억 원에서 수천억 원의 초기 투자 비용이 소요되기 때문에 정부의 할당 계획, 경기 전망, 배출권의 미래 가격 등의 리스크 요인을 신중하게 고려해서 결정해야 할 것이다).

현재 빈티지 배출권을 미래에 사용하는 이월이 허용된다면 미래 빈티지 배출권을 현재로 가져와 사용하는 것도 가능할 수 있겠다는 생각에서 고안된 것이 배출권의 차입^{borrowing}이다. 차입이 무제한적으로 허용된다면 상당수 기업들은 환경 투자 비용을 줄이기 위해 미래 빈티지 배출권을 앞당겨서 행사할 가능성이 크다. 그때의 피해는 아황산가스 같은 플로우 오염 물질에서는 뚜렷하게 나타나기 때문에 미국의 산성비 프로그램에서는 배출권의 차입을 허용하지 않고 있다. 반면 장기간에 걸쳐 배출량이 조정되어야 하는 스톡 오염 물질인 온실가스의 경우에는 미래 빈티지의 배출권 이용을 제한적으로나마 허용하는 추세다.[1]

이 차입을 잘 이용하면 기업이 일종의 카본 금융Carbon Finance을 하는 데도 도움이 될 수 있다. 미래 배출권 차입을 통해 줄인 지금의 배출권 구입 비용만큼을 환경 투자에 사용함으로써 미래의 배출권 비용을 줄일 수 있기 때문이다.

가격 결정 요인

여타 재화와 마찬가지로 배출권 가격 역시 수요와 공급에 의해 결정되며 수요와 공급은 다시 여러 요인에 의해 영향을 받는다. EU의 배출권 거래제인 EU ETS의 초기 거래 가격을 통해 설명하면 다음과 같다.

2005년 2월 EU ETS가 공식적으로 출범하면서 배출권 가격은 톤당 10유로 내외에서 20유로 이상으로 큰 폭 상승했다. 주식으로 말하자면 IPO(기업공개) 효과 같은 게 있었다. 역사적인 규모의 배출권이 시작되었다는 기대감으로 배출권 가격이 탄력을 받고 상승한 것이다. 이후 2006년 상반기까지 배출권 가격은 지속적으로 상승 모드에 있었는데, 이는 당시의 고유가 영향이었다. 비싼 석유 대신 석탄으로 연료를 전환하면서 CO_2를 더 많이 배출하게 되자 배출권 수요가 증가하게 된 것이다.

그러다 배출권 가격이 급락했다. 높게는 톤당 30유로 하던 배출권 가격이 15유로 수준으로 수직 하락했는데, 러시아와 우크라이나 등 동유럽권 국가들에게 할당된 배출권이 많다보니 시장에서 공급 물량이 넘쳐나 생긴 가격 하락이었다.[2] 아래 그래프를 보면 2007년 빈티지 배출권 가격이 거의 제로 수준으로 감소한 것을 알 수 있다. 이는 2008년부터 2007년 빈티지 배출권을 이월해 사용하지 못하도록 한 조치로 인해 사용가치가 없어져서 생긴 결과이다. 예상치 못한 가격 폭락으로 해석해서는 안 되는 이유다. 이후 배출권 가격은 2008년의 금융 위기와 유럽발 경기 침체의 영향으로 계속 하락하면서 5~7유로대에 머물러 있다.

위의 내용을 종합적으로 정리해 배출권 가격에 미치는 요인들

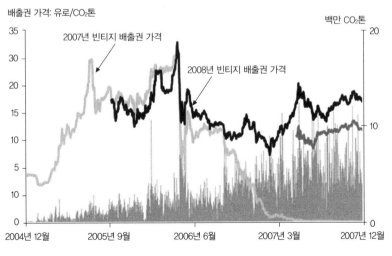

자료: 포인트카본.

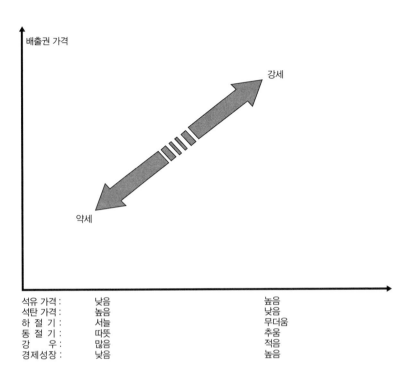

배출권 가격		
석유 가격 :	낮음	높음
석탄 가격 :	높음	낮음
하 절 기 :	서늘	무더움
동 절 기 :	따뜻	추움
강 우 :	많음	적음
경제성장 :	낮음	높음

을 살펴보면 할당의 양이 많을수록, 또 경기가 안 좋을수록 배출권 가격이 낮은 것을 알 수 있다. 그에 반해 유가가 높거나 석탄 가격이 낮으면 배출권 가격은 상승한다. 그리고 추위와 무더위 등 기상조건에 따라 에너지 이용이 달라지기 때문에 이 역시 배출권 가격에 영향을 미친다. 기업의 입장에서는 배출권의 매수와 매도 전략을 결정할 때 이와 같은 요인을 파악하는 것이 매우 중요한 과제다.

배출권 거래소

증권과 마찬가지로 배출권 거래도 지정된 거래소를 두고 운영된다.

전 세계 배출권 거래의 약 80~90퍼센트를 차지하는 EU 배출권 시장은 몇 개의 거래소를 중심으로 성장했는데, 이들 거래소는 제도의 변천에 따라 부침을 겪으면서 합종연횡을 거듭하며 지금의 모습을 갖추었다.

유럽 최대의 탄소 배출권 거래소인 ECX^{European Climate Exchange}는 미국의 시카고기후거래소^{Chicago Climate Exchange}와 시카고기후선물거래소^{Chicago Climate Futures Exchange}도 참여해 세운 거래소다. 교토의정서에 참여하지 않은 미국이지만 금융 자본은 이미 탄소 시장에 깊숙이 관여하고 있음을 알 수 있는 대목이다. ECX는 초기에 선물을 중심으로 가장 유동성이 높은 거래소로 기능했는데, 2006년부터는 옵션거래도 포함시켰다. ECX는 배출권 거래소로 충분히 기반을 잡은 후 최근에는 런던에 소재한 ICE^{Intercontinental Exchange}에 흡수되었다. ICE는 금, 은, 원유, 커피, 석탄 등 다양한 상품을 취급하는 전문 상품 거래소로 배출권으로까지 사업 영역을 넓혔다.

프랑스의 블루넥스트^{Bluenext}는 원래 전력 거래소인 파워넥스트^{Powernext}에서 담당하던 배출권 거래 기능을 효율적으로 수행하기 위해 파워넥스트에서 분사해 설립한 거래소로 특히 현물 시장에서 중심적인 역할을 맡고 있다. 블루넥스트와 마찬가지로 전력 거래 기반의 배출권 거래소로는 노르웨이 오슬로에 위치한 노드풀^{Nord Pool}, 독일 라이프치히에 자리 잡은 EEX^{European Energy Exchange}가 있다.

배출권 경매

배출권 거래는 시장을 통한 거래와 경매를 통한 거래로 구분할 수

주요 배출권 거래소 현황

구분	NASDAQ OMX Commodities Europe (Nord Pool)	ICE (ECX)	BlueNext (Powernext)	EEX
소재 등	• 노르웨이 오슬로 • Nord Pool은 전력 시장 기반 • NASDAQ OMX Commodities Europe은 에너지 시장 기반	• 영국 런던 ← 네덜란드 암스테르담 • ECX는 기후 상품 기반 • ICE는 전력 시장 기반	• 프랑스 파리 • Powernext는 전력 시장 기반 • BlueNext는 탄소 시장 기반	• 독일 라이프치히 • 전력 시장 기반
주요 연혁	• 2005.2.11. EUA 거래 개시 • 2007.6.1. CER 거래 개시 • 2010.5.31. NASDAQ OMX의 인수 승인 • 2010.11.1. NASDAQ OMX Commodities Europe으로 변경	• 2005.4.22. EUA 선물 거래 개시 • 2010.4. ICE가 인수	• 2007 CER 거래 개시 • 2007.12. 탄소 시장을 NYSE Euronext와 Caisse des Depots에 매각 • 2012.12.5. EU ETS ph3 경매 기능 유치 실패 및 수익성 악화로 폐쇄	• 2005.10.4. EUA 선물 거래 개시 • 2008.3.26. CER 선물 거래 개시
거래 상품	• EUA Spot/Futures/Pptions • CER Spot/Futures/Options 등	• 선물 중심 • EUA Futures/Daily Futrers/Futures Options • CER Futures/Daily Futures/Futures Options • EUAA 등	• 현물 중심 • EUA Spot/Futures, CER Spot/Futures 등 • Green CER	• EUA Spot/Futures • EUAA Spot/Futures • Green/Grey CER Spot • CER Futures 등
거래 개요	• 거래 시간 08:00~18:00(CET) 17:55~18:00 종가 결정	• 거래 시간 07:00~17:00 • EU ETS ph3, 영국 경매 대행	• 거래 시간 08:00~18:30	• 거래 시간 08:00~18:00 13:00~15:00 경매 • EU ETS 유럽 및 독일 경매 대행
청산 시스템	• NASDAQ OMX Clearing(Geniu, INET Clearing Workstation)	• ICE Clear Europe	• LCH Clearnet SA	• ECC(European Commodity Clearing AG)

자료 제공: 홍원경

있다. 시장 거래는 주식과 마찬가지로 지정된 시장에서 배출권을 거래하는 것으로 우리나라는 한국거래소^{KRX}가 공식 배출권 거래소로 지정되어 있다. 물론 주식과 마찬가지로 장외 거래도 가능하다.

그 외의 방식으로 배출권을 구할 수 있는 경로가 바로 경매다. 산성비 프로그램을 시행하면서 배출권 경매의 효과를 이미 경험한 바 있기 때문에 대부분의 온실가스 배출권 거래제도 경매를 허용하고 있다. 경매의 목적은 기업의 진입 장벽 완화, 가격 완충 기능에 있다. EU나 미국 캘리포니아 배출권 거래제에서는 대부분 단일가 방식을 따르고 있는데, 높은 가격의 입찰 물량부터 순차적으로 낙찰된다. 낙찰 가격은 경매 수량 전부가 체결되는 수준에서의 입찰 가격으로 결정된다.

우리가 실제 고려할 수 있는 경매는 이런 방식 말고도 매우 다양하게 존재하는데, 유형에 따라 경매 참여자의 담합 가능성과 공정 가격 낙찰 가능성이 달라진다.

배출권 경매에 대한 연구는 아직 우리나라에서 많이 부족한 상태다. 우리나라에서도 배출권 시장의 특수성을 고려해 어떤 제도가 적합한지에 대한 보다 면밀한 연구가 필요하다.[3]

배출권 거래제에 대한 미신

배출권 거래제의 초기 시행 과정에서 경험하는 대부분의 실망은 제도에 대해 갖는 막연한 기대 때문이다. 이들 기대는 배출권 거래제에 대한 미신으로 연결되기도 한다.

배출권 거래제는 만병통치약이다

배출권 거래제 아이디어를 처음 제안한 존 데일스는 "시장 제도를 통해 정책 목표를 달성할 수 있다면 어떤 정책 입안자도 이를 거부하기 힘들 것이다"는 말로 이 제도를 향한 무한한 애정을 표시했다. 당시는, 그러니까 1960년대는 계량경제학과 수리경제학이 정교하게 발달하면서 경제학의 자신감이 충만할 때였다. 케네디 행정부 때는 많은 경제학자들이 등용되어 경제정책 과정에 직접적으로 참여했으며, 적지 않은 경제학자들이 백악관 안팎에서 정책 수립에 적극 활동했다. 그들의 자신감이 어떠했는지는 1963년 대통령경제자문회의의 일원이기도 했으며 후에 노벨 경제학상을 수상한 제임스 토빈의 말에서도 느낄 수 있다. 그는 경제 구조에 대한 경제학의 지식은 완전에 가까워져서 "이제 경제성장률, 실업률, 인플레이션 등의 거시 경제적 지표에 관해 6개월 앞까지 소수점 이하 두 자리 수의 정밀도를 갖고 예측 가능하게 되었다"고 말했다. 그러나 현실은 그렇게 단순하지 않았다. 경제를 제어할 수 있다는 경제학계의 자신감에도 불구하고 이후 미국 경제는 만성적인 쌍둥이 적자에 시달렸다.

시장 메커니즘 중의 하나인 배출권 거래제가 이러한 시대적 배경에서 나왔다는 점은 기억해둘 만하다. 다행인 점은 배출권 거래제를 연구한 많은 이들이 그동안의 경험을 통해 시장에 대한 지나친 과신만으로는 성공적인 배출권 거래제를 보장할 수 없다는 것을 배웠다는 것이다. 데일스가 배출권 거래제에 대해 강한 자신감을 보였던 1968년으로부터 30년이 지난 1998년, 하버드대학교 케네디 스쿨 로버트 스타빈스 교수는 배출권 거래제가 결코 만병통치약이 아니라는 사실을 강조했다. 제도가 잘못 설계되면 엉뚱한 역에 들어간 기차와 같은 파국을 맞을 수도 있다는, 배출권 거래제에 대한 애정 어린 충고였다.

배출권 거래제는 탄소세와 마찬가지로 저탄소 사회를 이루기 위한 경제적인 수단 가운데 하나일 뿐이다. 정책이 제대로 설계되고 운영된다면 온실가스를 비용 효과적으로 줄일 수 있겠지만 잘못 설계되면 독이 될 수도 있다.

배출권 거래가 활발할 것이다

시장에 갖는 지나친 과신 중의 하나는 배출권 거래가 활발할 것이라는 기대다. 그러나 실제 거래가 활발하게 일어난 배출권 거래제는 그리 많지 않다. 특히 거래제 시행 초반의 거래 부진은 더욱 눈에 두드러진다. 도쿄도에서 2010년부터 시행하고 있는 배출권 거래제는 1단계 계획 기간인 2014년까지 온실가스를 약 6~8퍼센트 줄여 나름 성공했다는 평가를 받지만 배출권 거래는 매월 수십 건에 불과했다.[4] 가장 성공적이라는 아황산가스 배출권 거래제조차 시행 초반에는 거래가 많지 않았고, 있는 경우에도 대부분은 발전 회사 내부 거래였다. EU ETS 역시 마찬가지였는데, 2005년 시행 이후 첫 2년 동안 배출권 총 매수 규모 약 13억 톤 가운데 8억 톤은 내부 거래였다. 우리나라 배출권 거래제 역시 초기 거래 규모는 그리 대단하지 않을 것이다.

사업 초기의 거래 부진은 그리 문제가 되지 않는다. 대부분의 기업들이 사업 초반을 일종의 학습 기간으로 여기면서 배출권 매매에 적극 참여하기보다는 시장 상황을 관망하는 경향이 있기 때문이다. 설사 배출권이 남아도는 경우에도 시장에 내다팔려고 하기보다는 이월을 하려는 유인도 강하게 작용한다. 그러나 부진한 거래의 원인이 정부 규제의 불확실성이나 정책을 신뢰하지 못한 데 있다면 이는 심각하게 받아들여야 한다. 배출권 거래제는 문자 그대로 '거래'가 핵심인데 '거래'가 실종된 배출권 거래제는 시장 기능을 상실한 강제적인 배출 할당제, 즉 쿼터제로 퇴화하는 것을 의미하기 때문이다. 예를 들어 정부의 시장 개입 룰이 사전에 명확히 정의되어 있지 않으면 배출권 거래 참여자가 장기적인 안목을 갖고 배출권을 거래할 유인이 없어지게 된다.

배출권 거래의 또 다른 특징은 연중 내내 거래가 활발하기보다 특정 시기에 집중된다는 점이다. 온실가스 배출량이 얼마나 될지 제대로 파악하지 못하는 상황에서 기업은 배출권 가격이 올랐다고 배출권을 팔고, 가격이 내렸다고 쉽게 배출권을 살 수 있는 입장이 아니다. 그러한 이유 때문에 주로 배출권을 청산하는 시기에 배출권 거래가 몰리는 경향이 있다(이를 '거래 목적 시간대 불일치로 인한 시장 불균형'이라고 부를 수 있다. 거래 시장에서 투자자들은 비교적 짧은 주기를 갖고 매도, 매수 전략을 구사하지만 할당 대상 업체는 청산 시기에 집중해 배출권을 확보해야 하는 경향이 있다). EU ETS의 시장 거래 데이터를 들여다보면 배출량에 대한 검인증과 청산이 이루어지는 매년 12월과 4월에 거래가 집중적으로 몰리는 것을 발견할 수 있다.

기업이 배출량을 실시간으로 측정할 수 있는 연속 모니터링 시스템을 갖추는 것은 배출권 시장을 활성화시키는 데 제한적으로나마 도움이 된다. CO_2 배출량의 실시간 모니터링 통계는 공식적인 배출량의 검인증 결과와 어느 정도 오차가 있겠지만 배출권이 부족한지, 아니면 남을지에 대한 대략적인 정보를 제공해주어 기업이 배출권 거래에 보다 적극적으로 나설 수 있게 도와주기 때문이다. 예를 들어 지금도 발전 회사는 에너지를 이용해 전력을 생산하는 특성상 거의 실시간으로 CO_2 배출량을 파악할 수 있는 덕분에 다른 산업체에 비해 비교적 용이하게 배출권의 매입이나 매도 전략을 세울 수 있다.

전력거래소의 중앙 관제 센터. 우리나라 전체 전력 생산량뿐만 아니라 CO_2 배출에 대한 정보도 실시간 모니터링이 가능하다. 이와 유사하게 개별 발전 회사의 제어실에서도 CO_2 배출 통계가 실시간으로 모니터링된다.

이상의 내용을 요약해서 말하면, 당분간 배출권 시장은 너무 뜨겁지도 그렇다고 차갑지도 않은 골디락Goldilocks 상태일 가능성이 크다.

2005년 EU ETS가 막 출범했을 때 탄소 배출권의 본 고장인 유럽 배출권 거래소를 방문할 기회가 있었다. 북유럽의 전력 거래와 배출권 거래를 관장하는 노드풀의 배출권 거래 데스크에는 다섯 명의 전담 딜러가 있었다. 하지만 이들은 탄소 배출권만 전문적으로 거래하는 인력이 아니었다. 기존의 전력 거래 업무에 배출권으로까지 거래 영역을 확대한 인력이었다. 지난 정부에서는 녹색성장을 위해 녹색금융의 현장 실무 인력을 총 600여 명 양성한다는 목표를 세운 바 있다. 국내에 탄소 거래 전문 인력이 턱없이 부족한 것은 사실이다. 하지만 시장에 대해 기대치가 너무 높은 것도 사실이다. 나는 청년들이 관심을 갖고 문의할 때마다 탄소 시장만 보지 말고 다른 상품 거래나 리스크 관리, 프로젝트 경영 등의 경험을 반드시 함께 쌓을 것을 권고한다.

성급한 기대 대신 인내심을 갖고 탄소 시장을 바라봐야 한다. 시장이 성숙해지려면 세월이 걸리기 때문이다.

배출권 파생상품의 역할이 클 것이다

배출권 거래제에 갖는 또 다른 미신 가운데 하나는 배출권 파생상품에 대한 성급한 기대다. 파생상품에 특별한 기대를 갖는 이유 중 하나는 배출권 거래의 부진을 파생상품이 해소해줄 것이라고 믿기 때문이다. 현물 중심의 거래 시장보다 선물futures을 통해 배출권 거래가 더욱 활성화될 수 있다는 것은 어느 정도 사실이다. 그러나 배출권은 다른 파생상품과는 달리 거래 활성화 측면에서 몇 가지 주목해야 할 특성이 있다.

파생상품 가운데 대표격인 선물을 보자. 선물의 중요한 역할 중 하나는 리스크 관리인데, 배출권의 경우에는 리스크를 관리하는 목적으로 선물을 필요로 하는 경우가 제한적일 수 있다. 향후 금이나 석유의 가격이 오를 것 같으면 선물을 매수하는 방식으로 가격 리스크를 헤지한다. 이와 마찬가지로 배출권 시장에서도 선물을 통해 리스크를 헤지할 수 있다. 그러나 배출권은 이월이 가능하기 때문에 미래에 배출권 가격이 오를 것 같으면 선물을 매수하는 대신 배출권을 미래로 이월시키는 방식을 택할 수 있다. 여기서 배출권 선물의 역할이 일반 선물에서보다는 조금 감소된다.

또 다른 이유는 제도적 불확실성이 선물 거래에 미치는 영향이다. 선물은 실물인수도가 이루어지는 만기 이전에도 무수히 거래될 수 있기 때문에 시장의 유동성을 증대시킨다. 하지만 이러한 거래가 활성화되기 위해서는 합리적으로 예측 가능한 시장이 조성되어야 한다. 배출권 거래제에 장치해놓은 여러 종류의 부수적인 정부 규제는 시장의 합리적 예측 능력을 저해할 수 있다는 점에 유의해야 한다. 예를 들어 우리나라의 배출권 거래제에서는 배출권 가격이 폭등하는 것에 대비해 다양한 시장 안정화 조치를 두고 있다. 배출권 가격이 단기간에 지나치게 상승하면 정부가 보유한 예비 물량을 풀거나 배출권 최고 매매 가격을 설정할 수도 있다(그 외에 상쇄배출권과 배출권 차입을 이용하는 방식도 허용하고 있다). 문제는 이러한 다양한 방식 가운데 규제 당국이 무엇을 택할지 모른다는 점이다. 예비 물량을 풀어 가격 하락을 유도하는 공급 중심 정책과 최고 가격 자체를 설정하는 가격 중심 정책은 배출권 시장에 유사하면서도 미묘하게 다른 영향을 미친다. 이처럼 규제 당국이 행사하는 시장 관리 수단의 불확실성이 존재하는 상황에서는 시장에서 거래 참여자가 리스크를 적극적으로 헤지하려는 유인이 감소하게 된다. 즉 배출권 선물 시장에 적극 참여하기보다는 배출권을 그냥 쌓아두게 되는 것이다.

이런저런 이유로 환경 관련 여러 규제 조치가 얽혀 있는 배출권 거래제에서는 선물 시장이 성장하는 데 한계가 있다. EU ETS를 예로 들어보면 현물 규모 390억 달러일 때 거래소 기준 파생상품의 규모는 710억 달러로 현물 대비 파생상품의 비율은 1.8배였다. 초기에 비해 거래가 많이 늘었다고 하지만 원유 34배, 천연가스 56배,

밀 54배에 비하면 현저히 낮은 수치다. 배출권 시장에서 선물의 비중이 이처럼 낮은 것은 거래제 자체가 정부의 배출권 할당 계획이나 가격 조치 등 규제 정책에 많은 영향을 받기 때문이다.

우리나라의 경우 에너지 공기업이 존재하는 특성도 무시할 수 없다. 공기업의 경영 평가나 정부 정책에 의해 에너지 공기업이 시장의 룰과 상관없이 배출권을 거래하는 상황이 발생하면 시장의 합리적 예측을 저해할 수 있고, 궁극적으로 현물뿐 아니라 파생상품 시장 발달에도 부정적으로 기능하게 된다.

상쇄 시장의 역할이 중요하다

배출권 거래제는 제도의 유연성을 높이기 위해 상쇄 시장을 허용하고 있다. 나무를 심거나 에너지 효율을 개선하는 외부 사업을 통해 온실가스를 감축하면 그만큼의 노력을 인정해 크레디트를 발행해 주는 식이다. 앞에서 소개한 CDM 프로젝트가 대표적인 유형이다.

일단 한 번 배출된 온실가스는 전 지구를 돌아다니기 때문에 반드시 의무 감축국 영토 내에서만 온실가스를 줄일 필요가 없다. 영국이 줄이기로 약속한 만큼의 온실가스를 필리핀이나 남아프리카공화국에서 줄이면 글로벌하게는 동일한 감축인 셈이다. 이러한 점에서 CDM 같은 유연성 프로그램은 배출권 거래제의 수용성을 높일 수 있는 좋은 방법이다. 그러나 상쇄 제도에 긍정적인 면만 있는 것은 아니다. 특히 규제 시장 바깥의 자발적인 상쇄 제도는 국가가 주도하는 강제적인 배출권 거래제와 달리 부작용이 있을 수 있다. 이러한 점에서 배출권 시장이 성숙한 단계로 발달하기 전까지는 자발적 상쇄 시장과 적절히 거리를 두는 것이 바람직하다. 몇 년 전 방영된 BBC 다큐멘터리《탄소 사냥꾼》에는 개도국 농민들이 메탄 배출을 줄이는 프로젝트에 참여하고 그 대가로 탄소 크레디트를 받는 장면이 나온다. 탄소 시장에 관한 많은 비난은 사실 이와 같은 '자발적' 탄소 시장에서의 탄소 사냥 행위를 겨냥하고 있다. 탄소 배출을 줄이자는 본연의 목적이 옆길로 빠질 위험이 크다는 점, 또 탄소 시장이 실체가 없는 허구적인 상품^{fictitious commodity} 거래로 포장되어 있다는 점이 주된 지적 사항이다.

기존의 관습이나 비즈니스로 행하던 벌채를 줄이면 그에 상응하는 크레디트를 발행해주는 상쇄 제도도 있다. REDD^{Reducing Emissions from Deforestation and Forest Degradataion}로 불리는 이 제도는 취지는 좋지만 측정의 문제가 존재한다. 즉 나무를 얼마나 심었느냐가 아니라 이 제도가 없었다면 얼마나 벌채를 했을지 알아야 한다. 따라서 측정 과정에서 '만일'이라는 가설이 자주 들어갈 수밖에 없고, 이는 이 제도에 의해 발행되는 탄소 크레디트의 신뢰성을 저해하게 된다.

다른 부작용도 있다. 환경 저널리스트 마크 도위는 케냐, 탄자니아, 페루, 인도네시아 같은 지역에서 REDD 사업이 토착 원주민들의 토지 이용권을 박탈하는 현실을 고발한다.[5] 이들 원주민은 수백 년에 걸쳐 숲에서 먹을 것과 땔감을 조달해왔는데 어느 날 갑자기 상쇄 사업자들이 몰려와 이들을 몰아내기 시작한 것이다. 온실가스를 흡수한다는 좋은 취지를 가진 사업일지라도 생존권을 박탈당하는 이들 앞에서는 그 명목을 잃을 수밖에 없다.

상쇄 시장을 남용하는 데 따르는 위험은 탄소 사냥꾼이 주로 활약하는 자발적 시장에서뿐만 아니라 CDM 같은 규제 시장에서도 존재한다. 예를 들어 CDM 프로젝트를 투자 대상으로 삼아 이를 증권화securitization하는 과정에서 애초 의도하지 않았던 부작용이 발생할 수 있다. 여러 부동산 자산을 담보로 유가증권을 발행하는 자산 유동화처럼 CDM도 여러 개의 소규모 프로젝트를 묶어 유동화할 수 있다. 이 같은 비즈니스 방식은 일반 사업의 프로젝트 파이낸싱처럼 카본 파이낸싱 측면에서 주목받았다. 그러나 2008년 금융 위기를 초래한 CDO^{Collateralized Debt Obligation}(부채담보부증권으로 주택 담보 대출을 기초로 만든 파생상품을 의미한다)처럼 CDM 사업에서 발행하는 증권이 부실 관리될 경우 전체 탄소 시장의 신뢰성이 크게 손상을 입을 수도 있다. 수백, 수천 개의 주택 담보대출을 근간으로 만든 CDO는 고전적인 형태에서 출발해 여러 종류의 합성 형태로 발전했는데, 부동산 자산을 담보로 하고, 이를 다시 담보로 재탕을 거듭하는 방식이다. 이렇게 복잡한 파생상품 구조를 가질 때는 만의 하나 채무 불이행 사태가 발생할 경우 책임 소재를 가리기가 힘들다. 제대로 평가하기도 힘든 여러 리스크 자산을 묶은 상품을 버젓이 판매하는 월스트리트를 가리키며 제프리 삭스는 "일단의 범죄적 행위prima facie criminal behavior"라고 규정한다.

그나마 여러 단계의 감시 기구라도 있는 미국에서도 CDO 같은 구조화 상품의 관리가 부실해 금융 위기를 경험했다. 그런 만큼 아직 성숙 단계에도 이르지 못한 CDM이나 여타 상쇄 시장에 실험적인 금융 상품을 도입하려 한다면 이는 과유불급의 결과를 초래할 수 있다(모뉴엘이라는 가전 회사가 홍콩 공장에 대해 조작한 서류만 보고

무역보험공사가 보증서를 발행해준 사기 사건을 생각해보면 멀리 제3국에서 이루어지는 복수의 소규모 CDM 사업에 대한 검증 또한 쉬운 과제가 아님을 알 수 있다). 2009년 상반기 미국 하원 청문회에서도 소규모 상쇄 프로젝트를 묶어 상품화하는 카본 번들링carbon bundling이나 카본 증권화carbon securitization와 연관되어 이른바 서브프라임 탄소 리스크에 주의해야 할 필요성이 강조된 바 있다는 사실을 기억해둘 필요가 있다(카본 증권화의 예로 2008년 크레디트스위스Credit Suisse가 3개의 나라에서 개발한 25개의 옵셋 프로젝트를 5개의 프로젝트 운영 주체가 증권화해 투자자한테 판매한 것을 들 수 있다. 이는 구조적으로 주택 담보대출 기반 증권과 거의 동일하다).

배출권 거래제에 대한 불신

배출권 거래제에 대한 미신 이상으로 불신도 크다. 그 가운데 배출권 거래제의 존재 자체를 불법적으로 바라보는 극단적인 견해는 마이클 샌델을 중심으로 이미 살펴보았다. 이제는 좀 더 기술적인 측면에서의 부정적인 입장을 살펴보도록 하자.

가격 변동성이 너무 크다

배출권 거래제에 대한 흔한 지적 가운데 하나가 가격 변동성이 너무 크다는 것이다. EU ETS도 처음에는 5유로에서 출발해 25~30유로까지 상승한 뒤 다시 5~7유로대로 하락했는데, 한마디로 가격 등락폭이 너무 크다는 것이 비판의 요지다.

　배출권 가격의 변동성에 대한 비판의 대부분은 배출권 거래제의 특성을 제대로 이해하지 못해 생긴 오해에서 발생한 것이다. EU ETS 시행 초반에 경험했던 배출권 가격의 상승 원인은 앞서 이야기한 바와 같이 그동안 잠재되어 있던 배출권 거래에 대한 기대가 교토의정서의 발효로 시장에서 발현된 결과이다. 여기에 유가 상승의 영향이 있었다. 또한 2007년 빈티지 배출권 가격이 거의 제로 수준으로 하락한 것도 원래 그렇게 되도록 설계한 것이지 시장에서 전혀 예상치 못한 이상 현상이 아니었다.

시장에서 재화의 가격은 오르기도 하고 내리기도 한다. 지금의 배출권 가격은 에너지 가격과 거시 경제 활동을 반영한 결과이다. 오히려 배출권 가격의 변동은 시장이 제대로 작동하고 있다는 징표라고 할 수 있다. 금이나 석유 같은 다른 상품들의 가격 변동성과 비교해보면 배출권 가격의 변동성은 오히려 작다고 할 수 있다. 물론 과거 경험을 통해 과다 할당은 가격 폭락을 초래할 수 있다는 중요한 교훈을 얻은 바 있다. 하지만 이는 거래 제도를 제대로 설계하고 시행하면 극복할 수 있는 문제다.

배출권 시장은 죽었다

EU에서 배출권 가격이 저점대에서 벗어나지 못하자 배출권 시장은 죽었다는 비관론이 확산되었다. 매년 말 이루어지는 기후변화 당사국총회에서 온실가스 감축을 둘러싼 국제 협상이 실패로 끝날 때마다 배출권 시장은 죽을 것이라는 전망이 나오기도 했다.

시장 규모만 보면 이런 비관론은 그럴듯해 보인다. 배출권 시장은 태동 단계인 2005년 94억 유로(8억 CO_2톤)에서 2009년 940억 유로(80억 CO₂톤)로 급성장했다. 이후 2011년 기준으로 탄소 시장은 총 960억 유로 규모까지 커졌지만 경제 여건이 개선되지 않으면서 시장 규모는 계속 줄어들었다. 2012년 620억 유로, 2013년에는 약 400억 유로까지 줄어든 것으로 추정된다.

시장이 이처럼 반토막 난 가장 큰 이유는 이 기간에 EU의 배출권 가격이 15유로에서 5유로 수준으로 하락했기 때문이다. UN의 유연성 메커니즘 프로젝트인 CDM 시장에서 거래되는 탄소 배출권 CER 가격도 1유로 미만으로 떨어졌다. 이는 배출권 가격이 다시 상승하면 시장 규모 역시 커진다는 것을 의미한다. 경기에 따라 좋았다 나빴다 하는 고무줄 같은 거래 시장의 규모를 두고 너무 비관론에 빠질 필요는 없다(그보다는 계속 이 책에서 역설하고 있는, 배출권 거래제 본연의 정신에서 벗어난 설계로 인해 겪게 되는 부작용을 더 염려해야 할 것이다). 오히려 배출권 거래제에 참여하는 국가나 지역은 증가하고 있으며, 거래 시장의 이해관계 그룹의 수도 많아지고 있다. 국제탄소행동파트너십ICAP, International Carbon Action Partnership은 오늘날 35개 국가, 12개 지역과 7개 도시에서 탄소 배출권 거래제가 시행되고 있거나 도입 예정이며, 이들 지역은 글로벌 GDP의 약 40퍼센트를 담당하고 있다는 점을 강조하고 있다. 대마불사too big to fail의 논리가 여기서도 통한다면 배출권 시장은 쉽게 죽지 않을 것이다.

배출권 시장에서 조작과 횡재 이윤이 가능하다

배출권 거래제에 대한 또 다른 우려의 목소리는 배출권을 많이 할당받은 기업이 시장 가격을 조작하는 식의 시장 지배력 행사가 가능하다는 것이다. 배출권 시장에서 시장 조작은 여러 유형으로 나타날 수 있다. 잉여 배출권이 있어도 이를 시장에 내다팔지 않고 계속 보유함으로써 배출권 가격을 상승시켜 결국 경쟁 기업의 생산 비용 상승을 유도하는 방식으로 자신의 시장 지배력을 확대하는 전략이 대표적인 유형이다. 시장 정보를 차단하거나 교란시킴으로써 차액 거래의 기회를 극대화하는 행위 역시 시장 조작에 해당한다. 하지만 아직까지 우려의 소리만큼 시장 조작이 실제 사례로 보고된 경우는 많지 않다. EU에서 배출권을 과다 할당받은 영국과 독일의 발전 회사들이 우월한 물량을 이용해 시장에서 힘을 행사했다는 정도다. 즉 발전 회사가 온실가스를 줄이는 비용보다 높은 수준에서 배출권 가격이 결정되도록 간접적으로 시장을 조작했다는 것이다. 이는 EU ETS 1단계 사업 기간인 2005~2007년 발전 회사를 중심으로 대형 배출 업체들이 누린 이른바 횡재 이윤windfall profit 문제로 부각되기도 했다.

배출권을 무상으로 과다 할당받은 기업은 실제 배출량을 뺀 만큼 수입, 즉 횡재 이윤을 챙길 수 있다. 이는 배출권 거래제의 시장 신뢰성을 훼손할 수 있는 문제이기 때문에 엄격하게 다루어져야 한다. 그러나 EU와 우리나라의 상황이 미묘하게 다르다는 점에 주목할 필요가 있다. EU ETS에서 경험한 횡재 이윤이나 시장 조작은 기업 배출량을 파악할 수 있는 미시 통계 데이터가 부재해서 발생한, 과다 할당에 기인한 문제였다. 2005년 EU ETS가 출범할 당시에는 기업의 설비 단위별 배출량 데이터베이스를 제대로 구축한 나라가 없었기 때문에 정확한 배출량을 몰라 과다 할당으로 연결될 소지가

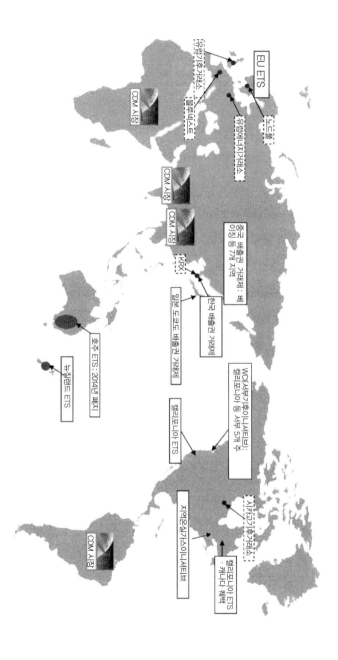

실선의 박스는 주요 배출권 거래체를, 점선의 박스는 주요 거래소를 나타내고 있다. 상쇄 시장인 CDM은 주로 사업이 많이 이루어지는 중국, 남미, 인도, 아프리카 중심으로 표시했다. 호주의 ETS는 2014년 폐지되었다.

지도 내 레이블:

- 유럽기후거래소
- EU ETS
- 블루넥스트
- 유럽에너지거래소
- 노드풀
- CDM 시장
- CDM 시장
- CDM 시장
- 중국 배출권 거래체제 : 베이징 등 7개 지역
- KRX
- 한국 배출권 거래체제
- 일본 도쿄도 배출권 거래체제
- WCI(서부기후이니셔티브): 캘리포니아 등 서부 5개 주
- 캘리포니아 ETS
- 지역온실가스이니셔티브
- 시카고기후거래소
- 캘리포니아 ETS : 캐나다 퀘벡
- 호주 ETS: 2014년 폐지
- 뉴질랜드 ETS
- CDM 시장

컸다. 따라서 EU ETS 1단계 사업 기간의 성과를 빌미로 배출권 거래제의 시장 지배력 문제를 지적하는 것은 과장된 경고라고 할 수 있다(게다가 시범 사업에 해당하는 기간이었다). 실제로 EU ETS 1단계에서의 과다 할당이 미친 수급 불균형 문제를 지적한 학자들도 2단계 사업이 시작된 2008년부터는 배출권 시장이 성숙해지고 있다는 점을 인정하고 있다.

우리나라의 현재 여건은 EU ETS가 처음 출범했을 때보다 훨씬 나은 상황이다. 온실가스·에너지목표관리제와 몇 차례 시범 사업을 통해 주요 기업의 온실가스 통계가 잘 구축되어 있기 때문이다. 또한 시장 지배력이 실제 문제가 될 수 있는 상황이라 할지라도 배출권 경매를 활용해 문제를 완화할 수도 있다. 배출권 경매의 본래 목적 자체가 추가 물량을 시장에 풀어 신규 기업의 진입 장벽을 해소하는 데 있다. 물론 경매에서도 부작용이 발생할 수 있다. 아황산가스 배출권 경매의 경우 한때 경매 물량의 90퍼센트 이상을 아메리칸일렉트릭파워AEP가 차지하는 등 물량이 소수 기업에 몰리는 문제가 발생했다. 하지만 이러한 시행착오를 거쳐 보다 진화한 형태로 발전한 캘리포니아 배출권 거래제는 경매 낙찰 물량의 보유 한도를 설정해두고 있으며, 시장 집중도 역시 상시적으로 모니터링한다.[6]

배출권 이월과 선물 시장의 존재도 시장 조작과 지배력을 억제하는 힘을 가진다. 현물 거래 중심일 때는 대규모 배출 사업장이 시장에서 영향력을 행사할 가능성이 있으나 선물과 이월을 통해 거래 유연성이 증가하면 시장 조작의 여지가 줄어들기 때문이다.[7] 시장 지배력에 관한 개념상의 오해도 풀어야 한다. 우리나라 배출권 거래제에서 시장 지배력 문제로 가장 주목을 받는 부문이 발전 부문이다. 하지만 이는 시장 지배력에 대한 오해에서 비롯된 것이다. 법적인 의미에서 시장 지배적 사업자란 "일정한 거래 분야의 공급자나 수요자로서 단독으로 또는 다른 사업자와 함께 상품이나 용역의 가격, 수량, 품질, 기타의 거래 조건을 결정, 유지 또는 변경할 수 있는 시장 지위를 가진 사업자"로 정의된다. 하지만 이렇게 법적인 정의가 분명히 있음에도 시장 지배력은 종종 막연하게 시장점유율과 같은 뜻으로 사용되는데, 이런 해석대로라면 국내 전력 공급의 90퍼센트를 담당하는 발전 공기업은 시장 지배적 사업자가 된다. 하지만 발전 공기업이 과연 전기 요금을 마음대로 정할 수 있을까? 주지하다시피 발전 공기업이 받는 전기 요금은 정부에 의해 직간접적으로 규제되고 있어 시장 조작을 하기가 힘들다.[8]

탄소 사기로 탄소 시장은 부패했다

EU에서 배출권 시장이 한참 커지기 시작할 때 탄소 시장을 둘러싼 사기가 언론의 주목을 받았다. 대표적인 사례가 부가세 사기였다. 부가세를 내지 않아도 되는 지역에서 배출권을 구매한 후 이를 다른 나라에서 팔 때 부가세를 포함시키는 방식이다. 2009년 영국에서는 이러한 방식으로 380만 파운드 상당의 사기가 발생했다. 이탈리아에서도 2010년 같은 방식의 사기가 적발되었는데, 다수의 거래자들이 관련된 이 사건의 규모는 약 6억 6,000만 달러였다.

　　부가세 사기는 국가 간 거래 시 부가세를 면제해주는 환경을 이용한 것이다. 국내 거래 시 발생한 부가세는 당연히 국가에 반환해야 한다. 하지만 사기범들은 국내 고객이 지불한 부가세를 국가에 반환하지 않고 이익으로 챙겼다. 유로폴은 배출권 부가세 사기로 인한 정부 수입의 손실이 2009년 기준으로 약 50억 유로일 것으로 추산한다.

탄소 배출권은 해커의 공격 대상이 되기도 한다. 2011년 1월 18일, 프라하의 한 회사로 폭탄 협박 메시지가 전달되었다. 이 회사의 이름은 OTE로, 체코의 온실가스 등록 통계인 레지스트리를 담당하고 있었다. 회사의 전 직원이 대피했고 경찰이 건물을 샅샅이 뒤졌다. 하지만 폭발물의 흔적은 발견하지 못했다. 문제는 다음 날 발견되었다. 고객들의 계정에서 디지털화된 탄소 배출권이 없어진 것이다. 체코의 에너지 회사인 CEZ그룹에서는 수분 만에 약 700만 유로 상당의 배출권이 사라졌다. 소실된 배출권은 며칠 뒤 에스토니아, 폴란드 그리고 파리 거래소를 거쳐 로열더치쉘, 크레디트스위스 등의 기업에 팔린 것으로 드러났다. 해킹을 주도한 네 명의 영국인은 몇 년 뒤 체포돼 법정에 세워졌는데, 총 19년의 징역형을 언도받았다.

탄소 시장의 규모가 커지면서 그 외의 탄소 사기, 탄소 계정 해킹 등과 같은 다양한 유형의 사기가 계속 등장했고, 탄소 시장은 불건전하다는 비판의 목소리도 커졌다. 탄소 사기는 분명 막아야 할 범죄다. 하지만 탄소 사기를 이유로 배출권 거래제 전체를 부정할 수는 없다. 탄소 사기나 탄소 계정 해킹 문제 때문에 탄소 시장을 부정하는 논리는 전체 금융시장을 부정하는 것과 마찬가지다. 금융 사기도 금융시장과 함께 늘 존재하는 문제지만 예나 지금이나 금융 시장은 우리 경제의 중요한 축으로 기능하고 있다.

결코 금융시장이나 탄소 시장에서 발생하는 부정적인 문제를 무시하자는 말이 아니다. 불상사가 발생하지 않도록 최대한의 노력을 강구해야 하며, 문제가 발생하면 시의적절한 해법을 모색해야 할 것이다. 2014년 아마존 베스트셀러 목록에 줄곧 이름을 올린 『플래시 보이스Flash Boys』는 초단타매매High Frequency Trading를 이용한 월가의 탐욕과 이것이 시장에 미치는 부작용을 드라마틱하게 묘사하고 있다. 잘 알려진 바와 같이 초단타매매와 알고리즘 거래는 2008년 금융 위기의 배후로 주목받은 금융 거래 기법이다. 이후 초단타매매에 대한 규제와 부작용을 막기 위한 방안에 대한 검토가 지속적으로 이루어지고 있다. 하지만 시장 자체가 부정당하는 일은 없다. 배출권 시장도 마찬가지다. 문제가 있다면 맞서 해결해야지 기피해야 할 일이 아닌 것이다.

탄소 비용 없는 곳으로 기업이 공장을 이전할 것이다

배출권 거래제로 탄소 비용이 발생하면 기업들은 보다 환경 규제가 느슨한 국가로 이전할 것이라는 우려가 있다. 이를 전문 용어로 탄소 누출carbon leakage이라고 한다. 한 지역 또는 한 국가에서의 배출 감소가 다른 지역이나 다른 국가에서의 배출 증가로 인해 부분적 또는 전반적으로 상쇄되는 현상을 말한다.

탄소 누출은 그 우려만큼 실제로 관찰된 바가 많지 않다. 물론 기업의 해외 이전을 유발할 만큼 높은 수준의 배출권 가격은 생각해볼 여지가 있다. 그러나 아직까지 탄소 누출에 대한 경험적으로 관찰된 증거는 거의 없으며, 관련 연구조차 대부분 이론적인 가능성을 이야기하고 있을 뿐이다. 이 문제에 대해 심도 있게 조사한 EU와 OECD 보고서에서도 탄소 누출에 대한 설득력 있는 증거를 찾지 못했다고 하고 있다. 탄소 시장 전문 컨설팅사인 포인트카본 Point Carbon 조사에서도 EU 소재 기업의 80퍼센트는 탄소 비용 회피를 위해 EU 역외로 사업장을 이전하는 문제에 대해 전혀 고려하지 않는 것으로 나타났다.

배출권 거래제와 탄소세 논쟁

지구온난화를 막기 위한 시장 중심의 온실가스 감축 정책으로 배출권 거래제만 있는 것은 아니다. 탄소세 역시 시장 중심의 메커니즘인 것은 앞에서 간략히 언급했다. 두 제도가 유사한 목적을 갖고 있다보니 배출권 거래제와 탄소세 가운데 어느 쪽이 우수한 제도인지에 대한 논란이 있을 수밖에 없었다. 그 논쟁은 수십 년에 걸쳐 이어졌는데 어느 한쪽이 일방적으로 더 우수하다고 말할 수는 없다. 하지만 환경 투자를 촉진한다는 점에서 대체적으로 배출권 거래제가 더 우수하다는 판정을 받고 있다. 다만 EU의 배출권 거래 시장이 좌초되었다는 평가가 나오면서 탄소세를 옹호하는 입장이 다시 강하게 부상하고 있다.

탄소세는 과연 배출권 거래제보다 결함이 적을까? 배출권 거래제를 반대하는 가장 흔한 비판 가운데 하나가 과다 할당(또는 과소 할당) 문제다. 배출권을 과다 할당할 경우 기업들이 온실가스를 줄이려는 노력을 하지 않을 거라는 지적이다. 그럼 탄소세의 경우에는 과다 할당 같은 문제가 존재하지 않는 것일까? 지나치게 낮게 책정된 탄소세율은 배출권 거래제의 과다 할당에 해당한다. 따라서 탄소세 역시 과다 할당의 이슈로부터 자유로울 수 없다.

배출권 거래제는 부가세 사기나 해킹의 대상이 되기 때문에 탄소세가 바람직하다는 주장도 있다. 그러나 이 역시 거래제의 단면만 본 결과이며 금융 사기는 배출권 거래제에만 있는 문제는 아니다. 탄소세 역시 유사한 사기나 범죄로부터 완전히 자유로울 수 없다. CAR^{Climate Action Reserve}의 데릭 브로이크호프는 EU에서 벌어진 사기 행위에 대해 분명 잘못된 일이지만 이로 인해 실제 감축해야 할 온실가스 양이 준 것은 아니라는 점을 강조한다. 반면 탄소세를 이용한 사기는 온실가스 감축량을 줄이는 결과를 초래할 수 있다.[9]

탄소세 옹호론자들은 배출권 시장에서의 가격 등락도 비판한다. 등락을 반복하는 배출권 가격 시스템에 의존하기보다는 일정 수준에서 고정되어 있는 탄소세가 낫다는 것이다. 일리 있는 주장이다. 하지만 이 주장도 목표를 어디에 두느냐에 따라 다른 결론으로 대체될 수 있다. 배출권 거래제에서는 배출권 가격이 경기 변동에 따라 등락하지만 온실가스 배출 수준은 정해진 총량 범위 내에서 안정화된다. 그에 비해 탄소세는 세율이 고정적이기 때문에 탄소 가격의 변동성은 이슈가 되지 않지만 사후적으로 온실가스 배출이 얼마나 이루어질지 미리 알 수 있는 방법이 없다. 또한 탄소세 제도하에서는 배출 총량이 불확실하기 때문에 온실가스를 감축하겠다는 국가 목표를 달성할 수 없는 상황도 발생할 수 있다. 결국 배출권 거래제와 탄소세의 선택 문제는 '가격 안정화'와 '배출량 안정화' 가운데 무엇을 택하느냐의 문제가 된다. 온실가스 감축을 실질적으로 이끌기 위한, 그래서 기후변화에 효과적으로 대응하기 위한 선택이라면 그 선택은 배출권 거래제가 되어야 할 것이다.

캘리포니아의 사례를 살펴보자. 2013년 캘리포니아는 0.3퍼센트의 온실가스 감축 실적을 기록했다. 감축 규모치고는 적은 것 아니냐고 반문할 수도 있다. 하지만 해당 기간 동안 경제가 2퍼센트 성장하고, 또 가뭄으로 인한 수력발전 감소와 원전 고장으로 화석연료 의존도가 이전보다 높아진 가운데 달성한 수치인 것을 감안하면 훌륭한 성과라고 할 수 있다. 이는 세금이 아닌 배출권 거래제라는 물량적 목표가 있었기 때문에 달성할 수 있었다는 점을 잊지 말아야 한다.

온실가스를 모니터링할 수 있는 기술 발전 덕분에 배출권 거래제는 탄소세보다 훨씬 더 이행하기 수월하며 제도적으로도 투명한 방식으로 진화하고 있다. 2014년 노벨 경제학상 수상자 장 티롤 교수는 이 장점에 주목해 총량 제한 형식의 배출권 거래제가 탄소세보다 우월하다고 주장한다.[10] 배출권 거래제 대신 제도의 구조상 더 단순한 탄소세를 도입하는 것이 낫다는 주장도 일부 있다. 하지만 그에 대해서도 하버드대학교 바이츠만 교수는 반론을 제기한다. "세금이 더 단순하다고 하는데, 아니다. 그렇지 않다. 수천 쪽에 달하는 미국의 세법 규정을 봐라".[11]

배출권 거래제가 탄소세보다 모든 면에서 우월하다고 말하기는 힘들다. 넛지 시스템이 부재하거나 엉성하게 설계한 형태로 시행할 바에는 탄소세가 차라리 낫다고 할 수 있다. 국내에도 배출권 거래제보다는 탄소세를 옹호하는 의견이 있다. 서울대학교 환경대학원 홍종호 교수는 배출권의 과잉 할당, 가격 불안정성 등의 측면에서 배출권 거래제보다 탄소세가 보다 바람직하다고 말한다.

넛지 설계의 중요성

앞에서 나는 배출권 거래제를 둘러싼 불신에 대해 반박하면서 비교적 강한 어조로 배출권 거래제를 변호했다. 이상적으로 제도를 설계하면 불신의 근거가 되는 여러 한계점을 시정할 수 있다는 자신감에서였다. 그러나 현실에서는 이상적인 제도 설계가 어려울 수도 있기 때문에 배출권 거래제를 계속 미덥지 않게 바라볼 여지가 있다.

배출권 거래제를 도입했다고 해서 성공적인 온실가스 감축과 효율적인 배출권 시장이 보장되는 것은 아니다. 결국 제도를 어떻게 설계하느냐가 핵심인데 여기서 키워드는 '넛지^{nudge}'다.

사회과학 부문 베스트셀러 목록에서 빠지지 않는 책들이 몇 권 있다. 캐스 선스타인의 『넛지』도 그중 하나다. 마이클 샌델과 마찬가지로 하버드대학교 법대 교수인 선스타인은 샌델과 달리 배출권을 적극 옹호한다. 그는 샌델이 배출권과 나란히 비교한 범죄 행위에는 사회가 허용할 수 있는 적정 수준이라는 것이 존재하지 않지만 환경오염은 경제활동 과정에서 발생하는 부산물이기 때문에 샌델의 비교 자체가 틀렸다고 지적한다. 그러면서 배출권 거래제를 대표적인 넛지 제도로 소개한다.

그러나 배출권 거래제를 실제 운용하다보면 여전히 넛지보다 강제적인 방식에 의존하는 경우가 많다. 팔꿈치로 살짝 밀어 행동을 유도하는 넛지 방식의 애교 있는 정책 철학은 아직 많이 부족한 것이 사실이다. 행동의 변화를 유도하는 것보다 행동을 강제하는 것이 당장은 빠르고 편하게 보인다. 하지만 제도의 원래 취지와 성과 측면에서 보면 비효과적일 때가 더 많다.

세련된 넛지 제도를 만들지 못하는 첫 번째 이유는 여러 이해 집단 사이의 갈등이다. 우리나라 배출권 거래제 분야에서 독보적인 전문가인 한국환경정책·평가연구원 김용건 박사는 배출권 거래제가 원칙에서 자주 벗어나 설계되는 이유를 경제학의 게임이론에서 찾는다. "배출권 거래제 도입을 둘러싼 협상이 수년간 진행되면서 각 이해관계자의 정보 집합이 더욱 넓어졌다. 이제는 누가 이득을 보며 누가 손해를 볼 수 있는지 계산을 하게 되니까 더욱 합의를 이끌어내기가 힘들다." 모두가 선뜻 비용을 부담하지 않으려는 상황에서 채찍 없는 당근만 원하다보니 제대로 된 넛지가 들어서기 힘든 것이다.

제대로 된 넛지 시스템을 만들지 못하는 두 번째 이유는 경제 시스템과 경제 주체를 바라보는 전문적인 안목이 부족하기 때문이다. 이러한 전문성은 하루아침에 갖출 수 있는 것이 아니다. 10여 년 전 미국의 배출권 거래제를 조사하기 위해 환경보호청을 방문했을 때의 일이다. 대기 정책을 담당하는 국장과 사무관을 면담했는데, 한 시간을 넘기지 않을 거라 생각했던 회의는 두 시간 넘게 진행되었고, 의례적으로 잠시 참석한 것이라 생각했던 국장도 끝까지 자리를 함께했다. 이들은 MIT의 유명한 전력 시장 연구자인 리처드 슈멀렌스의 논문을 읽고 난 후 의견을 주고받기도 했다. 한국의 연구자 한 명을 오랜 시간에 걸쳐 맞이하는 친절과 그들의 전문적인 식견에 놀라 국장에게 대기 정책 부서에서 얼마나 근무했는지 물어보았다. 15년 가까이 있었다는 대답이 돌아왔다. 그는 아황산가스 배출권 거래제를 설계하기 시작한 무렵부터 계속해서 대기 정책을 담당하고 있었다. 그때 국장과 함께 만났던 제레미 쉬라이펠 사무관은 지금은 선임정책분석관이 되어 여전히 배출권 거래제를 담당하고 있다. 당시 제레미가 준 명함의 뒷면에는 한자로 적힌 그의 중국식 이름이 적혀 있었는데, 지금은 미국의 대기 정책을 중국에 자문하는 일도 담당하고 있다. 일종의 '정책 수출'인 셈이다.

우리나라 공무원들의 전문성도 예전 같지는 않다. 일에 대한 열정은 세계 최고 수준이며 연구 중시형 학구파 공무원도 많이 생겨나고 있다. 그러나 문제는 부처 공무원들이 대개 1~2년 정도 관련 업무를 하다가 다른 부서로 발령을 받는다는 데 있다. 그러다보니 복잡다기한 정책을 설계해나가는 과정에서 자꾸 맥이 끊기는 문제점이 발생한다. 경제구조가 다층화되면서 정책 간 관계도 그 어느 때보다 복잡해졌는데 전문성을 이어나가기가 힘들다. 기후변화 정책에는 배출권 거래제만 있는 것이 아니다. 환경세, 에너지세, 전기 요금 정책, RPS^{Renewable Portfolio Standard}(신재생에너지 공급 의무화 제도), 온실가스·에너지목표관리제, 정부 승인 차액 계약, 심지어 금융시장과 보험 정책 등 여러 제도가 복잡하게 얽혀 있다. 이들을 종합적으로 이해하고 분석할 전문성이 요구된다. 결코 단시간에 파악할 수 있는 업무 영역이 아니다. 이제 환경 정책에 대해 전문화된 공무원 제도 중심으로 나아가지 않으면 배출권 거래제는 '넛지' 정신보다는 또 다른 '규제'로 끝날 공산이 크다.

다시 미국 환경보호청 방문 이야기로 돌아가보자. 회의 끝 무렵 국장에게 물었다. 배출권 거래제의 경험에서 가장 중요한 교훈이 무엇이었는지. "일관성이죠. 거기에 하나 더하면 단순성이겠죠." 덧붙여 그는 정부가 제도(아황산가스 배출권 거래제)를 설계하는 데 수년이 걸렸지만 막상 제도가 시행되면 시장에서 자율적으로 움직이도록 만들었기 때문에 정부가 간섭할 일은 많지 않다고 했다. 즉 정부의 역할은 배출권 거래제의 플랫폼을 '제대로' 만드는 것이며, 일단 시장이 움직이기 시작하면 정책적 개입은 최소화해야 한다는 요지의 발언이었다.

탄소 시장에서 만의 하나 발생할 수 있는 부작용이 있다면 이를 사전에 방지할 수 있도록 제도를 잘 설계하는 데 최대한의 노력을 기울이는 것이 정부의 역할이다. 또한 그러한 부작용이 발생하면 규제 기관의 인위적인 시장 개입보다는 시장에서 원만히 해결할 수 있도록 해야 한다. 넛지의 묘미를 살리지 않는 배출권 거래제는 직접 규제 정책과 크게 다를 바 없는 제도일 뿐이다 .

통즉불통 불통즉통

『동의보감』에는 "통즉불통 불통즉통通卽不痛 不通卽痛"이라는 말이 있다. '몸이 아픈 것은 피가 잘 통하지 않기 때문이고 아프지 않은 것은 피가 잘 통하기 때문'이라는 의미다. 시장도 마찬가지다. 가격 시그널이 시장에서 제대로 통하지 않으면 시장은 고통을 느낀다. 결국 시장에서의 탄소 비용 실현이 저탄소 경제를 위한 첫걸음이다. 탄소 비용을 재화의 생산 과정에서부터 반영해 최종적으로는 소비자가 지불하는 시장 가격에까지 포함시킨다는 것이다(경제학적으로 탄소 비용이 얼마나 반영될지는 수요와 공급의 가격탄력성에 따라 달라진다). 반영된 탄소 비용으로 재화의 가격이 오르면 이것이 넛지가 되어 소비자가 고탄소 배출 재화를 덜 사용하도록 유도하고, 생산자 역시 탄소 비용을 줄이기 위해 보다 효율적인 에너지 이용방안을 강구하게 된다.

당연한 원칙인데 막상 이 원칙을 실제 적용하는 것은 그리 쉽지 않아 보인다. 대표적인 예가 우리나라의 발전 부문이다. 정부가 공공요금 관리 차원에서 전기 요금을 규제하다보니 탄소 비용이 소비자의 전기 요금으로 잘 전가되지 않아 그 흐름이 막히게 된다. 즉 탄소 비용이 불통하게 되고, 불통한 것만큼 시장은 체하게 된다. 이런 정책을 도입할 수밖에 없는 나름의 속사정은 있다. 온실가스를 줄여야겠지만 전기 요금을 올리려니 산업계가 반발한다. 또한 소비자에게는 물가 인상으로 비춰지는 비인기 정책이다보니 제대로 전기 요금을 올리기가 힘들다.

전기 요금이 올라야 전력 소비가 줄 수 있는데, 탄소 비용이 적게 반영되면 전력 소비의 감소 효과는 애초의 기대 수준에 미치지 못하게 된다. 예를 들어 배출권 가격의 60퍼센트를 발전 회사가, 나머지 40퍼센트는 소비자가 부담하는 것이 이상적인 상황인데 실제로는 각각 90퍼센트와 10퍼센트를 부담한다고 가정해보자. 이 경우

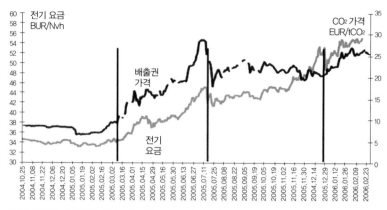

EU ETS의 초기 경험을 살펴보면 배출권 가격의 상승은 전기 요금 상승으로 연결되었다. 배출권 가격이 CO₂톤당 8유로에서 출발해 2006년 초 약 25유로까지 오르는 사이 독일의 전기 요금은 약 34유로/Mwh에서 54유로/Mwh까지 올랐다.

탄소 비용의 재정적 부담은 대부분 발전 회사가 지게 되고, 소비자 요금은 별로 오르지 않은 상황이라 전력 소비는 기대만큼 줄지 않는다. 전력 소비가 줄지 않으면 국가 온실가스 감축 목표는 달성하기 힘들다. 그래서 다른 나라의 온실가스 배출권 거래제와 달리 우리나라에서 '독특하게' 생각해낸 아이디어가 간접 배출에 대한 규제인데, 이는 문제의 소지가 많다.

전기나 스팀 등을 공급하는 과정에서 배출되는 온실가스를 간접 배출이라고 한다. 우리나라에서는 이러한 간접 배출도 배출권 거래제를 통해 규제하고 있다. 화석연료를 때어 전기를 생산하는 과정에서는 CO₂를 배출하지만 소비할 때는 CO₂ 배출이 없다. 그럼에도 전기 소비 행위를 직접 규제 대상으로 삼는 것은 중복 규제의 소지가 있다. 예를 들어 A기업이 배출권 거래제의 할당 대상 업체로 규제를 받는다고 하자. 간접 배출 규제로 인해 A기업은 석유 같은 에너지를 이용해 직접 배출하는 온실가스뿐만 아니라 전기 사용으로 인한 간접 배출을 포함한 탄소 비용을 부담하게 된다. 그런데 전기 요금에는 비록 미미할지라도 이미 탄소 비용이 포함되어 있다. 적정 수준은 아니더라도 탄소 비용이 전기 요금에 일부 전가될 것이기 때문이다(앞의 예에서는 10퍼센트만큼 전가되었다). 여기서 전기를 생산하는 발전 사업자도, 전기를 사용하는 업체도 규제를 받는 중복 규제의 문제가 발생한다. 그리고 이는 탄소 비용의 이중 부담으로 연결될 수 있는 소지가 있다. 만일 발전 회사의 탄소 비용이 전기 요금에 전혀 반영되지 않는다면, 고스란히 탄소 비용을 다 부담해야 하는 발전 공기업의 재정 손실은 결국 국민의 세금 부담으로 연결된다. 결국 국가 경제적으로는 여전히 이중 부담의 문제가 발생하는 것이다.

시장에서 불통이 발생하는 이유는 단순하다. 수요와 공급, 가격 시그널이 제대로 그리고 공정하게 작동해야 하는데 이를 막아놓았기 때문이다. 이중 부담을 해소하는 가장 간단한 방법은 탄소 비용이 전기 요금에 제대로 흘러 들어가도록 두는 것이다. 통즉불통인 셈이다. 이를 거부하려고 하니까 다른 나라의 배출권 거래제에서는 볼 수 없는 이상한 형태의 규제를 더하게 된 것이다.

혹자는 간접 배출을 포함한 방식을 우리나라의 특성을 반영한 '한국적인' 배출권 거래제라고 말하기도 한다. 배출권 할당에서 공공 부문의 비중이 큰 한국적 상황을 반영했다는 의견일 것이다. 하지만 한국적인 특수성을 내세워서는 국제시장에서 통하기 힘들다. 대표적인 문제가 배출권 거래 시장의 국제 연계다. 호주국립대학교 기후경제정책센터 프랑크 요초 소장은 호주와 EU의 대표적인 배출권 거래제 설계 전문가로 꼽힌다. 독일 태생의 그는 호주와 EU의 배출권 시장을 연계하는 가교 역할을 해왔다. 최근 토니 애벗 전 총리에 의해 탄소세가 폐지되면서 국제 연계 계획은 물거품이 되었다 (호주는 2013년부터 부과한 탄소세를 2015년부터는 배출권 거래제 형태로 전환할 계획이었다). 하지만 호주가 이 같은 국제 연계를 시도했다는 점은 우리에게도 시사하는 바가 크다. 자신들만으로는 배출권 거래 시장의 참여자, 즉 플레이어가 너무 적다는 것이 호주가 국제 연계를 시도한 이유다. 거래 참여자가 많아야 시장에 충분한 유동성을 공급하는데, 호주 배출권 거래제 할당 대상 업체 수는 약 500개에 머무는 수준이다.

우리나라도 할당 대상 업체의 수가 500개를 약간 넘는 수준이다. 장기적으로 국제 연계를 통해 거래 참여자와 탄소 시장의 유동성을 더욱 증대시킬 필요가 있다. 이러한 이유에서 우리나라 정부가 발표한 배출권 거래제 기본 계획 역시 장기적으로 해외 탄소 시장과의 국제 연계 방안을 담고 있다. 국제 연계가 이루어지면 서로 다른 지역이나 국가에서 발행되는 배출권을 거래할 수 있기 때문에 유동성을 증대시킬 수 있다. 또한 정보의 비대칭성을 완화해 시장 효율성을 높이는 효과도 기대할 수 있다.

그럼 지금의 제도로 성공적인 국제 연계를 이룰 수 있을까? 그렇지 않다. 우리나라의 배출권이 해외 시장에서 제대로 팔리기 위해서는 국제적인 표준을 따라야 한다. 하지만 간접 배출을 포함시킴으로써 우리나라 배출권 가격의 결정 메커니즘은 EU보다 훨씬 더 복잡해졌다. 간접 배출 문제를 해결하지 않으면 안 되는 이유 중 하나다.

국제무역 측면에서도 마찬가지다. 우리나라의 가전 회사가 생산하는 제품에는 직접 배출과 간접 배출의 비용이 다 포함되고, EU의 생산 제품에는 간접 배출이 포함되지 않기 때문에 불평등한 비용 부담 문제가 제기될 수 있다. 한국환경정책·평가연구원 시절부터 줄곧 기후변화 협상과 배출권 거래제를 연구하고 있는 인천대학교 강희찬 교수는 "산업계가 직접 배출에 대한 부담, 간접 배출에 대한 부담과 함께 최대 13조 원으로 추정되는 발전 부문 부담 비용이 전기 요금으로 전가될 경우 이중 삼중의 부담을 안게 될 것"이라는 우려를 표명한다.

그동안 우리나라 발전 부문은 공공 부문이라는 이유로 가격 규제를 받으면서도 시장 선진화 차원에서 여러 시장 중심형 제도를 도입해왔다. 신재생에너지 공급 의무화를 위해 도입한 RPS가 한 예인데, 발전 회사가 생산하는 전력의 일부를 신재생에너지로 공급해야 하는 제도다. 신재생에너지 발전 할당량을 채우지 못할 경우에는 시장에서 신재생에너지 공급 인증서인 REC^{Renewable Energy Certificate}를 사야 한다. REC는 배출권과 비슷한 방식으로 시장에서 거래된다. 그런데 우리나라 RPS 제도하에서는 신재생에너지 발전 비용이 소비자 가격에 제대로 반영되지 못한다. 겉모습은 시장 제도지만 속 내용은 아직 규제 시장을 따르고 있는 것이다.[12]

발전 과정에서 발생하는 비용을 시장에 제대로 반영하는 것을 막은 채 시장 제도를 도입하는 것은 변비 환자에게 계속 음식을 먹으라고 강요하는 것과 같다. 통해야 건강한데 불통인 상태로 계속 비용을 집어넣기만 하기 때문이다. 이를 뚫어줘야 한다.

하절기와 동절기 때 자주 겪는 예비 전력 부족 현상을 보면 더욱 선명하게 이해할 수 있다. 1인당 GDP가 3만 달러 가까운 국가에서 왜 이런 후진적인 현상이 발생하는가. 여러 이유가 있겠지만 가격 시스템이 작동하지 않는 것이 가장 큰 원인이다. 시장에서의 불통이 전력 수요에 제대로 반응하지 못하는 불통으로 연결되기 때문이다.

시장에서의 불통은 선진적인 제도의 정착을 막을 수도 있다. 스마트그리드 정책을 보면 그렇다. 스마트그리드는 전력 소비자들이 자신의 전력 소비량과 전기 요금 전망 데이터를 실시간으로 받아보면서 전력 소비를 최적화하는 기술이다. 이것이 제대로 작동하기 위해서는 전력 수요가 증가하면 전기 요금도 올라야 한다.

경희대학교 오형나 교수는 미국 전력 시장을 오랫동안 연구해오고 있다. 그녀가 제공한 그래프는 미국 동북부의 전력 시장 요금을 보여주는데 요금의 피크가 발생하는 시기는 전력 수요가 큰 규모로 대폭 상승하는 때임을 알 수 있다. 사실 그래야 가격 시그널을 보고 수요를 줄일 인센티브가 생긴다(넛지 시스템이다). 잘 알려진 바와 같이 우리나라는 IT 강국이다. 스마트그리드의 기술 면에서는 분명 비교 우위를 갖고 있다. 하지만 수요에 반응하는 전기 요금 체계 없이는 반쪽 자리 시스템에 머물 수밖에 없다.

아무리 좋은 취지를 갖고 제도를 만든다 하더라도 법 논리에 맞지 않으면 애초 도입하지 않은 것보다 못할 때가 많다. 앞으로 그

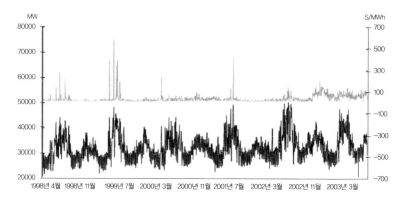

수요가 증가하면 가격이 올라야 불통이 없는 전력 시장이 된다. 미국 동북부 전력 시장에서의 전력 부하와 전기 요금의 관계를 보여주는데, 전력 부하가 증가하면 가격도 상승하는 것을 알 수 있다. 자료 제공: 오형나.

와 비슷한 취지의 제도를 도입하는 시도조차 하기 어렵게 만들기 때문이다. 1990년대 초에 시행한 토지초과이득세가 그렇다. 개인이나 법인이 소유한 비업무용 토지 가격이 상승하면서 얻게 되는 초과 이득의 일부를 세금으로 거두기 위해 도입된 이 제도는 토지에 대한 투기적 수요를 막겠다는 좋은 취지에서 도입되었다. 그러나 이 제도는 지가 상승이 있다 하더라도 아직 토지 소유주에게 실현되지 않은 잠재 이익에까지 과세한다는 이유로 결국 헌법 불합치 판정을 받고 폐지되었다. 배출권 거래제 역시 칭찬받는 제도가 되려면 도입 취지에 맞게 기본 원칙을 잘 지키는 가운데 시장에서 불통하는 주먹구구식 처방은 삼가야 할 것이다.

문제가 복잡해지면 기본으로 돌아가는 게 도움이 된다. 향후 배출권 거래제의 성공 여부는 기본 원칙인 단순성, 투명성, 호환성 그리고 일관성을 유지하는 데 달려 있다. 이 원칙들에 따라 그동안 배출권 거래제가 노출한 단점들을 보완할 수 있다면 탄소세보다 훨씬 더 효율적으로, 그리고 비용 효과적으로 온실가스를 감축할 수 있을 것이다. 무엇보다도 배출권 거래제는 탄소세와 달리 배출 상한을 설정함으로써 온실가스 감축을 확실하게 이룰 수 있다는 점에서 기후변화 문제에 더욱 적극적으로 대처할 수 있는 방안이다. 하지만 기본 원칙을 제대로 지키지 않아 넛지가 실종되어 로버트 스타빈스가 말한 것처럼 배출권 거래제가 엉뚱한 방향으로 나아간다면, 탄소 가격의 실현을 위한 대안으로 탄소세 도입을 검토해야 할지 모른다. 배출권 거래제의 형태든 탄소세의 형태든 탄소 가격의 실현은 결코 양보할 수 없는 과제이기 때문이다. 그러나 뭐든 첫술에 배부를 순 없다. 기왕 시작한 배출권 거래제가 온실가스 감축과 거래 시장 활성화라는 양대 목표를 달성할 수 있도록 잘 개선하는 방향으로 나아가야 한다. 지금 와서 배출권 거래제의 철폐나 대체 정책을 논하는 것은 정책 피로 현상만 유발할 수 있다. EU와 미국 등 앞서 배출권을 시행한 국가에서도 많은 변화를 겪으면서 제도가 진화 발전했다는 사실을 염두에 두어야 한다.

배출권 거래제를 통해 탄소 가격이 실현되면 남은 과제는 우리 체질을 강화하는 것이다. 온실가스 감축 역량을 확보하면서 건강한 저탄소 경제를 이루기 위해서는 외부의 여건이나 경제적 충격을 흡수하면서도 계속 전진할 수 있는 회복 탄력성을 갖춰야 한다.

8장

탄소 사다리 걷어차기

망치를 든 사람에게는 모든 것이 못으로 보인다.

_마크 트웨인

다변하는 에너지 문제가 산적한 21세기에 저탄소 사회로 건강하게 진입하기 위해서는 기초 체력을 다져야 한다. 요즘 세간에서는 회복 탄력성resilience이라는 말이 유행한다. 웹스터 사전에서는 이 말을 "무언가 좋지 않은 일이 발생했을 때 다시 강건하게 또는 성공적으로 될 수 있는 능력"으로 정의한다.

　어느 때보다도 다이내믹하고 복잡한 양상으로 변화하는 에너지 자원 시장의 환경에서 우리 경제가 경쟁력을 갖추기 위해서는 회복 탄력성을 가져야 한다. 회복 탄력성이 있는 강건한 저탄소 사회는 외부적 요인에 흔들리지 않고 일관되게, 그러면서도 비용 효과적으로 저탄소에 몰입할 수 있는 기반을 마련해주기 때문이다. 회복 탄력성을 갖기 위해서는 우리의 체질이 튼실해져야 한다. 저탄소 사회로 가는 길은 긴 여정이기 때문이다.

미워도 다시 한 번, 자원 개발

에너지 안보는 회복 탄력성의 제1조건이다. 그만큼 중요하다. 에너지 안보를 뒷전으로 한 채 저탄소 사회를 주장하는 것은 집 안의 탁한 공기를 환기시키겠다고 항상 집 대문까지 활짝 열어놓는 격이다. 그러나 에너지 안보와 기후변화의 두 문제는 유독 우리나라에서는 디커플링(탈동조화)되어 있다는 느낌이다. 정치적 이슈로 변질되었기 때문이다. 세계 최대의 자원 보유국인 미국에서도 에너지 안보는 정당 차원을 떠나 언제나 최상위 정책 과제이다. 석유에 중독되었다는 부시 행정부에서뿐만 아니라 오바마 행정부에서도 에너지 안보는 정책의 최고 우선순위에 있다. 오바마 대통령은 취임식 연설에서 "(미국의) 에너지 사용 방식은 적국을 강화시키고 지구를 위협하고 있다"면서 중동에 대한 석유 의존도를 줄이고 미국의 직접적인 자원 개발 참여를 확대할 것이라고 천명한 바 있다.

국제에너지기구[IEA]는 에너지 안보를 "주어진 가격에서 수요를 충족시킬 수 있는 이용 가능한 에너지의 공급량"으로 정의한다. 2000년대 초반부터 에너지 안보 분야를 연구하고 있는 에너지경제연구원 도현재 박사는 에너지 안보를 "합리적인 가격의 에너지 공급 안정성" 또는 "에너지 공급의 차질이나 에너지 가격의 급격한 변동이 가져오는 사회경제적 후생의 손실 위험을 완충할 수 있는 능력"으로 정의한다. 어떤 정의를 따르더라도 에너지 안보라는 것은 '적절한 가격'에 '적절한 물량'의 에너지가 공급될 수 있는 상황을 의미하는 것을 알 수 있다.

　기름 한 방울 나지 않는 우리나라의 입장에서는 에너지 안보 역량을 높이기 위해 해외 자원을 확보하는 것이 필수적이다. 신재생에너지의 비중을 높이는 것도 분명 에너지 안보에 도움이 되겠지만 한계가 있다. 유사시에 국내에 안정적으로 도입할 수 있는 해외 자원을 갖고 있어야 한다.

　프랑스는 우리나라와 마찬가지로 에너지 부존자원이 빈약하지만 에너지 안보 측면에서 우리와 크게 대비된다. 프랑스의 석유 자주 개발률은 100퍼센트를 상회하는 반면 우리는 10퍼센트대 중반 내외다. 에너지 전체를 보면 우리나라의 상황은 더욱 열악해 에너지 수입 의존도가 97퍼센트에 이른다. 이는 우리가 벌어들이는 국내총생산의 약 10분의 1을 에너지를 수입하는 데 쓰는 것을 의미한다. 해외 자원 개발에 발 벗고 나서지 않고서는 자원 빈곤의 악순환에서 벗어나기 힘들다.

　에너지 자원 개발을 '총성 없는 전쟁'에 비유할 수 있는 단적인 예가 있다. 워싱턴 DC 인디펜던스 가에 위치한 미국 에너지부 1층 로비에는 낡은 편지 한 장이 전시되어 있다. 1939년 아인슈타인이 루스벨트 대통령에게 보낸 편지다. 우라늄 원소가 새로운 에너지원으로 전환될 수 있는 과학적 발견이 있었고, 이제 매우 강력한 폭탄이 개발될 수도 있기 때문에 미국이 독일에 앞서 우라늄 자원을 확보하는 것이 시급하다는 내용을 담고 있다. 미국 에너지부가 자부심을 갖고 이 편지를 전시해놓은 이유는 2차 대전을 종결지은 맨해튼 프로젝트의 성공 배경에는 우라늄 자원의 확보 노력도 있었기 때문이다. 자원이 국력을 결정짓는 중요한 요소임을 일깨워주는 장면이다.

세계 어느 선진국보다 광대한 자원을 보유하고 있지만 미국은 일찍이 정부 차원에서 해외 자원 개발에 개입해왔다. 얼마 전 베스트셀러로 주목받았던 『어느 경제 자객의 고백The Confessions of An Economic Hitman』에서 존 퍼킨스는 1971년부터 10년에 걸쳐 인도네시아, 컬럼비아, 파나마, 사우디아라비아, 이란 등지에서 경제 자객으로 활약했던 자신의 활동에 대해 고백했다.[1] 여기서 말하는 경제 자객이란 고객의 요구에 따라 개인을 살해하는 살인 청부업자처럼 한 국가나 지역 경제를 해치는 자객을 의미한다. 그리고 퍼킨스의 고객은 다름 아닌 미국의 거대 기업과 정부였다. 그는 미국 국가안보국, 즉 NSA에서 훈련을 받은 뒤 NSA가 조종하는 국제적인 컨설팅 회사의 직원으로 일했다. 그의 주된 임무는 개도국의 전력 개발 사업권, 석유 개발권 등의 사업 타당성을 미국 기업과 정부에 유리하게 컨설팅하는 일이었다. 그의 고백은 너무도 소설 같아서 도무지 현실처럼 들리지 않지만 컨설팅을 하며 그가 MIT 교수와 함께 발표한 연구 논문까지 실명으로 거론하는 대목에 이르러서는 그 사실성을 의심할 수 없게 된다.

지금 이 책을 언급하는 이유는 개도국의 자원 개발을 둘러싼 미국 정보기관의 비윤리적 첩보 활동을 비판하기 위해서가 아니다. 오히려 미국이 국가적으로 해외 자원 개발과 개발권 확보를 얼마나 중요한 전략으로 삼고 있는지 강조하기 위해서다. 비단 미국만이 아니다. 세계의 많은 나라들이 1970년대의 오일 쇼크 이후 해외

에너지 자원을 확보하기 위해 심혈을 기울였다. 영국과 노르웨이가 북해에서 본격적으로 유전을 개발한 것도 이 즈음이며, 이를 통해 경제적으로 부흥할 수 있었다. 영국은 1970년대 초 신흥 제3세계 국가라는 비웃음을 살 정도로 경제적 약체 국가로 바뀌어 있었지만 북해 유전 개발로 다시 도약할 수 있었다. 그런데 우리나라는 해외 자원 개발에서 뒷걸음을 치려고 하고 있다. 매우 위태한 행보다. 비쌀 때 들어가서 쌀 때 파는 '거꾸로 전략'을 구사하고 있다. 자원 개발 전문가인 서울대학교 에너지자원공학과 허은녕 교수는 "원자재 가격이 떨어지고 자원 개발 비용이 줄어든 지금이야말로 미래의 먹을거리 창출을 위한 투자 적기"라면서 "자원 개발에 적극 나서야할 때"라고 강조한다. 또한 한국의 에너지 안보 수준이 세계에너지협회 회원국 127개국 가운데 최하위권인 103위에 불과하다는 점을 지적하며(중국 18위, 일본 48위) 자원 개발 규모를 축소하기보다는 보다 효과적이고 효율적인 방향으로 개선하는 것이 시급한 과제라고 말한다.

　　단순하게 자원 개발 관련 조직의 규모만 살펴봐도 우리나라의 현 주소는 자원 개발 사업을 줄이기보다 더욱 확대해야 한다는 사실을 알 수 있다. 우리나라 국영 석유 기업인 한국석유공사의 직원은 1,200여 명이다. 그에 비해 중국의 시노펙Cinopec은 40여 만 명, 페트로차이나PetroChina는 50만 명이 넘는다. 물론 중국은 자원의 탐사 및 개발의 상류 부문부터 소비의 하류 부문까지 모두 포함하기 때문에 양국의 국영 석유 기업을 직접적으로 비교할 수는 없다. 그러나 전체 국가 인구와 부존자원 등 여러 요소를 환산해봐도 우리나라 자원 개발의 물적 인프라와 인적 인프라가 얼마나 부족한지 보여주는 예라고 할 수 있다.

민간 부문도 마찬가지다. 우리나라의 대표적인 자원 개발 상사인 대우인터내셔널, 삼성물산, 현대상사, LG상사의 매출액을 다 포함해도 일본 미쓰이물산의 절반에 미치지 못하며 미쓰비시상사의 약 4분의 1 수준이다. 일본에는 그 외에도 마루베니, 이토추, 스미토모 상사가 있다. 사업 구조가 다르기 때문에 직접적인 비교는 힘들지만 어떤 기준에 의하든지 민간에서도 해외 자원 개발은 아직 걸음마 단계라고 할 수 있다.

자원 개발이 제대로 이루어지기 위해서는 정치가가 아니라 에너지 전문가들의 손에서 이루어져야 한다. 정치적 슬로건으로 그칠 것이 아니라 정책적으로 꾸준한 뒷받침이 있어야 한다. 국가 원수가 공개적으로 해외 유전 자원이나 광산을 사들이겠다고 말하는 순간 우리가 사려는 자원의 가격에는 프리미엄이 붙는다. 자원 개발은 관官 주도의 밀어붙이기식보다는 장기적인 안목을 갖고 정밀하면서도 종합적인 전략이 필요한 분야이다. 물론 우리보다는 긍정적이지만 미국에서조차 자원 개발은 민감한 정치적 이슈이다. 로열더치쉘의 오랜 수장이었으며 석유 업계의 전설로 통하는 존 호프마이스터는 『우리는 왜 석유 회사를 미워하는가Why we hate the oil companies』에서 에너지 안보와 자원 개발의 지속성을 위해서는 "정치로부터 독립적인 에너지 기구"를 조직해야 한다고 강력히 주장한다. 이미 에너지부가 있는 미국에서 이런 주장이 나올 정도면 우리나라도 충분히 독립적인 에너지 자원 부처를 두어야 할 때가 되었다고 본다.

강건한 에너지 포트폴리오

2013년 세계에너지총회World Energy Congress가 우리나라에서 열렸다. 에너지 관련 학계, 비즈니스, 각국 정부 관계자 3,000여 명이 모인 이 총회는 에너지 분야에서 가장 큰 연례 회합으로 알려져 있다. 총회를 개최한 대구 엑스코 1층 전시장에서는 글로벌 에너지 기업들이 투자한 신재생에너지 기술이 다채롭게 선을 보이고 있었다. 그런가 하면 위층에서는 셰일가스, 석유 같은 화석연료 주제를 다루는 세션이 한창 진행 중이었다. 대구 세계에너지총회는 신재생에너지와 화석연료가 서로 배척하는 기술이 아닌 공존의 기술이라는 메시지를 선명하게 던져주고 있었다.

에너지를 착한 에너지와 나쁜 에너지로 구분하는 이분법적 관점은 소모적인 논쟁만 일으킬 뿐이라고 이야기한 바 있다. 우리나라 여건에 적합한 에너지 포트폴리오를 어떻게 갖출지 고민하고 이를 장기와 단기로 구분해서 접근해야 한다. 부존자원이 거의 없는 나라에서 원자력이나 화석연료에 대해 지나치게 결벽증을 갖는 것은 바람직하지 않다. 에너지 전문가 대니얼 예긴은 화석연료나 원자력 같은 기존의 대규모 에너지가 여전히 중요한 에너지원으로 기능할 것이며 한국 역시 이 점에서 예외는 아니라고 말한다. 웨스팅하우스, GE, 도시바, 미쓰비시, 아레바, 알스톰 등이 과점하고 있는 원전 시장에서 그나마 자리를 잡아가는 국내 원전 기술이 위축되는 것도 바람직하지 않다. 원자력 기술은 전력 생산뿐만 아니라 산업용과 의료용 방사성 동위원소 생산 기술 개발의 파급 효과도 있다. 2009년 캐나다로부터 방사성 동위원소 수입이 차질을 빚자 국내의 수많은 암 환자들이 치료에 애를 먹었다. 이 같은 문제를 해결하기 위해서도 원자력에 대한 투자는 계속 이루어져야 한다.

소위 착하다는 에너지도 그 속을 들여다보면 나쁘다고 하는 에너지의 이용 과정과 마찬가지로 여러 문제로부터 자유롭지 못한 것을 알 수 있다. 예를 들어 서해에 설치하겠다고 오랫동안 이야기되어온 해상 풍력을 살펴보자. 보통 5메가와트 풍력발전기의 경우 날개 길이만 60미터 이상, 전체 날개 지름 140미터, 발전기 타워의 높이도 100여 미터에 이른다. 서해안에 2.5기가와트 규모의 해상 풍력발전 단지가 들어설 경우 이런 크기의 풍력발전기 500개가 있어야 한다. 그 모양을 상상해보면 결코 친환경적이지 않다. 게다가 서해안은 조류의 활동이 심하며 어족 자원도 풍부한 곳이라 환경성에 대한 세밀한 검토가 필요하다. 중국의 경우처럼 국내에서 공사 실적을 많이 쌓아야만 풍력발전 시장에서 우리 기업의 수출 경쟁력을 높일 수 있기 때문에 마냥 거부할 수는 없지만 풍력발전이 온전히 친환경적인 것은 아니라는 사실을 잊지 말아야 할 것이다.

육상 풍력이 설 곳은 더더욱 없다. 기상청의 풍력 자원 지도를 살펴보면 그 이유를 알 수 있다. 풍력발전에 적합하려면 풍속이 초당 평균 6~7미터가 되어야 한다. 그런 점을 고려하면 풍력에 적합한 내륙 지역은 거의 없다. 그럼에도 발전 효율 10퍼센트 내외의 풍력발전기를 세우기 위해 백두대간에 산길을 내고 산림 생태계를 훼손하고 있는 셈이다.

재생에너지의 모본으로 불리는 유럽 역시 아무 문제가 없는 것은 아니다. 신재생에너지는 분명 온실가스 배출 감소 면에서 우월

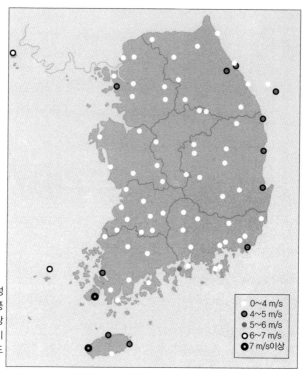

풍력발전의 경제성
을 위해서는 평균 풍
속이 6~7m/s 이상
이 되어야 한다. 기
상청 풍력 자원 지도
(2014년~2015년).

●	0~4 m/s
●	4~5 m/s
●	5~6 m/s
○	6~7 m/s
◎	7 m/s이상

한 에너지이며 발전 단가도 빠른 속도로 낮아지고 있어 미래에 사
용이 더욱 확대될 전망이다. 하지만 적어도 경제성을 갖춘 대용량
축전지 기술이 개발되기 전까지는 전력 생산이 안정적이지 않은 한
계 때문에 백업 시스템을 필요로 한다. 날씨가 항상 맑고 바람이 잘
부는 것은 아니기 때문이다. 전력 공급이 간헐적일 수밖에 없는 상
황은 전력 수요 피크와 피크가 아닌 시간대를 골라 공급량을 제대
로 조절하는 것을 어렵게 한다. 세계에너지총회에 참석한 보스턴컨
설팅그룹의 필립 거버트는 신재생에너지의 간헐적 전력 공급의 특
성을 감안할 때 안정적인 전력 공급을 위해서는 신재생에너지 공급

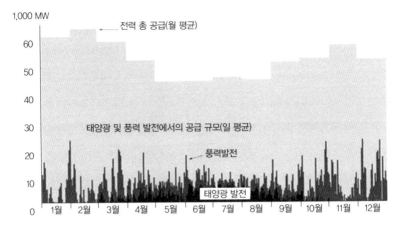

전력 공급의 변동성은 신재생에너지의 대표적인 한계로 꼽힌다.[2] 그래프는 독일의 총 전력 공급에서 태양광과 풍력이 차지하는 비중을 보여주는데, 일기에 민감한 특성으로 인해 전력 공급이 일정하지 않아 전력 공급의 예측성이 떨어지는 것을 알 수 있다.

용량에 상응하는 수준의 화력발전 백업 시스템이 상비되어야 한다고 충고한다. 신재생에너지는 온실가스 감축 측면에서 분명 큰 장점이 있다. 하지만 아직 화석연료와의 동거 관계를 피할 수는 없다. 불편하더라도 참아야 하는 동거 관계인 것이다.

풍력발전의 비중을 확대하는 덴마크와 독일의 경우를 살펴보자. 이들 국가는 신재생에너지 공급을 성공적으로 늘렸다는 긍정적인 평가를 받고 있다. 하지만 그 속사정은 조금 다르다. 풍력발전으로 전력 공급이 증가하면서 전기 요금이 하락했고, 이는 이윤을 냈던 화력발전의 수익을 악화시켰다. 수익성이 나빠진 발전소는 문을 닫아야 하겠지만 문제는 그리 간단하지 않다. 풍력발전의 간헐적인 전력 공급 특성상 예비 시스템으로 계속해서 화력발전을 필요로 하기 때문에 수익률이 낮아졌는데도 화력발전소는 유지되어야 한다.

그리고 이를 위해서는 정부 보조금이 계속 투입되어야 한다.

EU의 에너지와 환경 정책에 정통한 박희천 교수는 독일이 재생에너지법[EEG]에 따라 재생에너지를 증산하면서 주변 국가의 전력 시장을 교란시키고 있는 점 또한 문제라고 지적한다. 날씨에 민감한 재생 전력의 공급 변동성이 인근 국가인 폴란드, 네덜란드 등의 전력 시장에 영향을 미치기 때문이다. 그는 "재생에너지의 전력 생산이 전력 수요와 무관하게 이루어지기 때문에 수요 부족으로 풍력 발전의 가동을 중단해야 할 경우 판매 수입 감소분의 95퍼센트를 보상하거나 해외로 싸게(혹은 마이너스 가격으로) 수출해야" 하는 문제점을 지적한다.[3]

에너지경제연구원 이유수 박사는 흥미로운 비교를 한다. 그는 "우리나라는 부존자원이 없기로는 프랑스와 유사하지만 반원전에 대한 정서는 독일에 가깝다"고 평가한다. 원자력을 폐지하고 신재생에너지를 확대하겠다는 독일은 석탄이라는 부존자원을 갖고 있다. 반면 이웃나라 프랑스는 자원이 부족한 상황이 우리나라와 거의 흡사하다. 상황이 이렇다보니 두 나라의 에너지 정책은 첫걸음부터 방향이 달랐다. 프랑스는 에너지 자립을 위해 원전을 확대했고, 독일은 핵 기술에 의존하기보다는 신재생에너지, 그중에서도 풍력을 확대하는 방향으로 나아갔다.

독일의 사례를 우리가 그대로 받아들이기에는 우리와 독일의 부존자원 환경이 많이 다르다. 독일은 1950년대부터 장기간 석탄 산업에 대한 구조 조정을 진행해 석탄 사용을 많이 줄였다. 하지만 유사시 에너지 수급 문제가 발생하면 석탄 자원이 완충 역할을 할 수 있을 것이다. 2차 대전 당시 연합군이 석유 공급로를 봉쇄하자 석탄 액화 기술을 개발한 것은 유명한 일화다. 반면 우리나라의 석탄은 무연탄으로 열량이 낮아 연탄 용도로밖에 사용할 수 없으며 유연탄은 전량 수입한다. 게다가 독일은 전력 공급이 부족하면 원자력이 풍부한 프랑스나 수력이 풍부한 노르웨이에서 전기를 사오면 된다. 그러나 한반도에 고립된 우리는 다른 나라에서 전기를 사올 방도도 없다. 며칠 동안 하늘이 흐리고 바람도 약하게 불면 신재생에너지로부터 제대로 전력 공급을 받기 힘들고, 화력과 원자력 말고는 전력을 제대로 공급받을 수 있는 방법이 딱히 없다. 또한 발전기는 오늘 안 쓰고 있다가 내일 날씨가 좋지 않다고 바로 사용할 수 있는 것도 아니다. 정비를 위해 멈춰 있던 문제 없는 발전기도 재가동하려면 석탄이나 석유는 3, 4일, 원자력도 일주일 내외가 걸린다.

이 대목에서 오해가 없었으면 한다. 나 역시 누구보다도 신재생에너지의 확대를 원하며, 신재생에너지가 온실가스 배출을 줄이고, 장기적으로 에너지 전환 측면에서 긍정적인 것을 인정한다. 하지만 신재생에너지의 효과는 일면 과대 포장되는 경향이 있다. 깨끗한 에너지를 이용한다는 일종의 위약효과placebo effect가 어느 정도 작용하기 때문이다. 반대로 화석연료나 원자력에 대해서는 혐오감이 깊숙이 자리 잡고 있다.

화석연료나 원자력을 바라보는 불필요한 혐오감 역시 해소되어야 한다. 『에너지 노예』의 저자 앤드루 니키포룩은 강력한 어조로 현대 문명이 석유에 중독되었다고 비판한다. 그의 비유에 의하면 석유에 의존하는 오늘날의 경제는 노예 덕에 편하게 경제적 부를 누렸던 노예제 사회와 비슷하다. 즉 인간의 석유에 대한 의존도가 노예제에 비견된다는 것이다. 그러나 이처럼 흥미롭고 도발적인 비유를 하는 니키포룩이지만 석유를 대체할 실질적 규모의 에너지가 무엇인지에 대해서는 구체적인 해답을 제시하지 않는다. 노예의 노동력을 대체하는 기계화가 노예제 폐지를 가능케 한 물리적 원동력이 되었듯이 석유 중독이 문제가 된다면 이로부터 벗어나도록 할 대체에너지가 무엇인지 대안이 있어야 하는데 마땅치가 않다. 발전과 수송용 연료로 사용하는 석유를 대신해 가스나 신재생에너지를 쓰는 것은 일부 가능하겠지만 전부를 대체하기는 힘들다. 또한 석유는 전기를 만들거나 자동차를 굴리는 데만 쓰이는 것도 아니다. 화장품, 플라스틱 등 석유를 사용하지 않고 생산되는 제품을 찾는 것이 힘들 정도로 다양하게 활용된다. 예를 들어 지금 이 글을 쓰고 있는 1킬로그램짜리 노트북 컴퓨터를 만드는 데도 석유는 약 26킬로그램이 사용된다.

신재생에너지가 들어선다 하더라도 화력이나 원자력을 쉽게 폐기할 수는 없다. 여름과 겨울 블랙아웃을 우려하는 상황에서, 그리고 대규모 축전지 기술이 없는 상황에서 화석연료나 원자력을 대신할 만한 에너지를 찾는 것은 쉽지 않은 일이다.

에너지를 착한 에너지, 나쁜 에너지로 인격화해 구분하는 것은 다분히 편의 중심의 감성적인 발상일 뿐이다. 우리에게 적합한 신재생에너지에 선택과 집중을 하는 것이 바람직할 것이다. 신재생에너지를 모두 망라해 국내에 도입하겠다는 발상보다는 국내 발전용인가, 수출 목적용인가에 따라 구분해 진행하는 것이 바람직하다. 그런 점에서 국내 발전용으로서의 풍력의 역할은 한계적일 수밖에 없다. 반면 태양광의 잠재력은 높다. 태양광 사업단 단장을 역임한 고려대학교 김동환 교수는 우리나라에서 태양광 발전은 반도체 기술이나 태양광의 잠재력 면에서 집중해 투자할 가치가 있는 분야라고 생각한다. 비록 아직은 가정에서 한 달 정도 소비하는 전력 규모의 태양광 시스템을 설치하기 위해 6~9평(20~30제곱미터)의 면적을 갖추어야 하는 등 여러 한계가 있다.[4] 하지만 축전지 기술 등 최근의 빠른 기술 발전으로 향후 활용 잠재력은 더욱 높아질 것으로 전망된다.

우리나라의 신재생에너지 발전을 확대하기 위해서는 전력 시장 시스템을 개편하는 노력도 필요하다. 신재생에너지 경제학 분야를 연구하는 전남대학교 배정환 교수는 "신재생에너지 발전원은 지역 분산 시스템을 통해 배양되어야 한다"고 주장한다. 지역에서 생산되는 전력을 효율적으로 공급하기 위해서는 중앙집중식 시스템보다는 스마트그리드와 연계한 지역 분산형 발전 시스템이 적합하다는 의미다.

신재생에너지를 과장해서 광고하는 것 이상으로 화력이나 원자력의 장점을 지나치게 부각하는 것 역시 바람직하지 않다. 수년 전 한 연예인이 공익 광고에 등장해 원자력을 청정에너지라고 홍보했는데, 이는 원자력이 방사성 폐기물 처리와 같은 국가적으로 매우 중요한 과제를 아직 해결하지 못하고 있는 사실을 호도하는 것이다. 이런 솔직하지 않은 자세가 오히려 원자력에 대한 반감을 초래할 수 있다. 해결해야 할 과제가 있다면 국민들에게 진솔한 정보로 다가가야 한다. 그러지 않으면 나중에 상황이 어렵게 되었을 때 역효과를 거두게 된다. 화석연료도 마찬가지다. 미국의 젊은 저널리스트 알렉스 엡스타인의 저서 『화석연료를 위한 변명Moral Case for Fossil Fuels』이 대표적으로 그런 유형에 해당한다.

그는 화석연료의 과거와 현재를 비교하면서 이제 화석연료는 신재생에너지만큼 깨끗하다고 강변한다. 증기기관을 발명한 제임스 와트가 오늘날의 세상에 와보면 지금의 석탄 연소 기술을 청정 기술이라고 부를 것이라는 게 그의 주장인데 누가 봐도 무리한 발상이다. 과거보다 화석연료의 사용이 많이 깨끗해진 것은 사실이다. 하지만 이는 결과론적인 주장이며 그동안 우리가 경험한 여러 종류의 환경 사고와 꾸준히 개선되어온 우리의 환경 인식이 이룩한 공로를 경시하는 처사로 해석될 수 있다. 예를 들어 제레드 다이아몬드는 글로벌 석유 메이저 기업이 개발국에서 이전보다 친환경적으로 석유를 생산하는 이유는 과거에 존재하지 않았던 환경에 대한 일반인의 인식 제고가 있었기 때문에 가능한 것이라고 이야기한다.

마크 트웨인은 "망치를 든 사람에게는 모든 것이 못으로 보인다"고 했다. 에너지를 바라보는 선형적 사고방식은 회복 탄력성을 키우는 데 그다지 도움이 되지 않는다. 회복 탄력성을 갖춘 에너지 포트폴리오의 키워드는 다양성에 있기 때문이다. 몸에 좋다고 매일 유기농만 먹을 수 없다. 그러려면 돈이 많이 든다. 또 그 반대의 식단만 먹는 것도 건강에 좋지 않다. 에너지도 마찬가지다. 우리나라의 에너지 잠재력에 맞게 신재생과 화석 에너지의 다양성을 갖추어

야 한다.[5]

탄소 사다리 걷어차기

회복 탄력성을 갖춘 저탄소 사회를 위해서는 첫걸음부터 너무 무리하지 말고 차근차근 우리 역량에 맞게 준비해야 한다. 이 책에서의 일관된 주장이 저탄소 경제였는데 이제 와서 무슨 말을 하는지 의아해할 독자도 있을 것이다. 하지만 사실 이러한 배려는 정책의 수용성을 높이고 환경 목표를 달성하는 데 매우 중요하다.

얼마 전 유럽의 대표적인 환경 운동 연구자가 한국을 방문했다. 그녀는 한국이 독일처럼 과감히 원전에서 탈피해 신재생에너지로 갈아타야 한다고 주장했다. 나는 토론 중에 한국의 에너지 구성과 신재생에너지 잠재력은 독일과 다르기 때문에 원전이나 화석연료에서 벗어나는 것을 그렇게 쉽게 말할 수는 없다고 지적했다. 이에 대한 그녀의 대답은 간단했다. 과거 독일의 '산업주의자'들이 내가 말한 것과 똑같은 논리를 애용했으며, 원전 탈피와 온실가스 감축이라는 두 가지 목표 달성에서 한국도 예외가 되어서는 안 된다는 것이었다.

에너지와 환경 문제를 바라보는 시각을 이처럼 이분법적으로 '산업주의자', '환경주의자' 식으로 접근하면 해법을 찾기가 힘들다. 또한 에너지 자원 지도가 다른 우리나라가 수십 년에 걸쳐 신재생에너지를 강화해온 독일을 금방 따라 할 수 있는 것도 아니다.

온실가스 감축 목표에 대해서도 마찬가지다. 강력한 온실가스 감축 정책을 주장하는 전문가 그룹은 우리나라가 유럽의 저탄소 정책을 본받되 실패한 유럽의 전철은 되밟지 말아야 한다고 주장한다. 그중 대표적으로 거론되는 사례가 EU에서 있었던 배출권 과다 할당이다. 이들의 주장을 따르면 우리나라는 EU ETS가 경험한 과다 할당 문제를 거치지 않기 위해 처음부터 엄격한 할당 룰을 지켜야 한다.

EU는 배출권이 시장에서 거래되기 전에 배출권의 할당 규칙을 세우는 과정에서 배출권 가격을 톤당 30유로로 가정했다. 그리고 이 배출권 가격하에서는 기업의 비용 리스크가 너무 크다고 판단하고, 배출권 거래제 도입에 대한 기업의 반발을 완화하기 위해 초기에 배출권을 많이 할당하는 방식을 취했다. 문제는 그 이후에 나타났다. 배출권 가격이 30유로로 상승하지도 않았거니와 할당받은 배출권 규모도 실제 배출량에 비해 넉넉한 것으로 드러난 것이다. 이런 점 때문에 일부에서는 우리나라 배출권 거래제 시행에서 과다 할당 방식을 피하고 온실가스 배출을 처음부터 엄격하게 줄여야 한다고 주장한다. 하지만 내가 보기에 이러한 접근 방식은 분명 기후변화에 있어서 '탄소 사다리 걷어차기'다.

아직 1인당 GDP가 3만 달러 내외인 우리나라에서 10만 달러에 이르는 노르웨이나 6만 달러인 덴마크와 스웨덴의 저탄소 에너지 정책을 따르라고 말할 수 없는 이유는 많다(노르웨이는 1991년부터 탄소세를 도입한 기후변화에 가장 적극적인 모범 국가다. 하지만 전력의 거의 100퍼센트가 수력에서 나오고, 북해에서는 석유가 생산되는 축복받은 자원 보유 국가임을 우린 자주 잊는다). 이는 소득이 뒷받침되지 않는데도 유기농으로 식단을 바꾸라고 보채는 격이다.

프랑크 요초의 초대로 그의 고향인 독일 만하임을 방문했을 때의 일이다. 나와 동년배인 그는 만하임 앞을 흐르던 1970년대의 라인 강 모습을 선명하게 기억하고 있었다. 당시의 라인 강은 악취가 진동하는 곳이었다. 일본도 그랬다. 전쟁 직후뿐 아니라 1970년대까지만 해도 일본의 수질과 대기 환경 오염 문제는 심각한 수준이었다. 그러나 소득 수준이 올라가면서 일본 어디를 가더라도 지금과 같은 청결한 모습의 마을을 볼 수 있게 되었다.

우리가 회복 탄력성을 갖춘 저탄소 사회로 가기 위해서는 우리의 경제력이 지금보다 더 뒷받침되어야 한다. 역U자 가설inverted U hypothesis이라는 것이 있다. 구글에서 검색하면 수천 편의 관련 논문을 발견할 수 있는데, 이 가설이 유명한 이유는 경제성장과 환경 개선의 관계를 이해하는 것이 그만큼 중요하기 때문이다. 역U자 가설은 XY 좌표를 가지고 설명하는데, X의 횡축은 소득 수준(주로 1인당 GDP로 측정될 수 있다), Y의 종축은 환경오염 수준을 표시한다. 소득 수준이 낮은 구간에서 소득이 증가하면 환경오염 수준은 증가한다. 하지만 소득이 임계 수준을 넘으면 환경오염 수준은 감소하는데, 소득과 환경오염의 관계가 U자를 거꾸로 뒤집어놓은 모습이어서 역U자 가설이라고 한다. 이 가설에서 말하는 것처럼 충분한 경제력 확보는 깨끗한 환경의 질을 달성할 수 있는 선결 조건이다. 그런 점에서 우리 경제의 경쟁력 강화도 함께 고민하면서 온실가스 감축 목표를 달성해야 할 것이다.

최근 정부가 수정 발표한 우리나라 온실가스 감축 목표와 이행 계획은 이러한 고민을 반영한 결과다. 그렇다고 문제가 해소된 것은 아니다. 2030년까지 온실가스 배출 전망치 대비 37퍼센트를 감축하겠다는 목표를 긴박하게 설정한 정책 프로세스도 논란의 여지가 있지만 감축 목표치의 3분의 1을 해외 배출권을 통해 이행하겠다고 발표한 것은 현명한 처사가 아니다. 이런 발표는 시장에 시그널을 주어 불필요하게 높은 가격으로 배출권을 구매하도록 부추긴다. 과거 정부에서 해외 광산을 사들이겠다고 공개적으로 천명한 순간 국제시장에서 높은 프리미엄 가격에, 그리고 공기업을 전면에 내세워 사들였던 실수를 지금도 유사하게 저지르는 셈이다.

얼마 전 신문에서 '몰입'에 관한 기사를 읽었다. 자신의 역량보다 5~10퍼센트 어려운 일을 할 때 몰입이 잘된다고 한다.[6] 우리가 저탄소 사회에 몰입하기 위해서도 우리 역량보다 '적절히 그리고 조금만' 더 높게 잡아야 한다. 조금 과격하게 표현하면 EU가 배출권의 과다 할당이라는 시행착오를 거쳤다면 우리도 같은 사다리를 타야 한다. 이를 걷어차는 수준의 온실가스 감축 요구는 곧바로 우리 경제에 무리가 된다. 처음에는 조금 넉넉히 할당하는 것도 필요하다(물론 배출권 가격의 폭락은 피하는 수준에서 할당이 이루어져야 한다). 이를 통해 시장에 풀린 배출권으로 거래가 실질적으로 이루어지도록 유도해보는 것도 중요한 경험이다. 감축만이 아니라 배출권 거래의 노하우를 습득하는 것도 배출권 거래제의 성사를 가늠하는 중요한 과제이기 때문이다. 기후변화에 선도적 대응을 한다는 취지는 좋지만 과도한 감축 목표 설정은 원래의 좋은 취지를 무색하게 만들 수도 있다. 제도가 정착되기도 전에 피로감만 유발할 수 있기 때문이다.

연구 증강 사회

회복 탄력성의 인적 인프라는 전문 연구 인력 확충에 달려 있다. 위기를 사전에 예방할 수 있도록, 그리고 만의 하나 위기 발생 시 그릇된 방향으로 처방을 내리는 일이 없도록 자문할 수 있는 고도로 전문화된 연구자가 많아야 한다. 과거 10여 년 전만 하더라도 배출권 거래제와 관련된 컨퍼런스에는 주로 학계 관계자들만 참여했다. 하지만 이제는 학계, 기업, 시민 단체, 정부 할 것 없이 다양한 곳에서 다양한 인사들이 참여한다. 과거에 비해 분명 전문가들이 많아진 것은 사실이다. 하지만 여전히 많이 부족하다. 더 많은 전문 인력들이 배출되어야 하고, 이들이 활동할 수 있도록 전문화된 기능을 담당할 자리가 만들어져야 한다.

우리나라 정부 출연 연구소 연구자들의 전문성은 상당히 높은 편이다. 오래전 박사 학위 논문을 쓸 때다. 미국의 발전소 데이터를 이용한 모형을 만들어 어떤 변수 값을 추정했는데, 그 결과가 대략 kwh당 7센트였다. 그런데 학교에 있는 누구에게 물어봐도 이 수치에 대해 근거를 갖고 조언해줄 수 있는 사람이 없었다. 이후 귀국해 에너지경제연구원에 첫 출근을 하자마자 연구원을 돌아다니면서 선배 연구자들에게 물어보았다. 그들은 하나같이 자료도 보지 않고 석탄, 가스, 석유의 각 발전원별로 구체적인 범위의 수치를 알려주었다. 책상에서만 연구하는 것이 아닌 현장 경험을 갖춘 그들의 전문적 식견은 정말 인상적인 경험이었다.

이런 연구자들이 우리 주위에 알게 모르게 많다. 하지만 아쉽게도 이들의 연구 환경은 그리 녹녹하지 않다. 대부분의 연구가 1

년 단위로 평가되기 때문에 장기적으로 심도 있게 연구를 할 수 있는 기회가 자주 주어지지 않는다. 또한 정부 정책의 자문 목적으로 단기 과제에 매달리다보니 집중해서 연구에 매진하는 것도 힘들다.

R&D 연구 과제의 중복성을 지나치게 제한하는 분위기 역시 활발한 연구를 막는 장애 요인이다. 언젠가 바이오에너지화 사업의 타당성을 평가하는 자리에서 해당 과제가 이미 다른 정부 부처에서 유사하게 진행되고 있다는 이유로 거부되는 것을 보았다. 이는 납득하기 힘든 논리다. 미국의 경우에는 친환경적인 에너지 기술의 사업화를 위해 농림부, 에너지부, 환경보호청 할 것 없이 비슷한 과제를 동시에 진행하기도 한다. 그중에 성공하는 것도 있고 실패로 끝나는 과제도 있을 것이지만 이 모든 것이 값진 경험일 것이다. 안일한 생각으로 유사 과제를 중복해 진행하는 것은 분명 경계해야 할 일이다. 그러나 도로나 공항 등 사회간접자본 시설은 인근 지역에 중복, 난립하는 것을 허용하면서 유독 과학기술 개발에는 중복을 이유로 연구 과제를 제한하려는 인색한 현실이 안타깝다.

연구소, 대학, 정부 어디 할 것 없이 이제는 모두 공부를, 그것도 오랜 세월에 걸쳐 해야만 되는 세상이다. 제도 하나를 만들려고 해도 공부해야 할 게 많다. 관련 법, 국내외 시장이나 제도의 현황, 제도가 주는 넛지 효과, 경제적인 파급 효과 등 다양하다. 예를 들어 배출권 거래제를 보자. 인터넷에서 검색을 해보면 우리나라에서 배출권 거래제는 1990년대부터 신문 기사에 등장했다. 그리고 이제 본격적으로 배출권 거래제를 전국적 규모에서 시행하는 국가가 되었다. 그럼에도 이 제도와 관련된 '고도로' 전문화된 국내 전문가는 그리 많지 않다. 무상 할당, 경매, 한계 저감 비용, 현물과 선물(게다가 옵션까지), 가격 변동성, 국제 동향, 적정 가격, 에너지와 기상 파생상품, 배출량 검인증, 자발적 상쇄 시장, 재해 보험, RPS 시장, 신재생에너지의 경제성과 정책 등 관련한 키워드만 해도 무수한데 말이다.

우리나라가 성공적으로 저탄소 사회로 가기 위해서는 정부 기구나 공공기관에서도 전문가 육성이 우선되어야 한다. 그것도 장기적인 안목을 가지고 이루어져야 한다. 기후변화와 온실가스 정책 담당 정부 기구에서 근무하는 이들의 전문화를 도모하기 위해 해당 분야에서의 단기 근속을 피하고 안정적인 고용 보장과 연구에 대한 자긍심을 마련해주는 것도 중요하다.

금융시장 선진화

우리나라에서 가장 덜 선진화된 부문 중의 하나가 바로 금융이다. GDP 기준으로 경제 규모는 오래전부터 세계 11~14위를 오르락내리락했지만(IMF 경제 위기 이전에도 세계 11위였다) 금융 부문은 우리 경제 규모에 걸맞게 성장하지 못하고 있다.

배출권 거래제 도입과 더불어 파생상품에 성급한 기대를 갖지 말아야 한다고 앞에서 이야기했다. 배출권 거래를 활성화시키기 위해 파생상품에 지나치게 의존하는 것을 경계해야 한다는 의미다. 그러나 이는 단기적인 의미에서이며 배출권 거래제의 궁극적인 성공 여부는 금융시장의 발달에도 크게 의존한다.

기후변화와 저탄소 녹색성장이 부각되면서 카본 금융이라는 용어가 우리나라에 도입된 지도 오래되었지만 아직 제대로 정착하지 못하고 있다. 세계은행이 정의한 카본 금융의 개념은 "온실가스 배출권을 확보하기 위한 프로젝트에 투자하는 자원"이다.[7] 기업, 금융 회사, 민간인, 정부 등이 투자한 자금으로 펀드를 마련해 그 돈으로 CO_2를 감축하는 사업에 투자하고 수익의 일정 부분을 투자 주체에게 돌려주는 프로젝트 파이낸싱Project Financing인 셈이다.

배출권 거래 시장을 주도할 수 있는 인력의 전문화가 부족한 상황에서는 파생상품 시장의 발달을 기대할 수 없다. 아직 국내에는 파생상품에 종사하는 인력이 보다 전문적으로 경험을 쌓을 기회가 절대적으로 부족한 상황이다. 여러 대학에서 금융 공학 관련 프로그램을 통해 학위자를 배출하고 있지만 이들이 종사할 수 있는 직장이 그리 많지 않은 것이 현실이다. 향후 우리나라의 배출권 거래제가 국제적으로 다른 나라의 배출권과 연계해 시장을 확대해나가기 위해서라도 이들 우수 인력이 경험을 축적할 수 있는 여건이 조성되어야 한다. 배출권 거래는 탄소 시장에 대한 이해뿐 아니라 에너지, 기상, 거시 경제를 망라한 복합적인 예술이기 때문이다.

물론 배출권 거래제가 기업과 일반 국민의 신뢰를 얻기 위해서는 금융의 역할이 과도하게 강조되는 것을 피해야 한다. 시스템이 성숙되기 전에 금융에 대해 갖는 막연한 동경이 부실한 결과를 초래할 수 있다는 것을 지난 키코 사태에서 경험한 바 있다. 금융 공학의 대가로 이 분야 베스트셀러 교재의 저자로도 유명한 폴 윌모트 교수는 "금융 수학의 수준이 고도화되면서 상식 수준은 떨어지는 것 같다"는 말로 오늘날 금융 공학의 문제점을 짚는다. 초기 배

초기 배출권 시장에서의 금융계 큰손

모건스탠리는 미국의 SO_2 배출권 거래 시장에서 최고의 큰손 가운데 하나였다. 매년 초 시카고상품거래소에서는 SO_2 배출권의 신규 현물 물량 약 12만 톤이 경매되는데, 2006년 모건스탠리는 경매 물량의 56퍼센트를 낙찰받은 바 있다. 이어 2007년에는 40퍼센트인 5만 톤을 획득했으며 이를 위해 2,000만 달러 넘게 지불했다.

모건스탠리는 SO_2의 선도 시장에도 적극 참여했다. 선도 거래를 잘 살펴보면 미래에 시장이 어떨지 가늠할 수 있다. 2006년 7년 선도물 경매에서 모건스탠리는 3만 9,000톤을 총 1,000만 달러에 획득했는데, 이는 7년 후에도 SO_2 거래가 활발하게 이루어질 것으로 기대했기 때문이다.

모건스탠리 외에 우리에게 낯익은 금융 기관들 상당수가 온실가스 배출권 거래제가 출범하기 훨씬 전부터 SO_2나 NOx(질소산화물) 거래에 뛰어들었다. 여기에는 JP모건도 포함되어 있으며, 에너지 전문 중개 기관이 적극 참여했다. 휴스턴 소재의 에너지 헤지펀드 센타우루스Centaurus는 휴스턴 지역의 도심 오존 배출 억제 정책에 따라 NOx의 배출권 가격이 큰 폭으로 상승하자 NOx 거래에서 막대한 이익을 거두었다. 센타우루스는 캘리포니아 지역대기보전인센티브시장제도RECLAIM에서도 SO_2와 NOx 거래를 통해 차익을 남겼다.

금융과 상품 시장에서의 이런 노하우는 온실가스 배출권 거래 시장에서 필수적인 무기다.

출권 시장에서 파생상품의 역할은 가격과 물량 리스크를 관리하는 기본에 충실한 형태로 운영되는 것이 바람직할 것이다. 유동성을 증대시킨다는 명분으로 무리하게 여러 파생상품을 도입하는 것은 지양해야 할 것이다.

기후변화, 에너지, 탄소 시장과 관련된 전문화된 정보 제공 서비스나 컨설팅 서비스 역시 더욱 고도화되어야 한다. 지금도 그렇지만 앞으로는 더욱 이러한 정보의 부가가치가 높아질 것이다. 탄소 시장에서 정보 제공자로 가장 유명한 회사는 노르웨이 오슬로에 위치한 포인트카본이다(2010년 글로벌 업체인 톰슨로이터 Thomson Reuters 가 포인트카본을 인수했다). 2005년 이곳을 처음 방문했을 때만 하더라도 그리 크지 않은 규모의 회사였고 양질의 탄소 시장 데이터나 시황 분석 보고서를 무료로 제공했다. 하지만 EU ETS가 본격적으로 자리를 잡기 시작하면서 데이터와 분석 자료는 유료화, 그것도 상당히 비싼 가격에 유료화되었다. 이제는 탄소 시장과 관련된 전문화된 정보 제공 자체가 비즈니스화되는 세상이다.

기후변화 피로 해소

지금까지 우리가 논의한 내용의 대부분은 조지 마셜이 말한 합리적인 뇌에 관한 것이다. 그러나 기후변화를 바라보는 감정적인 뇌 역시 빼놓을 수 없는 중요한 이슈다. 회복 탄력성을 갖추려면 기후변화 피로에서 벗어나야 한다. 기후변화 피로라는 감정적인 뇌의 문제를 해결하지 못하면 누적되는 피로 현상으로 인해 우리는 나중에 합리적인 뇌와 상반되는 말을 할 수도 있다.

기후변화 피로를 해소하기 위한 첫걸음으로 우선 기후론자들이 보다 균형 잡힌 언어를 사용하는 노력이 필요하다. 기후변화를 지나치게 종말론적인 언어로 포장하거나 대안 없이 에너지 정책에 반대하는 식의 전략은 감정적인 뇌의 개입을 불러일으켜 이를 바라보는 일반 시민의 피로를 유발한다. 기후변화를 염려하는 이들은 이제 기후변화 피로 유발자로 나설 것인지 피로 해소자의 역할을 담당할 것인지 고민해봐야 할 것이다.

마이클 크라이튼은 보수 단체인 인디펜던트인슈티트에 초대된 자리에서 『공포의 상태』를 빗댄 '공포의 언어Language of Fear'라는 제목으로 강연을 한 적이 있다. 냉소적인 제목에서 알 수 있듯 그는 종말론자들이 흔히 사용하는 공포심을 유발하는 위협적인 언어 사용을 비판했다. 녹색Green과 탐욕Greed은 마지막 한 글자만 다를 뿐이다. 겉은 기후변화라는 녹색으로 치장했지만 그 내면은 다른 색깔로 채워질 수도 있다. 마이클 크라이튼이 에코테러리스트라는 가공의 인물을 신경질적으로 엮어 소설화한 것은 기후변화 문제를 금권이 오가는 기회로 삼으려는 이들이 자주 눈에 띄었기 때문이다. 그들은 기후변화 피로 유발자다. 이 대목에서 환경 단체의 역할이 중요하다. 환경주의자 내부적으로 기후변화 피로를 극복하려는 노력이 없다면 앞으로도 기후변화를 논하는 자리에서 대중적인 지지를 얻기 힘들 것이다.

시민 단체의 역할과 관련해 경제학자 케네스 갤브레이스는 '길항력Countervailing power' 개념을 개발했다. 하버드대학교 경제학과의 이단아로 분류되는 진보 경제학자로 평생을 살아온 그가 미국 자본주의 경제를 관찰하며 정립한 이론이다. 완전 경쟁 시장의 존재를 전제로 한 고전적인 경제학에서는 재화의 가격은 시장의 수요와 공급의 힘에 의해 결정된다. 하지만 현대 경제의 경험적 관찰에 의하면 대기업이 상당한 가격 결정력을 갖고 있으며 이러한 상황은 고전적인 경제학에서 말하는 소비자와 생산자 간의 가격 협상 과정을 왜곡하게 된다. 이 과정에서 대기업의 독과점적인 파워에 대항하기 위해 시민 단체나 노동자 단체는 길항력을 갖추기 시작한다는 것이 갤브레이스의 생각이다. 작용과 반작용이 사슬 구조처럼 얽히고설켜 자본주의가 진화한다는 것으로 이해하면 되겠다.

갤브레이스의 길항력 개념이 의미하는 바와 같이 시민 단체는 오늘날 사회에서 핵심적인 기능을 담당하고 있다. 불공정 거래를 감시하고, 소비자의 권리를 보호하고, 제품을 만드는 과정에서 도외시하기 쉬운 환경오염 문제를 해결하는 등 이들의 순기능을 열거하면 수없이 많을 것이다. 그러나 이들 집단의 힘이 커지는 것과 비례해 의사소통의 기술도 더욱 세련되어질 필요가 있다. 갤브레이스는 『하버드 경제학 살인 사건』이라는 소설을 쓴 적이 있다. 원제가 '종신 교수A Tenured Professor'인 이 소설에서 주인공 아내에 관한 이야기가 아직도 기억에 선명하다. 그녀는 NGO를 운영하는데, 기업체에서 여성 임원의 비율이 낮을 경우 그 기업을 대상으로 불매 운동을 벌이는 단체다. 여성 권익을 실현하겠다는 낭만적인 목표를 갖고 출발한 단체지만 보는 관점에 따라서는 일종의 소비자 귀족 단체로 기업에 대해 일방통행식의 권력을 행사하는 것처럼 보이기도 한다.

오늘날의 환경 단체가 기후변화를 지렛대 삼아 일방적인 소통 방식으로 권력화되고, 이로 인해 일반인의 기후변화 피로가 누적되는 것을 예방하기 위해서는 비판 의식과 함께 실천적 대안을 제시하는 노력, 그리고 각계와 의사소통하려는 노력이 필요하다. 홍종호 교수는 환경 운동과 관련된 시민 단체가 "정부 정책에 대한 건설적 비판과 실효성 있는 대안을 제시해야 하는 것은 물론 도시 및 농촌 등 지역사회에서 시민들과 함께 호흡하며 기후변화 문제에 대응하기 위한 실천적 노력을 기울일 필요가 있다"고 강조한다. 특히 산업계와의 끊임없는 대화를 통해 기후 문제 해결과 경제 활성화를 동시에 달성할 수 있는 지혜를 찾아낼 것을 주문한다.

기후변화 피로를 해소하기 위한 두 번째 방안은 균형 잡힌 시각으로 인류가 직면한 다른 중차대한 문제를 바라보는 것이다. 재해, 빈곤, 질병 같은 문제를 기후변화로 무리하게 포장하는 시도는 피로 현상만 부추길 뿐 호소력이 약할 수밖에 없다.

2013년 11월 중심 기압이 895헥토파스칼인 슈퍼 태풍 하이옌이 필리핀을 강타했다. 순간 최대 풍속이 시속 379킬로미터에 이르는 무시무시한 힘을 가진 이 태풍으로 6,300명이 목숨을 잃었고 1,000명이 넘는 사람이 실종되었다. 마침 폴란드 바르샤바에서는 기후변화 당사국총회가 열리고 있었다. 주요국 대표들이 모인 컨퍼런스 장에서 필리핀 대사는 고국에 큰 피해를 준 극단적인 이상기후가 더 이상 발생하지 않도록 선진국들이 기후변화 방지에 동참해주기를 눈물로 호소했다. 이런 비극이 어느 나라에서든 되풀이되어선 안 된다는 점은 분명하다. 하지만 기후변화가 과연 이 모든 참극의 원인일까?

1970년, 방글라데시(당시 동파키스탄)를 덮친 사이클론 볼라는 최대 풍속 205킬로미터의 속도로 해안가에 거주하던 약 30만 명의 목숨을 순식간에 앗아갔다. 하지만 이는 공식 통계일 뿐 최대 50만 명까지 사망자 수를 추산하기도 한다. 사이클론 볼라는 20세기 최대 규모의 재해로 기록되어 있다.

방글라데시는 우리나라보다 1.8배 넓은 국토를 갖고 있다. 하지만 1인당 국민소득은 우리의 18분의 1밖에 되지 않는다. 방글라데시가 저개발의 덫에 갇혀 있는 이유 중의 하나는 빈번하게 덮치는 사이클론과 홍수 때문이다. 무엇보다도 문제가 되는 것은 사이클론이 찾아올 때마다 매번 많은 인명이 목숨을 잃는데, 비극의 주인공들이 대부분 저소득층이라는 점이다.

오래전 방글라데시에서 사역을 하는 한 지인으로부터 편지를 받은 적이 있다. 편지는 홍수로 많은 인명 피해가 났지만 사람들이 홍수 취약 지역에서 벗어나지 못하는 안타까운 현실을 전하고 있었다. 방글라데시의 사유지 대부분은 소수의 지주 계층에 집중되어 있기 때문에 소작이라도 할 수 있는 권리를 얻지 못한 계층은 한계지로 밀려날 수밖에 없다. 이들에게 한계지는 내륙의 끝에 해당하는 해안가다. 사이클론에 취약할 수밖에 없는 이 지역에 거주하는 이상 항상 위험에 노출될 수밖에 없다. 하지만 이들에게 거기 외에는 다른 선택이 없다.

이 문제에 관해 보다 전문적인 견해를 구하기 위해 오랜 지인인 국제식량정책연구소IFPRI 선임연구위원인 발레리 뮬러에게 면담을 요청했다. 언제나 발랄한 성격의 그녀이지만 정작 그녀의 연구 주제는 그리 즐거운 내용이 아니다. 그녀는 박사 학위 논문을 쓸 때부터 지금까지 줄곧 기후변화 난민 문제를 연구해오고 있다. 그녀는 방글라데시 홍수 취약 지역을 방문했을 때의 경험담을 들려주었다. 홍수가 난 지역의 주민들은 잠시 홍수를 피해 다른 지역으로 피했다가 물이 빠지면 다시 자신들의 터전으로 돌아오는 일을 반복했다. "토지 재산권이 없는 상황에서 이들이 딱히 기후변화 취약 지역을 피해 벗어날 길은 없다"는 것이 그녀의 설명이다.

하이옌의 피해를 입은 필리핀 지역을 봐도 유사한 문제가 있음을 쉽게 알 수 있다. 사망자의 상당수가 해안가 조그만 움막에서 살았다.[8] 1999년 인도 오리싸 지역에서도 사이클론으로 인해 1만여 명이 목숨을 잃었는데, 사망자의 3분의 1이 가난한 어부 가정이었다. 그들은 해안가로부터 피난하는 것을 거부당하기까지 했는데 이로 인해 더 많은 피해자가 발생했다. 이와 유사한 사례는 필리핀, 아이티 등 도처에서 발견된다.[9]

이러한 점 때문에 앤서니 기든스는 빈곤, 질병 등에도 우선순위를 높게 매긴 비외른 롬보르의 견해는 일견 타당하며, 환경론자들이 지구의 많은 문제를 기후변화나 이상기후 탓으로만 돌리지 말고 외부의 소리에도 더욱 귀 기울일 것을 촉구한다. 뮬러 박사 역시 "이 같은 저개발 국가에서는 토지와 안정적인 식량 공급 역시 기후변화와 마찬가지로 시급한 해결 과제"라고 지적한다.

저탄소 경제를 위하여

일전에 한 언론인으로부터 우리나라 녹색성장 정책의 성공적인 사례로 꼽을 수 있는 대표 기업을 소개해달라는 부탁을 받았다. 그는 주요 정보를 다 받아볼 수 있는 위치에 있었지만 녹색성장 정책으로 새로이 발굴된 녹색 기업의 성공 사례를 찾기가 힘들었다는 설명을 덧붙였다. 나 역시 즉답을 못하고 며칠의 말미를 얻었지만 그 며칠이 지나도 특별한 성공 사례를 찾기가 힘들었다.

대내외적으로 우리가 녹색성장을 천명하던 시기에 중국은 신재생에너지 분야에서 두각을 내기 시작했고, 미국은 여러 경로를 통해 온실가스 배출을 줄일 수 있는 가능성을 보기 시작했다. 지구에서 온실가스를 가장 많이 배출하는 두 국가가 기후변화 라운드에서 보조를 맞추기 시작했던 것이다.

우리에게 긍정적인 변화가 없는 것은 아니다. 많은 논란 끝에 우리나라에서도 탄소 가격을 실현하기 위한 노력의 일환으로 온실가스 배출권 거래제가 도입되었다. 탄소 가격은 기업의 온실가스 감축 투자 동기를 유인할 수 있다는 점에서 저탄소 경쟁을 위한 중요한 첫걸음이다. 우리나라의 온실가스 배출권 거래제 출범은 해외의 관련 연구계나 학계 그리고 언론에서도 크게 주목받았다. 하지만 이제 막 태동한 배출권 거래제에 대한 기대가 너무 높았는지 우리 내부적으로는 실망과 비판 역시 고조되고 있다.

우리가 국내적으로 배출권 거래제를 두고 외국인 투자의 걸림돌이라고 불평하는 사이 해외 기업은 에너지 효율을 개선하는 신기술과 대체에너지 개발에 대한 투자를 더욱 확대하고 있다. 우리가 '미국이나 중국은 국가 규모의 배출권 거래제를 시행하지 않는데도 우리가 굳이 먼저 나서려고 한다'는 식의 비판에 익숙해져 있는 동안 해외에서는 보다 선진적으로 제도를 발전시키고 있다. 미국이나 중국이 국가 규모에서 배출권 거래제를 시행하지 않는다는 주장은 이들 국가에서 내부적으로 진행되는 동향을 살펴볼 때 설득력이 약하다. 미국에서는 경제적으로 취약한 중부와 남부 지역을 제외한 대부분의 주에서 강제적으로 시행되고 있으며 중국 역시 마찬가지다. 최근 오바마 행정부의 온실가스 배출 규제 정책 강화로 이제는 중부 지역 발전 회사도 총량 제한 배출권 거래제에 적용을 받게 되었다.[1]

미국은 온실가스 배출권 거래제의 전신격인 전국 규모의 아황산가스 거래 경험을 이미 수십 년에 걸쳐 쌓았다. 캘리포니아에서는 배출권 거래와 경매가 꾸준히 이루어지고 있으며, 경매 수입을 신재생에너지 투자에 본격적으로 활용하고 있다. 미국의 탄소 시장은 계속해서 다양성을 추구하고 있다. 기존의 거래소 외에도 2014년 출범한 탄소거래소CTX, Carbon Trade Exchange는 사업 영역을 확대해 최근에는 지역온실가스이니셔티브RGGI의 배출권 거래까지 포함시켰다. 마찬가지로 중국 역시 자국의 기후변화 역량을 강화하는 동시에 아시아 탄소 시장의 주도권을 잡기 위해 적극적으로 탄소 시장 개척에 나서고 있다. 아직 개선해야 할 사항이 많은 것은 사실이다. 하지만 중국은 꾸준히 배출권 거래 경험을 쌓고 있다. 이와 같은 경험을 통한 노하우는 단기간에 쌓을 수 있는 것이 아니다.

EU는 그동안 낮은 수준에 머물러 있던 배출권 가격을 끌어올리기 위해 2020년까지 22억 톤의 배출권 물량을 시장에서 철수시키는 방안을 최근 합의했다.[2] 이 목표가 달성되면 배출권 거래가 다시 활성화되고 기업의 환경 투자도 증대할 것으로 기대된다.

캐나다는 탄소 가격을 실현한 브리티시컬럼비아와 퀘벡에 이어 온타리오 주에서도 총량 제한 방식의 거래제를 도입하기로 결정했다. 온타리오 주라고 해서 반대가 없었던 것은 아니다. 그러나 2020년 무렵에는 3조 달러 이상 규모로 성장해 있을 글로벌 신재생에너지 시장에서 2퍼센트 정도인 600억 달러 시장을 차지하겠다는 야심찬 계획으로 저탄소 경제에 나서고 있다. 글로벌 온실가스 배출량에서 온타리오가 차지하는 비중은 0.2퍼센트 정도다. 단순 비교를 해봐도 비용 대비 투자 효과가 높은 것을 알 수 있다.

세계 곳곳의 이러한 동향에도 불구하고 우리가 나서서 온실가스 감축을 주도하고 배출권 거래제를 적극 시행할 필요가 없다는 의견에 대해 내가 우려하는 점은 또 있다. 우리는 안 하면 진짜로 안 할 가능성이 높은 데 비해 다른 국가들은 내부적으로 저탄소 경쟁을 위한 기술 개발에 끊임없이 매진할 것이라는 점이다.[3]

다가오는 기후변화와 저탄소 경쟁에 대한 준비는 지금부터 이루어져야 한다. 일부에서 주장하는 것처럼 2020년까지 기다렸다가 하면 이미 늦는다. 우리가 처한 환경을 봐도 그렇다. 연일 미세 먼지 이야기다. 미세 먼지의 상당 부분이 중국에서 날아오지만 일부는 한반도에서 생성된 것이라고 한다. 스모그로 뿌연 회색빛 하늘을 보고 있자면 마음도 우울해진다. IPCC는 특단의 대책이 없다면 미세 먼지 배출량이 2050년까지 계속 증가할 것이라고 보고 있다. 더 이상 기후변화나 이상기후, 대기오염의 폐해는 먼 미래 세대의 일이 아니다. 현세대가 직면한, 그래서 시급히 해결해야 할 과제인 것이다. 지금부터 저탄소 경제로 나아가지 않으면 안 되는 또 다른 중요한 이유다.

표면적으로 확연히 드러나지는 않았지만 주요국의 기후변화와 에너지 시장을 둘러싼 각축전은 이미 지구온난화만큼이나 그 열기가 뜨거워지고 있다. 교토의정서를 탈퇴했다고 하지만 미국은 사실상 온실가스 감축을 위한 기술과 제도적 인프라를 어느 나라 못지않게 준비하고 있다. 전 세계 석유 소비의 30퍼센트를 차지하는 세계 최대의 석유 소비국인 미국은 셰일가스 붐을 등에 업고 온실가스 감축이라는 환경 목표와 함께 경기 회복도 달성하겠다는 목표를 세웠다. 최근 유가가 낮아지긴 했지만 지속적인 기술 개발로 생산 비용이 낮아지면서 유가가 60~70달러에 머물더라도 다시 셰일가스 생산이 증가하면서 온실가스 감축의 자연 달성률은 높아질 수 있다. 아울러 미국은 에너지 효율 개선과 신재생에너지 확대로 경기와 온실가스 배출 규모가 점차 디커플링되면서 온실가스 감축에 더욱 자신감을 갖기 시작했다. 저탄소 경쟁에서 유리한 위치를 선점했다고 판단할 경우 미국은 언제라도 자신들이 주도하는 방식으로 신기후변화 체제의 규범 마련에 나설 수 있다.

중국 역시 글로벌 신재생에너지 시장에서 강자로 등극했으며 배출권 거래제 같은 시장 메커니즘의 정책도 시행하고 있다. 지역별로 거래되는 배출권 가격을 국가 규모의 시장으로 통합하려는 논의도 활발히 이루어지고 있다. 중국 주도의 아시아인프라투자은행 AIIB이 저탄소 시장 형성에 앞으로 어떠한 영향을 미칠지 두고 볼 일이다.

최근의 기술 개발은 전반적으로 에너지는 덜 쓰고 온실가스는 덜 배출하는 방향에 맞춰져 있으며, 경쟁은 그 어느 때보다 치열하다. 전기차 회사가 배터리 기술을 개발하고, 구글 같은 IT 회사가 자동차를 만들고, 석유 회사가 신재생에너지에 투자하는 그야말로 비즈니스 경계가 사라진 치열한 경쟁이다. 최근의 폭스바겐 사태로 전기차 시대가 보다 앞당겨질 것이라는 전망도 나온다. 이제는 발빠른 후발 주자fast follower가 아니라 선발 주자first mover가 되어야 살아남는 시대다.

이와 같은 온실가스 감축 경쟁 환경에서 우리에게 저탄소 투자의 '넛지'를 가할 수 있는 장치가 바로 탄소 가격에 있다. 탄소 가격을 실현하는 것은 듀폰 사례에서 경험한 경제적 충격을 완화할 수 있도록 저탄소 기술 개발을 유도하고, 이 경쟁에서 선도적 리더로 성공할 수 있게 도와준다.

설계에 관한 한 완벽한 형태의 제도라는 마법은 없다. 현재의 배출권 거래제에 문제가 있다고 해서 오랜 논의 끝에 도입한 제도를 철폐하고 다른 제도를 도입하기 위해 새로 논의를 시작하는 것은 기후변화 피로 현상을 초래하고 정부 정책의 신뢰성을 저해한다. 문제가 있다면 발전적으로 개선하는 방향으로 나아가야 할 것이다. 그리고 개선의 방향은 배출권 거래제 본래의 취지인 '넛지 정신'을 살리도록 시장 기능을 회복하는 데 있다. 우리가 직접 규제 수단이 아닌 배출권 거래제라는 시장 메커니즘을 채택했다면 제대로 된 시장 마인드로 제도를 운용해야 할 것이다. 그 궁극의 결과는 기후변화를 막는 데도 기여할 것이다.

책의 내용에 대한 구상은 오래전부터 했지만 여기저기서 밀려오는 일들 탓에, 그리고 무엇보다도 게으른 탓에 집필이 늦어졌다. 책을 마무리할 수 있게 연구년의 기회를 준 고려대학교와 넉넉한 연구실 환경을 제공해준 메릴랜드대학교 라르스 올슨^{Lars Olson} 교수에게 고마움을 전한다. 그동안 국내외에서 배출권 거래제와 관련해 여러 종류의 연구를 할 수 있게 계기를 마련해주신 분들께도 감사드린다. KDI 재원 시절인 20대부터 기후변화 분야에서 지속적으로 연구할 수 있도록 격려해주신 APEC기후센터 정진승 소장께는 많은 빚을 졌다. 고려대학교 식품자원경제학과 양승룡 교수께는 환경부 배출권 거래제 시범 사업 설계 때부터 지금까지 많은 도움을 받고 있다.

중앙대학교 김정인 교수와 동의대학교 유상희 교수(현재 전력 거래소^{KPX} 이사장), 때마다 굵직한 연구 주제로 나에게 도전 기회를 주는 경희대학교 오형나 교수, 에너지·환경 분야에서 지근한 선배로 자문을 해주는 한양대학교 윤원철 교수와 한국환경정책·평가연구원 김용건 박사께 감사를 표한다. 인하대학교 박희천 교수, 이회성 IPCC 의장, 방기열 전 에너지경제연구원장, 고려대학교 김영평 명예교수와 이우균 교수, 김동환 교수, 조용성 교수, 한국산업기술대학교 강승진 교수, 연세대학교 조하현 교수, 아주대학교 김수덕 교수, 온실가스정보종합센터 유승직 소장, 기후변화행동연구소 안병옥 소장, 서울대학교 홍종호 교수, 허은녕 교수, 권오상 교수, 이화여자대학교 김윤경 교수, 전남대학교 구재운 교수와 배정환 교수, APEC기후센터 전종안 박사, 건국대학교 노재형 교수, 경북대학교 황석준 교수께 감사를 표한다.

에너지경제연구원에는 일일이 거론하기 힘들 정도로 지적인 빚을 진 분들이 많지만 이유수 박사, 도현재 박사, 임재규 박사, 권혁수 박사, 박광수 박사에게 대표해서 감사의 말을 전한다. 이분들을 포함해 여기 다 소개하지 못한 많은 분들로부터 화석연료, 신재생에너지, 원자력을 포함한 다양한 주제를 배울 수 있게 된 것은 나의 행운이라고 생각한다.

배정환 교수와 고려대학교 홍원경 선생은 초고를 읽고 유익한 조언을 해주었다. 미지북스 이지열 대표는 기한을 한참 넘겨 전달한 원고가 세상에 나오게끔 끝까지 도와주었다. 미지未知의 세상을 탐구하며 아름답게 지식美知을 가꾸려는 미지북스 관계자들의 노고에 감사를 전한다.

이번 작업을 통해 기후변화라는 주제를 한 권의 책에 담는 것이 얼마나 힘든지도 알았지만 그보다는 얼마나 위험한지 더욱 절실히 느꼈다. 다만 이 글을 통해 우리 모두가 좀 더 진지하게 생각해 볼 수 있는 시간을 가질 수 있다면, 그래서 우리 후세대뿐만 아니라 바로 지금 세대부터 기후변화를 극복하고 아울러 경제적인 힘도 갖추는 데 동참할 수 있다면 분명 보람 있는 작업이었다고 하겠다.

글을 쓰는 동안 정신적으로 힘이 되어준 아내 김송희 박사, 그리고 틈틈이 집안 심부름도 하면서 즐거운 작업 환경을 마련해준 두 아들 재윤, 재영에게도 고맙다는 말을 전하고 싶다. 이들 세대가 사회적으로 한창 활동하는 시기에 기후 이탈이 없기를 바란다.

프롤로그

1 Elizabeth Kolbert, *Field Notes from a Catastrophe: Man, Nature and Climate Change*, Bloomsbury, 2006, p.185.

2 몬트리올의정서가 발효되기까지 듀폰이 담당했던 역할을 집중적으로 조명한 탁월한 정리 자료로는 MIT 연구자의 다음의 글을 참조하라. James Maxwell and Forrest Briscoe, 1997. "There's money in the air: the CFC ban and Dupont's regulatory strategy", *Business Strategy and the Environment*, Vol.6, 276-286.

3 최근 발표된 세계은행 보고서는 지금 저탄소 기술에 투자하지 않으면 개발이 계속 지연되는 '록인lock-in' 문제가 발생할 수 있다고 지적한다. 미래에 이용하기 위해 지금은 기다린다지만 모두가 기다리면 기술은 가능하지 않을 것이다. http://www.worldbank.org/content/dam/Worldbank/document/Climate/dd/decarbonizing-development-report.pdf

1장 기후변화의 충격

1 http://www.ipcc.ch/activities/activities.shtml

2 해수면 상승 수준이 얼마일지에 대해서는 과학적으로 의견이 분분할 수 있다. 상세한 위성 자료를 가용하기 시작한 때는 1990년대로 그 이전의 데이터를 연구 목적에 맞도록 이용하기 위해서는 여러 조정 작업이 이루어지기 때문에 데이터의 신뢰성이 떨어진다는 지적도 있다. 그러나 최근 하버드대학교 연구진에 의하면 과거 데이터의 확률적인 차이를 인정하는 통계적 분석 기법을 통해 분석해볼 때, 1900년대부터 지금까지의 해수면 상승은 IPCC 보고서보다 약간 낮으나 최근 해수면 상승 속도는 우리 예상보

다 훨씬 높은 것으로 나타났다(source: www.nature.com/nature/journal/vaop/ncurrent/full/nature14093.html).

3 ppm은 백만분율parts per million의 약자로 과학이나 공학 부문에서 흔히 사용되는데, 대기오염 물질을 이야기할 때는 오염 물질의 농도를 나타낸다.

4 http://siteresources.worldbank.org/EXTCC/Resources/EACC-june2010.pdf.

5 http://time.com/#2943857/anarctica-emperor-penguin-endangered/

6 "Civil conflicts are associated with the global climate", *Nature*, August 24, 2011.

7 이 연구는 농촌진흥청의 지원을 받아 이루어진 사업으로 고려대학교 생명과학대 이우균 교수, 양승룡 교수와의 공동 연구 산물이다.

8 RCP8.5 시나리오를 기준으로 한 분석 결과이다.

9 Jared Diamond, "Kinship with the Stars", *Discover* 18 (May 1997): 44-49.

10 이러한 관점은 신고전파 경제학보다 허먼 데일리 같은 생태경제학계에서 보다 자세히 고찰되는데, 지구는 태양계에서 에너지를 흡수하거나 방출하지만 물질은 시스템 내부에 머무는 폐쇄 시스템으로 인식된다.

11 경제 시스템을 한정된 자원을 갖고 항해하는 배로 비유한 첫 예는 19세기의 위대한 경제 사상가 헨리 조지의 『진보와 빈곤』에서 발견된다. 20세기 들어서서는 영국의 개발경제학자 바버라 워드가 『우주선 지구』를 발간하면서 널리 회자되었다.

12 예일대학교 고고학 팀과 콜럼비아대학교 고대기후학 연구 팀의 극적인 만남과 아카드 문명에 대한 기사는 다음 링크를 참조하기 바란다.http://www.newyorker.com/magazine/2005/05/02/the-climate-of-man-ii

13 Jared Diamond, *Discover* (August 1995).

14 진행되고 있는 기후변화와 이의 심각성에 관한 주제로 그동안 서적들이 국내외에서 무수히 출간되었기 때문에 이 장에서는 말 그대로 간략히 살펴보는 데 그쳤다. 기후변화 현상에 초점을 맞춘 책으로는 한화진 박사의 『뜨거운 커피, 뜨거운 대기』(그루출판사, 2013)를 참조할 수 있다.

2장 기후변화 회의론의 반격과 피로 현상

1 프레드 싱어에 대한 일종의 고발 서적으로는 『의혹을 팝니다』(나오미 오레스케스, 에릭 M. 콘웨이 저, 유강은 역, 미지북스)를 참조하길 바란다.

2 "How to save the world", *The Economist*, June 24th 2006.

3 Charles Seife, *Proofiness: The Dark Arts of Mathematical Deception*, Viking. 2010. p.18.

4 George Marshall, *Don't Even Think About It: Why Our Brains Are Wired to Ignore Climate Change*, Bloomsbury USA, 2014.

5 할인율을 5퍼센트로 적용했을 때의 현재 가치다. 할인율은 이자율 등 다양한 요인을 고려해 결정하는데, 만일 시장 이자율과 비슷한 3퍼센트 정도로 잡으면 1,000억 원의 현재 가치는 약 52억 원이다.

6 George Marshall, 2004. *Don't Even Think About It: Why Our Brains Are Wired to Ignore Climate Change*, p.56-57.

7 http://e360.yale.edu/feature/apocalypse_fatigue_losing_the_public_on_climate_change/2210/

8 Anthony Giddens, 2009. *The Politics of Climate Change*, pp.33-34. 국내에서는 에코리브르출판사에서 같은 제목으로 번역 소개되었다.

9 http://time.com/2900826/twilight-of-the-hunter/

3장 기후변화의 경제학

1 William Nordhaus, *The Climate Casino*, Yale University Press. 2013.

2 과거에는 스톡을 저량貯量, 플로우는 유량流量으로 부르기도 했는데, 최근에는 개념적으로 더 이해하기 쉽다는 점에서 영어 그대로 사용하는 추세다.

3 기후변화로 인한 되물림은 자연과학자들이 그동안 의존하던 정상 상태의 균형조차 흔들고 있다. 따뜻한 온도, 대기 중의 습도, 강수량, 홍수, 수증기와 물과의 순환 관계, 해수면 상승 등이 연쇄적으로 맞물려 일어나는 되물림에서는 생태계의 회복 탄력성도 현저히 떨어지게 된다. Milly, et al. "Stationarity is dead", *Science* 319, Feb. 2008.

4 "I'd rather be vaguely right than precisely wrong." by John Maynard Keynes.

5 Alfred Marshall, *Principles of Economics*, Eighth edition, Macmillian & Co Ltd., 1959, p.162-163.

6 Gunnar Myrdal, 1968. *Asian Drama: An Inquiry into the Poverty of Nations*, 3 volumes, New York: Twentieth Century Fund. p.2121.

7 Jeffrey Sachs, *Tropical Underdevelopment*, NBER working paper 8119.

p.2.

8   Daron Acemoglu, *Introduction to Modern Economic Growth*, Princeton University Press, p.119. Daron Acemoglu and James A. Robinson, *Why Nations Fail*. Crown Business. 애스모글루는 정부 조직의 비효율성이 존재함에도 시장과 국회의원을 선출할 수 있는 시스템이 두 개의 노갈레스 지역의 운명을 결정지은 중요한 요소라고 본다. 이러한 피드백과 책임 Accountability의 시스템은 윌리엄 이스터리가 성공적인 경제개발을 위한 필요조건으로 주장한 것과 일치한다. William Easterly, *The White Man's Burden*, Penguin Books.

9   Richard L. Revesz, Peter H. Howard, Kenneth Arrow, Lawrence H. Goulder, Robert E. Kopp, Michael A. Livermore, Michael Oppenheimer & Thomas Sterner, "Global warming: Improve economic models of climate change", *Nature*, April 4, 2014.

10 다음 논문을 참조하라. Hojeong Park, "Investment Option Game for Controlling Global Stock Pollution under Uncertainty", *Korean Economic Review*, 27(1), 2011. 6.

11 사실 기후변화 투자를 보험에 비유하는 것은 정확한 비유가 아니며 해석상 논란의 여지가 있다. 보험은 발생할지 발생하지 않을지 모르는 사고를 대상으로 하지만 기후변화는 이미 진행되고 있는 현상으로 확률의 문제가 아니다. 다만 기후변화 피해 규모에 관한 불확실성은 보험의 관점에서 논할 수 있을 것이다.

12 Daniel Gardner, *The Science of Fear*, p.286.

13 Bjorn Lomborg, *Cool It*, Vintage, 2007. p.158.

14 노벨 경제학상 수상자이자 『뉴욕타임스』 칼럼니스트로 유명한 폴 크루그먼은 SF 매니아로도 널리 알려져 있다. 그는 1970년대 말에 이미 항성 간 무역에 적용하는 할인율에 관한 논문을 발표한 바 있다. 그의 '항성 간 무역에 관한 제2의 원칙'에 의하면, 동일한 관성을 가진 두 행성에 자산을 가지고 있을 경우 우주여행에 따르는 시간의 차이가 있더라도 두 행성에서의 이자율은 경쟁에 의해 같아진다. 그의 행성 간 무역 이론The theory of interstellar trade에 대해 흥미와 인내심을 갖고 읽기를 원하는 사람은 다음을 참조하라. https://www.princeton.edu/~pkrugman/interstellar.pdf.

15 http://www.washingtonpost.com/blogs/worldviews/wp/2013/10/09/

map-these-are-the-cities-that-climate-change-will-hit first/

4장 에너지 시장의 지각변동

1   Kenneth S. Deffeyes, *Beyond Oil: The View from Hubbert's Peak*, xiii.

2   다양한 영역에서 많은 업적을 남긴 제본스는 논리학의 대가답게(?) 논리연산을 이용한 피아노를 발명하기도 했다.

3   R. Heinberg, *The Party's Over: Oil, War and the Fate of Industrial Societies*, Gabriola Island, B.C.: New Society Publishers, 2003.

4   D. Goodstein, *Out of Gas: The End of the Age of Oil*, New York: Norton, 2004.

5   M. King Hubbert, "Energy Resources", *Resources and Man* (San Francisco: W. H. Freeman, 1969), p.196.

6   H. W. Parker, "Demand and Supply Will Determine When World Oil Output Peaks", *Oil & Gas Journal*, Feb. 25, 2002: 40-48.

7   석유를 생산하는 데 투입되는 물의 비중을 'water cut'라는 용어로 비교할 수 있는데, 가와르 유전의 경우 30~35퍼센트에 이른다. http://www.theenergylibrary.com/node/13221.

8   린과 바그너(2007)는 기술 진보로 인한 생산 비용 감소와 매장량 감소로 인한 생산 비용 증가의 상반된 효과가 고갈 자원 가격에 미치는 영향을 살펴보았다. C_Y C. Lin and G. Wagner, 2007. "Steady-state growth in a Hotelling model of resource extraction", *Journal of Environmental Economics and Management*, 54, 68-83.

9   Harold Hotelling, "The Economics of Exhaustible Resources", *The Journal of Political Economy*, Vol.39, No.2, pp.137-175, 1931.

10 Kenneth S. Deffeyes, *Beyond Oil: The View from Hubbert's Peak*, p.xv.

11 캘리포니아대학교의 저명한 에너지 경제학자인 제임스 해밀턴 역시 일찍이 유가 충격과 부동산 버블 사이에 심상치 않은 관계가 있음을 지적한 바 있다. James Hamilton, "Causes and Consequences of the Oil Shock of 2007-08", *Brookings Papers on Economic Activity*, March 2009.

12 *The Economist*, June 10th 2006, p.76.

13 골드만삭스의 알루미늄 투기에 대해서는 K. Kelly, 2014, *The Secret Club that Runs the World*, Portfolio/Penguin의 Chapter 8. Goldman Sachs를

참조하면 된다. 최근 10년 동안 석유 상품의 증권화, 선물 및 옵션과 관련한 거래 전략 등 선물 시장의 주요 변화에 대한 자세한 입문서로는 2011년 출간된 D. Dicker의 *Oil's Endless Bid: Taming the Unreliable Price of Oil to Secure the Economy*(John Wiley & Sons, Inc.)만 한 책은 없을 것이다.

14 Dan Dicker, *Oil's Endless Bid: Taming the Unreliable Price of Oil to Secure the Economy*, John Wiley & Sons, Inc. p.119.

15 Peter L. Bernstein, *Capital Ideas Evolving*, Wiley, 2007, p.234.

16 박호정, 「실물옵션 게임을 이용한 OPEC의 원유 공급 투자 모형」, 자원환경경제연구 14(3), 753-773.

17 캐나다 오일샌드 매장량의 객관적인 확인 작업이 부실하다는 평가도 있다. 2002년엔 가채 연수가 6년이었으나 2003년 150년으로 급등한 것은 유가 상승 초기에 투자자들을 유인하기 위한 매장량 부풀리기라는 것이다.

18 물을 이용하는 수압 파쇄식 대신 부탄, 탄화수소, 프로판을 혼합한 겔을 이용하는 가스 파쇄식 방식도 개발되고 있으나 이 역시 환경오염 문제를 피할 수 없다는 점에서 한계가 있다.

19 "The new economics of oil: Sheikhs vs. Shale", *The Economist*, Dec. 8, 2014.

5장 탄소 전쟁의 서막

1 "Nyet to Kyoto, Blow for Campaign as Putin Jokes about Global Warming", *The Mirror*, Sep. 30, 2003.

2 "Will Russia's Heat Wave End Its Global Warming Doubts?", *Time Magazine*, August 2, 2010.

3 "U.N. Panel Warns of Dire Effects From Lack of Action Over Global Warming", *The New York Times*, Nov. 2, 2014.

4 http://www.csmonitor.com/USA/USA-Update/2015/0702/How-America-is-quietly-becoming-a-climate-change-leader.

5 물론 중국의 배출권 거래제는 아직 초기 단계로 특히 시장의 투명성과 합리성을 제고하기 위해 개선할 점이 많다. 이에 대한 심층적인 검토는 *Energy Policy*의 2014년 특별판을 참고하라. http://www.sciencedirect.com/science/journal/03014215/75.

6장 탄소 가격의 실현

1 최근 발행된 나오미 클라인의 *This Changes Everything: Capitalism vs. Climate*(Simon & Schuster, 2014) 역시 비슷한 부류의 책이다. 자본주의가 기후변화의 적이라고 비판하고 있지만 정작 자본주의를 넘어선 제도적인 해결 방식은 제시하지 않고 있다.

2 Charles Adams, *For Good and Evil: The impact of taxes on the course of civilization*, Madison Books. 1999.

3 http://www.smithsonianmag.com/science-nature/Presence-of-Mind-Blue-Sky-Thinking.html.

4 정부의 역할에 대한 로널드 레이건 대통령의 관점은 그가 1981년 주지사 회합 만찬에서 행한 연설에서 잘 드러난다. "우리나라의 경제적 여건을 단 두 개의 단어를 바꿈으로써 변화시키고자 합니다. 정부에 의한(by) 경제 규제에서, 정부에 관한(on) 경제 규제로 바꾸는 것입니다.

5 Carlson, C., D. Burtraw, M. Cropper and K. Palmer, 2000, Sulfur dioxide control by electric utilities: what are the gains from trade?, *Journal of Political Economy* 108, 1291-1326.

6 http://entertainment.timesonline.co.uk/tol/arts_and_entertainment/books/non-fiction/article3938455.ece.

7 http://www.climatecentral.org/news/carbon-pricing-pays-way-for-cleaner-energy-18691.

8 비영리단체인 Grid Alternatives는 이미 캘리포니아 배출권 거래제에서 발생하는 주 정부 수입을 활용해 저소득층 1,600가구에 태양광 발전을 지원하고 있다.

9 https://www.youtube.com/watch?v=yS7Jb58hcsc.

10 마르틴 파우스트만은 이와 같은 이유로 임업경제학의 시조로 불린다. 최적 벌채 시기를 결정하는 오늘날의 많은 의사 결정 모형도 그의 기본적인 모형에서부터 출발하고 있다.

7장 더 나은 제도를 위하여

1 EU ETS는 원칙적으로 차입을 허용하지 않는다. 하지만 배출권의 할당 시기와 배출권 정산 시기의 시차를 이용해 기술적으로 차입이 가능하다. 매년 2월 말 그해 빈티지의 배출권이 할당되고, 4월에 전년도 배출권의 최종

정산이 이루어지기 때문에 전년도 배출권이 모자랄 경우 2월에 할당받은 배출권을 사용하는 것이다.

2 이를 핫에어[hot air]라고 한다.

3 배출권 경매 제도에 대한 보다 상세 자료로는 다음을 참조할 수 있다. 박호정, 「배출권 거래제 할당 체계로서의 경매 시스템 도입을 위한 주요 방안별 비교 분석」, 온실가스종합정보센터, 2013. 심성희, 「배출권 경매의 이론과 사례 분석을 통한 시사점 연구」, 에너지경제연구원, 2013.

4 http://www.japantimes.co.jp/news/2014/03/14/national/tokyo-cuts-co-emissions-but-hoards-credits/#.VLbNeNKG__o.

5 Mark Dowie, *Conservation Refuge: The Hundred-Year Conflict between Global Conservation and Native Peoples*, MIT Press, 2011.

6 캘리포니아 배출권 거래제에서는 경매가 끝나고 나면 시장 집중도를 살펴보기 위해 허쉬만-허핀달 지수[Hirschman-Herfindahl index]를 함께 발표한다. 또한 신규 진입자가 배출권을 용이하게 확보하도록 총 할당량의 10퍼센트에 해당하는 규모만큼 경매 물량을 공급한다. 경매는 1회씩 밀봉 입찰 경매[single round and sealed-bid auction] 방식을 취하고 있다.

7 관련 연구에 대해 살펴보려면 다음의 자료를 참고하라. M. Liski and J-P. Montero, "On pollution permit banking and market power", MIT.

8 최근 국내에서 도입된 정부승인차액계약제도 역시 발전 공기업의 시장 지배력에 대한 오해에 기인한 측면도 있다.

9 http://www.brinknews.com/there-are-still-promising-alternatives-to-carbon-taxes/

10 http://www.economist.com/blogs/freeexchange/2015/06/united-nations-climate-conference.

11 Carnot Wagner and Martin L. Weitzman, *Climate Shock: The Economic Consequence of a Hotter Planet*, Princeton, 2015, p.24.

12 우리나라 전력 시장을 둘러싼 많은 문제점들은 가격의 흐름을 막아놓은 데서 발생한다고 해도 과언이 아니다. 가격 규제는 발전 공기업에만 해당되는 것이 아니다. 집단 에너지 열 공급과 발전, 스마트그리드, 수요 관리 정책 등 많은 이슈가 연결되어 있다. 이를 알렉산드로스 대왕이 단칼에 잘랐다는 고르디우스의 매듭처럼 일거에(완벽하지는 않지만) 해소할 수 있는 것이 전력 시장의 가격 규제 완화다.

8장 탄소 사다리 걷어차기

1 『경제 저격수』라는 제목으로 우리나라에도 번역되었다. 영어로 'hitman'은 청부 살인자 또는 자객을 뜻하는데, 퍼킨스와 같은 유의 요원들이 수행했던 은밀하고 비열한[dirty] 임무는 경제 저격수[sniper]보다는 불법 행위를 자행하는 경제 자객에 가깝다.

2 Alex Epstein, *The Moral Case for Fossil Fuels*, Portfolio, 2014.

3 박희천, 「독일 에너지 전환 및 재생에너지 정책 평가」, 2014.

4 김동환 교수의 자료에 의하면, 가정에 3kW 시스템을 설치했다면 한 달 평균 전력 생산량은 3kW×30days×3.8hr=342kW/hr이며, 이는 한 가정의 한 달 소비 전력과 비슷하다. 가정용 3kW 시스템에 필요한 면적은 9평 정도지만 요즘의 시스템 효율은 15퍼센트에 가까우므로 실제는 6평 정도 되는 것으로 추산하고 있다.

5 이 책에서 에너지에 대한 전반적인 이야기를 다루는 것은 지면 관계상 불가능하다. 화석연료, 신재생에너지, 원자력에 관한 통쾌, 명쾌한 해설서로 리처드 뮬러의 『대통령을 위한 물리학』(장종훈 역, 살림출판사)을 적극 추천한다.

6 http://biz.chosun.com/site/data/html_dir/2015/01/16/2015011602011. html?related_all.

7 "Carbon Finance at the World Bank. Frequently Asked Questions: What is Carbon Finance?", World Bank, 2006. www.carbonfinance.org에서 다운로드가 가능하다.

8 http://hereandnow.wbur.org/2013/11/12/philippines-not-prepared.

9 http://www.nytimes.com/2014/01/15/opinion/how-the-poor-get-washed-away.html?_r=1.

에필로그

1 http://www.reuters.com/article/2015/05/07/usa-climate-midwest-idUSL1N0XY2AM20150507.

2 http://www.sandbag.org.uk/blog/2015/may/6/breakthrough-reform-eu-carbon-market-agreed/

3 최근의 탄소 가격 동향에 대해서 종합 정리한 보고서로는 WRI에서 발간한 "Putting a Price on Carbon: A Handbook for US Policymakers"

가 도움이 될 것이다. http://wri.org/blog/2015/04/carbon-price-would-benefit-more-just-climate. http://www.wri.org/news/2015/04/release-new-paper-carbon-pricing-us-would-deliver-multiple-benefits-reduce-emissions.

/ 찾아보기 /

지은이 박호정

고려대학교 식품자원경제학과 교수이다. 서울대학교 농경제학과를 졸업하고 미국 메릴랜드대학교 농업자원경제학과에서 '환경투자'를 주제로 경제학 박사 학위를 받았다. 한국개발연구원(KDI)과 에너지경제연구원에서 일했으며, 전남대학교 경제학부에서 조교수로 재직했다. 현재 고려대학교에서 학생들을 가르치고 있으며, KU-KIST 그린스쿨 겸임교수이기도 하다. 주요 연구 분야는 탄소 배출권 거래제를 비롯하여 자원 경제, 에너지, 투자 이론(실물 옵션), 위험 관리 등이다.

지은 책으로는 『경제성장을 선도하는 인구전략』(공저, 2011년), 『헨리 조지 100년 만에 다시 보다』(공저, 2002년) 등이 있으며, 옮긴 책으로는 『Teh Oil Factor: 고유가 시대의 투자전략』(공역, 2005년)이 있다.

탄소 전쟁

기후변화는 어떻게 새로운 시장을 만드는가

발행일	2015년 12월 20일 (초판 1쇄)
	2023년 12월 30일 (초판 3쇄)

지은이	박호정
펴낸이	이지열
펴낸곳	미지북스

서울시 마포구 잔다리로 111(서교동 468-3) 401호
우편번호 04003
전화 070-7533-1848 팩스 02-713-1848
mizibooks@naver.com
출판 등록 2008년 2월 13일 제313-2008-000029호

편집	서재왕
본문디자인	정연남
출력	상지출력센터
인쇄	한영문화사

ISBN	978-89-94142-48-7 03320
값	15,000원

블로그 http://mizibooks.tistory.com
트위터 http://twitter.com/mizibooks
페이스북 http://facebook.com/pub.mizibooks
이 책은 한국출판문화산업진흥원의 2015년 〈우수 출판콘텐츠 제작 지원〉 사업 선정작입니다.